내 안의 전쟁과 평화

나남
nanam

나남신서 1591
내 안의 전쟁과 평화

2011년 9월 1일 발행
2013년 12월 19일 3쇄

지은이_ 申溪輪
발행자_ 趙相浩
발행처_ (주) 나남
주소_ 413-120 경기도 파주시 회동길 193
전화_ 031) 955-4601 (代)
FAX_ 031) 955-4555
등록_ 제 1-71호 (1979. 5. 12)
홈페이지_ http://www.nanam.net
전자우편_ post@nanam.net

ISBN 978-89-300-8591-5
ISBN 978-89-300-8001-9 (세트)

책값은 뒤표지에 있습니다.

나남신서 1591

내 안의 전쟁과 평화

신계륜 지음

나남
nanam

머리말

민초들은 바람보다 먼저 눕고 바람보다 먼저 일어난다고 했다.

못된 바람이 오기 전에 먼저 눕고 그 바람이 가기 전에 먼저 일어나 붙잡는다는 이 말을 나는 좋아한다.

지금은 무슨 바람이 불며 민초들은 언제 어떻게 일어날 준비를 하고 있는 것일까.

나는 이 글을 쓰면서 이것이 매우 궁금해졌다.

이것은 자서전은 아니다. 이 나이에 무슨 자서전인가. 다만 이제는 정리해야 할 것을 틈틈이 챙겨두지 않으면 안 되겠다는 생각에 단편적으로 글을 정리하기 시작했다. 이것이 이 한 권의 책으로 엮였다. 달리 생각하면 2008년 총선 이후 내가 나름의 개인생활로 정치 없는 시대를 살다 보니 정신없는 정치시대를 벗어난 듯한 착각에 빠져 시대를 달리하는 지난 시대의 일을 우선 내 머릿속에서 꺼내 정리할 생각을 했는지도 모르겠다.

어쨌든 한 가지는 분명하다. 내가 온몸을 부딪쳐 직접 경험한 80년 서울의 봄과 광주민중항쟁이라는 두 개의 역사적 사건에 대해 내가 본 것을, 내가 느낀 것을, 늦었지만 내 나름의 방식으로 정리해두지 않으면 안 되겠다는 생각 때문에 이 글을 시작했다.

그러나 처음 그렇게 시작된 글의 정리가 민주정부 수립을 위한 나의 정치로 이어졌다. 또한 이미 고인이 된 김대중, 노무현 전 대통령에 대한 내 개인적인 추회를 공개할 수 있다고 생각한 범위 내에서 정리했다.

정리하다 보니 그것은 나의 전쟁이었다.

그리고 2009년 이후 내가 '걸어서 평화 만들기'를 통해 걷고 또 걷다가 얻게 된 평화에 대한 내 생각을 정리했다. 전쟁 같은 나의 삶을 지나서 다다른 나의 평화가 타협 없는 대결과 불신의 우리 사회와 정치, 그리고 한반도에 얼마만큼의 의미를 가질 수 있을지는 모르겠다. 하지만 내 마음의 평화로부터 시작된 내 소박한 평화가 많은 사람들의 마음속에 잠자고 있는 평화에 대한 갈망을 불러일으켜 우리 사회, 한반도, 세계로 이어지는 희망의 메시지가 되기를 간절히 바란다.

그러나 이 책은 시간적으로 약간 차이를 두고 이어져 그 연결이 다소 매끄럽지 못하다. 더구나 내가 이 글을 쓸 때 어리석게도 누구의 도움도 안 받고 내 손으로, 내 머리로만 하겠다고 주변에 호언장담했기 때문에 더욱 그러할지도 모른다. 늦게 배워 서투를 수밖에 없는 타자실력이지만, 컴퓨터 자판 앞에 틈틈이 앉아 처음부터 끝까지 한 자 한 자를 직접 타이핑했고 스스로 다시 읽으며 수정하고 지우고 더하기를 반복했다.

주변에서 전문가에게 맡겨 구술하거나 또는 전문가에게 글을 주어 완성하도록 하자는 의견이 있었다. 대개 그렇게 하며 그래야 독자의 글 읽기가 편해진다고 말하기도 했다. 나도 때로는 그렇게 하고 싶었다. 더구나 마음먹은 대로 문장이 자리 잡지 못하고 전체적으로 연결이 매끄럽지 못할 때는 더욱 그런 생각이 들었다. 그러나 나는 그런 자원봉사자를 찾지 못했다. 그래서 그렇게 하지 못했다. 때문에 누가 뭐래도 내 글은 내가 쓰겠다고 결심했다.

투박하지만 멋 부리지 않고 있는 그대로 쓰는 것도 그리 나쁘지만은 않을 것이라 생각했다. 물론 내가 쓴 원고를 읽어보고 의견을 내주신 분이 몇 분 있다. 이 자리를 통해 “참 감사했다”는 말을 전한다.

정치에 입문해서 있었던 일과 생각을 적은 부분에서는 가능하면 현직 정치인에 대한 언급은 자제했다. 특히 현직 정치인에 대한 김대중, 노무현 전 대통령의 언급은 거의 다루지 않았고, 나에 대한 부분만 다루었다. 또한 두 대통령의 재임기간 이야기는 거의 다루지 않았다. 통치와 관련된 것은, 그것이 정책이든 사람이든 이 책에서 언급하기에는 부적절한 것이 많고 또 내가 언급할 일이 아니라고 생각했다. 이와 같은 한계와 문제점을 잘 이해하고 이 책을 읽어주면 정말 감사하겠다.

내가 정치를 시작해 참된 정치인이 되려고 노력하며 때론 성공을, 때론 실패를 경험하는 동안 나를 기대하고 지지하는 많은 사람들도 나와 똑같은 기쁨과 좌절을 맛보았다. 그분들의 이름을 다 적으면 책 한 권이 또 될지 모르겠다. 아니 지금은 좀 줄어들어서 책 반 권쯤의 분량이 될지도 모르겠다. 지금 그분들에게는 나에 대한 초조함이 있음을 잘 안다. 지난 민주당 전당대회에 출마하지 않고 지역에만 몰두한다고 했을 때부터 시작된 초조함의 정체도 잘 알고 있다. 그러나 나는 내 할 일을 하고 있으며 앞으로도 여러분과 함께 내 할 일을 다 할 것이다.

전국의 도시 곳곳을 돌면서 나의 꿈은 서울을 자유롭게 거닐었고, 나의 영혼 역시 이 땅의 민주주의와 함께 전국을 떠돌았다. 책 한 권의 분량에서 반 권의 분량으로 아니, 책 한 페이지의 분량으로 나의 너무나 소중한 분들의 숫자가 줄어들지라도, 나는 오로지 그 분들로 인해 존재하며 생활하며 꿈꾸는 정치인이라는 사실이 무척 기쁘다.

끝으로 그 살벌한 독재의 시대에 나를 숨겨주고 이제는 책 출판에 도움을 주신 조상호 나남출판사 사장을 비롯한 편집진 모두에게 감사드린다. 그리고 84세의 장정림 내 어머니, 김유미 내 아내에게 지금까지의 내 삶과 내 좌절의 시간대에서 보여준 사랑과 인내와 희생에 대해 감사드린다. 경수와 지수 두 아들에게는 더 많은 시간을 함께하지 못한 것에 대한 미안함, 그렇지만 견고한 사랑의 마음을 전한다.

끝으로 전쟁 같은 나의 삶속에서 나와 함께했던 사람들이나 나와 다른 길을 걸었던 모든 사람들이 이제 서로에 대한 이해와 용서의 폭을 넓혀나가, 한반도 평화의 새 시대를 함께 열어나가기를 갈망한다.

2011년 8월

저자 신계륜

나남신서 1591

내 안의 전쟁과 평화

차 례

제 2 부

청년 정치인

1
정치 입문 123

2
절망과 희망 사이 144

제 3 부

노무현 대통령의 기억

제4부

평화, 그 새로운 시작

제 1 부

역사의 현장과 운명

1 80년 서울의 봄과 광주항쟁

이 글은 1980년 폭풍처럼 지나간 두 곳의 역사적 현장을 걸어서 지나온 나의 기록이다. 그 두 곳의 역사적 현장이란 다름 아닌 80년 서울의 봄[1]과 뒤이은 광주민중항쟁이다. 나는 80년 서울의 봄에는 책임 있는 주역의 한 사람으로서, 광주민중항쟁 때는 수배를 피해 마음 편한 고향에 내려갔다 운명처럼 보게 된 학살과 저항의 작은 기록자로서 이 글을 쓰고 정리한다.

그러므로 두 현장 모두 내가 서 있었던 현장의 이야기이고 기록이다. 따라서 이 글은 두 현장에 대한 객관적 기록은 아니다. 내가 본 것을 중심으로 정리할 수밖에 없기에 전체의 흐름을 정확히 표현했다고는 볼 수 없다. 내 눈에 비친 또는 내 생각을 중심으르 정리한 글이라는

---

1 1967년 말부터 1968년 8월까지 진행된 체코의 민주화 운동 '프라하의 봄'을 80년 서울의 상황에 빗대어 부르는 말. 체코 공산당과 국민들은 이 시기 스탈린주의에 대한 비판과 공산당의 개혁을 요구하며 68년 4월 10일 1당 독재가 아닌 다원주의 등을 표방한 행동강령 발표했다. 6월 27일에는 2000어(語) 선언 등을 발표하며 국민의 개혁 열망을 집중시켰으나 그 해 8월 20일 소련군의 프라하 점령으로 프라하의 봄은 끝을 맺었다. 이 사건은 동유럽 사회주의의 전망을 끝장낸 것으로 평가된다.

한계를 갖는다. 특히 광주민중항쟁에 대해서는 그 투쟁을 이끌거나 논쟁에 참여한 적이 없다. 80년 그 뜨겁던 여름, 서울역 시위주도 혐의로 신군부에 의해 전국에 지명수배된 한 청년의 눈에 비친 항쟁의 한 단면이기에 그러한 한계는 더욱더 드러난다.

그러나 이 글은 내게 매우 중요한 의미를 갖는다. 이미 오래전 명료한 기억이 남아있을 때 기록했어야 했는데, 다소 늦었다. 늦어지게 된 이유는 자조(自嘲) 섞인 회한(悔恨) 때문이다.

80년 서울의 봄의 주역으로서 광주항쟁을 지켜보면서 '서울역 시위를 좀더 잘 이끌었다면 광주학살을 막을 수 있지 않았을까, 아니면 서울항쟁 또는 최소한 전국적 항쟁의 계기를 마련할 수 있었던 것은 아닐까' 하는 자괴감이 지금까지 나를 줄곧 따라다니고 있다.

80년 서울의 봄과 광주민중항쟁을 20대의 청년으로 맞았던, 그래서 지금까지 80년이 주는 빛과 소금을 마음의 양식으로 삼아 살고자 했던 나는, 늦었지만 내가 시대적 사명으로 그 태풍의 핵에 휘몰릴 수밖에 없었던 80년 서울의 봄과 광주항쟁을 기억을 더듬어 정리해둔다.

1980년 서울의 봄 이전 주요 정세

1972년 10월 17일 '10월 유신'[2]이 한반도를 공포로 휘감던 날 나는 전라남도 광주시의 광주고등학교 학생이었다. 지금도 "높맑은 남쪽 하늘 한가슴 안고 줄기찬 무등뫼에 희망도 크다 …"로 시작하는 교가는 가슴을 뛰놀게 한다.

전교생 직접선거로 선출된 학생회장이던 나는 그로부터 얼마 후 한 선생님으로부터 이상한 통지를 받았다. 조국의 평화적 통일과 한국적 민주주의를 위한 결단인 '10월 유신'을 지지하는 집회나 시내행진 같은 것을 해보는 것이 어떤가 하는 내용이었다. 학교 행정계통에 보직을 갖고 있었던 그 선생님은 그것이 교육청의 뜻이라고도 했다.

나는 학생회 간부들과 학교 아카시아 동산에서 만나 '10월 유신'이 무엇인지 의논하고 서울의 대학가 소식도 알아보는 등의 비밀모임을 여러 차례 갖게 되었다. 우리는 그런 것을 관제데모라고 부르는 것을 알게 됐다. 처음에는 당황했으며 어찌할 바를 몰랐다. 그러나 점차 있을 수 없는 일로, 그리고 나중에는 지지데모가 아니라 반대데모가 필요하다는 쪽으로 의견이 모아졌다. 그러자 얼마 뒤 그 선생님은 '10월 유신' 지지집회나 행진은 모두 취소됐으니 없던 일로 해 달라고 말했다. '10월 유신' 하면 언제나 그 생각이 떠오른다.

그 후 학교나 교육청 측에서는 두 번 다시 '10월 유신' 지지 같은 언급은 없었다. 우리는 간간이 들려오는 대학가의 소식을 들으면서도

---

2 박정희 대통령은 1972년 10월 17일 '조국의 평화적 통일'을 뒷받침한다는 명목으로 초헌법적인 국가긴급권을 발동해 국회를 해산하고 비상계엄령을 선포했다. 10월 17일 10월유신 선언 후 강압적 분위기를 유지하면서 대통령 직선제 폐지를 골자로 한 유신헌법을 선포하고 이를 관철시켰다.

‘공부 잘해 대학 가면 그때 다시 그런 문제를 이야기하자’고 정리했던 기억이 새롭다.

‘10월 유신’으로 비상계엄을 선포하고 통과시킨 유신헌법은 박정희 대통령의 영구집권을 제도적으로 보장하는 것이었다. ‘유신헌법’으로 대통령직선제가 폐지되고 ‘통일주체국민회의’라는 이상한 단체가 대통령을 선출하게 됐다. 더구나 유신헌법은 국민의 권리나 자유까지 정지시킬 수 있는 권한을 대통령에게 주었고, 대통령은 이 권한을 이른바 긴급조치[3]라는 이름으로 사용했다.

이 긴급조치라는 악명 높은 악법은 수많은 민주인사를 감옥으로 보냈고 언론을 잠재웠으며 지성을 마비시켰다. 1975년 선포돼 80년에 폐지된 긴급조치 9호를 위시로 한 이 조치는 ‘긴조세대’라는 단어를 탄생시킬 정도로 한 세대를 경과하면서 악명을 떨쳤다.

1972년 유신 선포부터 80년 서울의 봄까지 8년 동안의 기간은 간단히 말해 박정희 대통령이 만든 유신헌법의 시작과 끝을 의미했다. 퇴로 없는 영구집권의 길을 달려가는 독재세력과 이에 저항하는 민주세력 간의 타협 없는 전쟁을 상징했다.

더불어 이 8년 동안 당시 산업화의 열풍 속에서 수많은 농촌 젊은이들이 정든 고향을 뒤로 하고 서울로 올라왔다. 이들은 노동자이면서

---

3 정식 명칭은 ‘국가안전과 공공질서 수호를 위한 대통령 긴급조치’. 박정희 대통령은 74년부터 1~9호까지 긴급조치를 선포했다. 주요 내용을 살펴보면, 74년 1호는 유신헌법 부정, 반대, 왜곡, 비방금지 등이었고, 같은 해 2호는 긴급조치를 위반한 자를 처벌하기 위한 비상군법회의 설치 등을 담았다. 3호(74년)는 저소득층 조세부담 완화를, 4호(74년)는 민청학련 사건 처벌이었고, 5·6호(74년)는 1호 해제, 4호 유보를 담았다. 75년 선포된 7·8·9호는 각각 고대 휴교령, 7호 해제, 1~8호 긴급조치를 정리 취합 등의 내용이었다. 박 대통령 사망 후인 80년에 폐지됐다.

동시에 도시빈민이 됐다. 이들의 열악하고 처참한 생존과 생활 문제가 민주주의의 중대한 과제로 떠올랐다. 1979년 YH노조 신민당사 농성 사건[4]은 이 기간 동안 노동자의 상황을 웅변적으로 보여줬다. 80년 서울의 봄을 여는 데 있어 노동자들의 억누를 수 없는 요구가 크게 작용했음을 보여주는 대표적 사례다.

YH사건으로 극대화돼 표출된 유신말기의 정치사회적 위기는 부마사태로 이어졌다. 1979년 10월 16일 부산대생 5천여 명의 유신철폐 시위는 부산·마산 전역으로 확대됐다. 정부는 10월 18일 부산지역에 비상계엄령을 내렸고, 다시 20일에는 마산·창원지역에 위수령을 내려 제압하려 했다.

그러나 위험은 권력 내부에까지 들어가 있었기에 종말을 피하기는 어려웠다. 10월 26일 마침내 일이 벌어졌다. 중앙정보부장 김재규가 궁정동 안가 회식자리에서 박정희 대통령을 권총으로 사살하는 소설 같은 이야기가 우리나라 권력의 최고 핵심부에서 실제로 일어났다.

1972년 시작된 '10월 유신'의 종말을 의미했다.

절대 권력자인 대통령의 암살이라는 극적인 상황이 갑자기 예상치 못한 방법으로 일어났기에, 이것이 무엇을 의미하는지 국민들은 잘 몰랐다. 그러나 여전히 완강한 유신세력은 사태를 파악하기 위해 가장

---

4 가발제조업체인 YH무역이 일방적으로 폐업을 하자 생존의 위기에 몰린 노조원들이 79년 8월 신민당 당사로 무기한 농성을 들어가며 발생한 사건. 이 사건은 노동자들의 생존을 위한 농성사건이었지만 이 사건을 계기로 당시 제 1야당이던 신민당과 한국교회사회선교협의회, 한국기독교교회협의회, 가톨릭정의평화위원회 등의 재야세력 간 연대가 이뤄졌다는 점에서 중요하다. 이 같은 연대 분위기 속에서 반독재 운동의 고양이 예상되자 얼마 후 정권은 서울민사지방법원의 힘을 빌려 신민당 김영삼 총재의 총재직무를 정지하는 가처분 신청을 판결한다. 이 조치로 김 총재는 신민당 총재직에서 제명됐다.

먼저 재빨리 움직였다. 사태를 파악한 유신세력은 12월 12일 행동에 돌입했다.

전두환 보안사령관이 이끄는 부대는 정승화 계엄사령관과 중앙청·국방부에 있던 군 수뇌부, 문홍구 합참본부장, 장태완 수경사령관, 정병주 특전사령관을 체포했다. 12·12사태를 일으킨 군부 내 유신추종세력을 언론은 '신군부'라고 불렀다.

이것이 80년 서울의 봄을 맞기까지 민주화세력과 유신세력 간의 8년 간 싸움결과였다. 즉, 민주화세력은 고난에 찬 반유신운동을 끝내고 민주사회로 나가기 위한 준비를 하며 국민에게 희망을 심어주려 노력했다. 반면 유신세력은 군부를 장악하고 군부 뒤에 숨어 사태를 주시하고 있었다.

개헌 논의 허용, 노동 3권의 부분적 확대, 신문방송 검열의 완화, 제적학생의 복학, 윤보선·김대중·함석헌 등 주요 인사 687명의 복권, 각 대학 총학생회의 부활 등은 희망에 속했다. 반면 육군이 80년 1월 28일부터 창군 이래 최대 규모의 동계 기동훈련을 실시한 동시에 계엄사가 무분별한 정치 과열을 용납하지 않겠다는 정치성명을 발표한 것은 불안에 속했다.

80년 고대 총학생회

희망과 불안이 교차하는 80년 서울의 봄, 대학은 불안을 뒤로 감춘 채 민주화의 희망을 찾아 분주히 움직이기 시작했다.

우선 긴급조치 위반으로 구속됐거나 제적당한 학생들에 대한 복권과 복학이 이뤄졌다. 이들은 80년 대학에서 매우 중요한 역할을 했다. 이들은 우선 학내에 있는 반민주적 제도 타파에 1차적으로 주력했고,

그 중심은 학생자치기구를 만드는 일이었다. 대학마다 차이는 있지만 학원자율화추진위원회 또는 총학생회부활추진위원회라는 명칭의 기구를 구성하고, 그 기구를 중심으로 학생들의 의사를 수렴했다. 학도호국단을 해체하고 그 대신 들어설 총학생회 회칙 등을 마련해나가는 등의 활동을 펴나갔다.

이들은 당시 문교부가 마련한 기만적인 학도호국단 개정령(안)에 대학 연대로 공동 대응하는 성명을 발표하기도 했다.[5]

이들은 복학생협의회나 각 이념서클 속에서 활동했다. 이들의 활동은 1980년 초기 학내 민주화운동에 크게 기여했다. 복학생의 활동이 왕성한 학교에서는 강력한 학생회가 신속하게 건설됐다. 반면 그렇지 못한 학교에서는 학도호국단과 대치를 계속하거나 또는 총학생회 건설에는 성공했지만 막상 학생들의 선거에서는 졌다.

한편 이들 복학생은 여러 해 동안 학교 밖에서 한국사회에 대한 서로 다른 경험과 이론을 정립했기에 80년 정세에 대해 서로 다른 의견을 내놓기도 했다. 좀더 구체적으로 이야기하면 당시 야당과의 연계를 중요시하는 경향, 가톨릭·기독교·불교 등 종교적 연대를 더 중시하는 경향, 점차 커져가는 노동운동 등 기층운동을 중시하고 그것을 중시하려는 경향, 기타 공개운동의 경향, 비공개운동의 경향, 순수 학생운동의 경향 등이 서로 다른 시각을 가지고 점차 밝아오는 80년 서울의 봄을 향해 나아가고 있었다.

3월 28일 서울대가 먼저 총학생회를 구성하고 4월 10일 고대가 뒤따랐다. 이어 이대와 숙대, 숭실대, 한신대 등이 선두에 서서 총학생회

5 1980년 2월 22일 고대학원자율화총연합회와 동대총학생회부활추진위, 서울대학생회부활추진위, 성대총학생회부활추진위. 이대학생회부활추진위의 '학원민주화를 위한 공동성명서'는 문교부의 기만적인 학도호국단 개정령에 반대하는 최초의 대학연대 공동성명이다.

를 건설했다. 서울 시내 주요 대학의 총학생회가 3～4월에 집중적으로 건설됐다. 물론 일부 대학에서 총학생회 건설에 차질을 빚거나 선거에서 실패하는 경우도 있었다. 학내민주화 운동단계에서부터 학도호국단과 물리적 충돌을 빚거나 어용교수 처리문제 등에서 학생 사이에 갈등을 빚는 등의 혼선도 있었다. 그러나 80년 서울의 봄, 전국의 대학들은 대체로 순조롭게 총학생회를 건설하고 학내 민주화 운동을 성공적으로 진행하면서 점차 학생대중의 역량을 하나로 모아갔다.

내가 학교에서 최초로 공개적으로 한 활동은 1975년 3월 30일 유신철폐 시위를 조직한 것이었다. 설훈, 최규엽, 문학진, 신태식, 신계륜 등 고대 74학번의 주동으로 이뤄진 이 시위에서 나는 매우 감성적인 선언문을 썼다. 내가 쓴 선언문은 주동자들로부터 이의 없이 받아들여져 3월 30일 강의실마다 뿌려졌다.

이날 반유신 시위가 큰 성공을 거두면서 연일 더 큰 규모로 확대됐다. 당시 정세에서 세인의 이목을 집중시키는 규모의 시위가 된 것이다. 그러자 정부는 4월 8일 대통령 주재로 국무회의를 열고 고대에 긴급조치 7호를 발동했다.[6] 군인들이 학교로 들어오고 학교는 휴교령[7]

---

6 이날 내려진 긴급조치 7호의 내용은 다음과 같다. 1, 1975년 4월 8일 17시를 기해 고려대학교에 대해 휴교를 명한다. 2, 동교 내에서 일체의 집회 시위를 금한다. 3, 위 1, 2호를 위반한 자는 3년 이상 10년 이하의 징역에 처한다. 이 경우 10년 이하의 자격정지를 부과할 수 있다. 4, 국방부장관은 필요하다고 인정한 때에 병력을 사용해 동교의 질서를 유지할 수 있다. 5, 이 조치에 위반한 자는 법관의 영장 없이 체포 구금 압수 수색할 수 있다. 6, 이 조치에 위반한 자는 일반법원에서 관할 심판한다.

7 휴업령과 달리 휴교령이 내려지면 학교의 행정기능 등 전반적 기능이 중지된다. 이때 내려진 휴교령으로 학생들의 법정 수업일수가 부족해 전원 1년 유급 상황까지도 예상됐으나 최악의 상황은 면했다.

이 내려졌다. 학생은 물론 교직원 교수 어느 누구도 반항하는 즉시 군에 연행됐다.

그날 나는 학교 대운동장이 군인들이 훈련하는 연병장으로 바뀌는 기가 막히는 장면을 보았다. 대학 정문에 군인들이 보초를 서며 학생과 교직원을 통제했다. 유신철폐 시위를 벌였다고 해서 고대라는 한 대학에 긴급조치를 내려 군을 투입하고 끝도 없는 휴교령으로 학교를 없앨 수도 있다고 생각하는 정부가 있다는 사실이 너무도 이상하게 느껴졌다. 내가 꿈을 꾸고 있는 건 아닌가 생각했다.

그날 학교 주변의 막걸리 집에는 졸지에 학교를 군인에게 빼앗긴 학생들의 푸념과 눈물이 밤새 이어졌다. 술 먹고 교문으로 들어가려다 연행되는 학생들도 있었다.

설훈, 최규엽, 문학진, 신태식 등 74학번 친구들과 73학번 선배들 다수가 제적됐다. 그러나 나는 선언문 쓴 사실이 초기에 드러나지 않아 제적되지 않았다. 아마 어쩌면 주동자들이 다음 일을 위해 나를 숨겨 놓은 건지도 몰랐다. 그러나 내가 선언문을 썼다는 사실은 나중에 드러났다. 중앙정보부는 나를 미리 탐지하지 못한 것이 무척 자존심이 상했던지 나에 대한 감시를 특별히 강화했다.

그 후 나는 경찰서 또는 중앙정보부 등에 수시로 불려 다녔다. 한 번은 중앙정보부에 연행됐는데, 자주 만나며 시국을 이야기하던 친구들이 다 잡혀와 있었다. 내가 3월 30일 시위 이후 더 큰 시위를 계획하며 진행하던 만남이 모두 감지된 것이다. 취조를 심하게 받았지만 아직 구체적인 계획 단계가 아니었기에 수일 만에 모두 풀려났다.

그러나 내 활동은 심하게 제한됐다. 고대는 물론 타 대학 학생을 만나는 일도 불가능할 정도였다. 내가 사는 집에 형사들이 불시에 들이닥쳐 내 방뿐만 아니라 온 집안을 엉망으로 헤집어 놓곤 했다. 내가 비밀데모를 성공하면 각 기관 정보팀은 문책받을 것이고 준비한 거사가 적발돼 미수에 그치면 포상을 받을 것이었다. 나는 집중감시 대상이 돼 있었다.

내 자신은 물론이고 가족들에게 말할 수 없는 고통을 줬다. 당시 강남구 청담동 누나 집에서 기숙하던 나는 누나와 매형에게 큰 폐를 끼쳤다. 가끔씩 찾아오는 동생들에게도 불편을 줬다. 나를 만나러 시골서 올라온 동생이 경찰이나 정보기관에 내가 연행되는 장면을 보거나 불시 가택수색이 이뤄지는 장면을 보는 것은 정말 심란한 일이었다. 그보다도 형사나 기관원들이 나나 내 친구들에 대한 질문을 가족과 동생들에게 던지는 일은 정말 역겨운 일이었다.

그런 상황이 나이 어린 동생들에게 좋지 않은 영향을 주었음을 잘 알고 있다.

각 정보기관의 집중적 감시에 시달리다가 결국 1976년에 강제징집됐다. 보병 2사단 소속의 포병대대에 근무하다 1979년에 병장으로 만기제대했다. 10 · 26과 12 · 12사태를 주의 깊게 바라보면서 1979년을 넘겼고 80년 봄 고대 법과대 행정학과에 복학했다.

3년 만에 다시 온 대학은 이전과는 너무 달라보였다. 우선 학교로 출근하는 사복형사들이 보이지 않아 학교 같은 느낌이 들어 좋았다. 아주 당연한 대학생활의 일상이었음에도 불구하고, 벤치에 앉아 여유를 부려도 누가 감시하지 않는다는 것이 얼마나 좋은 일인지 그 시대를 살아보지 않은 사람들은 모른다.

나는 학도호국단을 폐지하고 총학생회를 건설하는 일을 중심으로 학내 민주화 운동에 참여하면서 학교와 학생에 대한 내 감각을 찾아나갔다.

그러던 어느 날 잘 아는 몇몇 복학생이 찾아와 총학생회장 선거가 만

만치 않으니 후배들의 신뢰가 두터운 내가 출마해야 할 것 같다는 의견을 내놨다. 출마예상자들과 성향을 볼 때, 그리고 80년 첫 총학생회의 중요성을 고려할 때 선거에서 실패해서는 안 되기 때문에 운동권 전체의 동의를 얻을 수 있는 내가 출마하는 것 이외에 방법이 없다고 했다. 나는 복학한 지 얼마 되지 않았고 학교 사정도 아직은 제대로 파악하지 못해 선뜻 대답하지 못했으나 여러 사람이 찾아와 반복해 강권했다.

결국 논의 끝에 나는 총학생회장 선거에 출마하기로 결심했다. 대부분 복학생들이 참모로 나서 선거 준비를 했고 여성 복학생인 백완승은 홍보 및 사진을 담당했다. 선거벽보에 나온 사진은 물론 고대신문에 나온 사진 모두가 백완승이 찍은 사진이다. 그녀는 감각 있게 내 형상을 잘 포착했고 선거에 큰 도움이 됐다. 엄주홍은 주로 글과 정책을 담당했고 천상만은 선거 사무를 총괄했다.

특별히 돈이 들어가는 것도 아니었다. 강의실로 들어가 지지 호소 연설을 하고 대운동장에 모여 합동연설회를 가졌다. 대중 앞에 나서는 것이 수줍고 어색하기만 했던 나의 처음 모습은 날이 갈수록 자신감이 붙었다. 당시 여학생이 대다수였던 학과에 들어가면 어색해하며 연설을 잘하지 못했지만, 오히려 달변을 토하는 후보보다 진지함을 갖춘 것으로 평가받는 여유를 갖기도 했다. 실제 한 후보는 참 연설을 잘했으며 거의 전문가 수준으로 평가되기도 했다. 그는 전문적인 연설 수업을 받은 것처럼 보였다.

나는 그때 청바지나 작업복 같은 것을 즐겨 입었고 때로 인민복 같은 고대 교복을 입기도 했다. 양복을 꼭 입어야 할 일은 거의 없었지만 그럴 일이 있으면 친구의 양복을 임시로 빌려 입기도 했다. 그래도 선거를 치르려니 정장 한 벌은 있어야 할 것 같아 학교 앞 양복점에 들러 맞췄는데 그 양복점 재단사가 초등학교 동기동창이었다. 정재환이라는 그 친구는 마음씨 곱고 정직하게 일하는 기술자였다. 그는 내 생전 처음의 양복을 아주 근사하게 만들어줘 선거 때 그 양복을 입고 나갈 때면 그 친구의 우정이 느껴져 든든했다. 그는 나중에 은평구로 가서 양복점을 운영하다 지금은 다른 일을 한다.

4월 10일 고대 사상 처음으로 전교생이 직접 뽑는 총학생회장 선거가 순조롭게 치러졌다. 전교생 10,259명 중 66. 1%인 6, 782명이 투표에 참여했다. 7명의 후보 중 나는 2, 494표(35. 3%)를 얻어 2위 후보(1, 636표)보다 858표를 더 얻어 당선됐다. 나는 당시 9개 단과대학에서 모두 이겨 명실상부한 승리라고 말할 수 있었고 대학 언론도 그렇게 보도하며 힘을 실어줬다. 그러나 나를 제외한 6명의 후보가 모두 합해 65%정도의 표를 받았다는 사실을 나는 주의 깊게 보았다.

특별한 이유가 있는지는 모르지만 당시 고대 시계탑에서는 매시각 "새야 새야 파랑새야 녹두밭에 앉지 마라 녹두꽃이 떨어지면 청포장수 울고 간다"는 녹두장군 전봉준 상징곡이 교정에 울렸다. 나는 동학농민의 피어린 진군의 길을 걸어가 보기도 했고 우금치고개 전투를 그림으로 그려보기도 했다. 총학생회장에 당선되자 전봉준 장군의 그림을 방에 걸어두고 싶었다. 그래서 나는 보안강화를 위해 학생회관 총학생회장실 자물쇠를 맨 먼저 바꾸고 그 관리를 총무부의 가장 신뢰하는 간부에게 맡긴 다음, 집에서 준비해온 전봉준 장군의 사진을 회장실 전면에 걸었다.[8] 그의 단호한 눈빛과 입술이 나의 여림과 망설임을 줄여줄 것 같은 생각에서였다.

그리고 바로 80년 서울의 봄을 이끌 고대 제16대 총학생회의 구성을 완료했다.[9]

---

8 80년 5월 18일 고대에 진주한 계엄군은 학생회장 사무실 벽에 걸린 전봉준 사진을 김일성이라고 생각해 소동을 벌이는 웃지 못할 촌극을 벌이기도 했다고 한다.

나는 이들과 상견례로 고대 전통의 막걸리를 마시면서 다음과 같은 말을 했던 것으로 기억한다.

"우리는 모두 학생들의 직접 선거에 의해 뽑힌 일꾼들입니다. 그리고 우리는 앞으로 단과대학의 학생회나 총학생회를 이끌게 되었습니다. 항상 앞을 보고 전진해야 합니다. 그러나 모든 학생들과 함께 가야 하는 대중조직에 몸담은 일꾼들이라는 사실을 잊지 말아야 합니다."

학생회가 학도호국단으로 바뀐 지 5년 만에 순전히 학생들의 힘으로 부활한 고대 제 16대 총학생회는 그 역사적인 활동을 개시했다.

9 나는 선거가 끝나자 총학간부를 복학생과 재학생 별, 그리고 단과대학별로 균형 있게 임명했다. 오랜 기간 긴급조치위반으로 수감됐다가 복학한 이민구(사회3) 총무부장을 비롯해 이경재(행정3) 학술부장, 이두엽(중문3) 문예부장, 오원완(지질3) 사회부장, 성환돈(건축3) 후생부장, 채화석(체육3) 체육부장, 방세도(무역3) 총무부차장, 강시철(독문2) 총무부차장, 장하운(사회3) 학술부차장, 이상구(국문2) 문예부차장, 이옥재(공학1) 사회부차장, 차학규(전기2) 후생부차장, 유명곤(체육2) 체육부 차장 등이 1980년 제 16대 고대총학생회 집행간부들이다. 이에 발맞춰 단과대학 학생회장 선거도 4월 중순경 모두 치러져(의대만 5월 2일) 9개 단과대학 학생회장으로 구성된 제 16대 총학생회가 구성됐다. 그 명단을 보면 법과대 학생회장 김덕겸(법학3), 경영대 학생회장 권순성(경영3), 문과대 학생회장 이석재(불문3), 농과대 학생회장 김종일(식공3), 정경대 학생회장 이재원(경제3), 이과대 학생회장 이화수(수학3), 공과대 학생회장 장기복(토목3), 사범대 학생회장 박명수(교육3), 의대 학생회장 김영훈(본2) 부회장 김형섭(본1) 임명희(간호 3) 등이 그들이다. 아울러 여학생들이 별도로 뽑는 여학생회장에는 김혜련(식공3)이 당선됐다. 당시 총 여학생수 1,216명 중 699명이 투표에 참여(투표율 57.5%)해 김 후보가 354표를 얻어 2위 후보를 불과 14표 차이로 따돌리고 당선돼 화제가 됐다.

우리는 우선 총학생회 산하에 학원문제위원회(반민주교수, 폐쇄적인 재단의 문제를 다루고 학칙개정과 유신독재의 학내 잔재 청산을 논의하는 위원회), 인권대책협의회(학원과 노동현장에서 발생한 인권유린 사례에 대한 백서발간 등 활동), 교수학생협의회(교수위원회가 구성되면 학생이 공동으로 참여해 앞으로의 학교 민주화의 근본 계획을 수립하고 실천하는 활동) 등 3개 위원회를 구성하고 활동에 들어갔다. 나는 이 같은 문제를 풀어나가기 위해 대학과 교수의 협조가 중요하다고 생각했다. 3개 위원회가 본격 활동에 들어가기 전에 김상협 총장을 방문해 위원회 활동계획에 대해서 설명했다. 특히 교수학생협의회의 설치에 대해 반대하지 않을까 우려했다. 그러나 김상협 총장도 별 이견이 없었다. 특히 교수학생협의회 구성에 대해서도 고개를 끄덕여 줬다.

고대 전체교수협의회가 5월 12일 오후 4시 중앙도서관 4층 회의실에서 열렸다. 236명의 교수들이 참여해 영문과 김진만 교수를 초대회장으로 선출하고, 총장임면 동의권, 예산결산 심의 의결권 등을 교수협의회의 권한으로 규정했다. 여기에 학생 대표가 참여한다면 학원 민주화는 더욱 가속화할 것이라고 생각했다.

4월은 빠르게 지나갔다. 고등학교를 마치고 형을 따라 서울에 올라온 동생 신성륜은 거의 학생회관에서 숙식하는 형을 따라 학생회를 들락거리며 대학도 가기 전에 운동권이 다 됐다. 아마도 동생은 걱정하고 있을 시골의 아버지 어머니에게 연락해 형 소식을 전하고 학교 내 이곳 저곳 기웃거리며 대학의 사정을 익혔을 것이다. 동생의 기웃거림과 함께 고대의 봄도 무르익었다. 학생들의 마음이 봄꽃처럼 피어나던 5월이 다가오자, 우리는 전통의 5월 축제를 준비했다.

무박 4일의 민주축제

고대 축제는 5월 5일 개교기념일에 맞춰 연례행사로 진행된다.

나는 민주화에 대한 학생들의 소통과 일체감을 형성하는 데 80년 축제의 초점을 맞췄다. 80년 정세를 공유하고 이를 토대로 학내외에서 학생들이 해야 할 일을 통일적으로 인식하고 우선순위를 정하는 것이 시급하다는 판단에서였다.

총학생회는 연일 회의를 열어 학원문제위원회와 인권대책협의회의 활동을 점검했다. 4월 30일에는 대강당에서 1천여 명이 참석한 가운데 공개보고 및 토론회를 가지기도 했다. 아울러 전통적인 5월 축제를 5월 2일부터 5일 개교기념일까지 열기로 하고, 사치 소모성 행사를 없애고 민주화에 맞는 내용으로 개편해 학생들을 대거 동참시키는 방향으로 진행하기로 했다.

모의대정부회견(행정학과), 모의노사협의회(경영문제연구소), 역사상인물 가상재판(고대신문사), 형사모의재판(법대), 민주화대토론회(서클연합회), 금서 전시회 및 판매(민맥), 자유 문학의 밤(총학생회), 씨름대회(총학생회) 등으로 시대에 맞는 내용을 담아 축제를 준비해나갔다.

그러나 축제 초반에 정세에 대한 공개적 이견이 표출됐다.

5월 2일 저녁 6시쯤 민주화운동을 하다 숨진 선배들을 위한 강신굿을 마칠 무렵, 서클연합회 주도로 축제를 중지할 것을 요구하는 시위가 일어났다. '눈앞의 긴박함과 타 대학의 투쟁 등을 고려할 때 지금 축제를 열 때가 아니'라는 요지였다. 일단의 학생들이 교문 쪽으로 진출했다. 이미 성균관대 등에서 경찰과 충돌이 일어나고 있던 때라 서클연합회의 주장에 일리가 없는 것은 아니었다.

그러나 갑작스런 '축제 중지' 주장은 '축제 진행' 주장과 충돌했다. 양 주장에 대해 나는 신중히 접근했다. 그리고 학생들 간에 실제 충돌이 일어나지 않도록 하는 데 주력하면서 일단 총학생회의 결정을 기다려 달라고 말했다. 그리고 서로 다른 주장을 하는 학생들을 서로 다른 공간으로 배치, 자유롭게 자신의 의사를 표현하도록 유도했다. '축제 중지'를 요구하는 시위대도 교문 진출을 자제하고 중앙도서관에서 자유토론 및 농성에 들어갔다.

여러모로 고민했다. 갑작스런 문제제기를 하며 가두진출을 하자는 주장에 문제가 있었지만 과정의 민주성을 보장하고 그것을 통해 함께 가는 것이 총학생회장으로서 중요한 임무였다. 나는 이 사태를 어떻게 수습할지 고민했다. 학생회 간부들도 마찬가지였다.

숙고하던 나는 저녁 9시쯤 양측을 총학으로 오게 해 학생회 간부들과 함께 다시 한 번 양측의 의견을 들었다. 그리고 내일 오전 10시 대운동장에서 공개토론회를 열어 결정하겠다는 최종 입장을 공유했다. 일단 총학생회가 공식의견을 내놓았기 때문에 양측은 공개토론회를 준비했다.

다음날 오전 10시 대운동장에는 3천여 명의 학생이 운집했다. 나는 오늘 공개토론회의 의미를 설명한 후 질서 있는 토론을 부탁했다.

토론은 팽팽했다. 3천여 명의 학생은 양측의 주장을 교대로 들으며 질서를 유지했다. 축제강행론을 주장하는 측은 "준비가 완전하지 못한 시기에 순간적 · 감정적 선동으로 피를 흘릴 수는 없다. 우리 의지를 집약하고 전 고대인의 의견을 집약할 수 있을 때까지 기다리자"는 논지의 발언들을 이어갔다. 축제 반대론을 주장하는 학생들은 "눈앞의 긴박함과 타 대학의 투쟁 등을 고려할 때 지금 당장 학원자유화, 사회민주화 투쟁이 필요하다"고 호소했다. 나는 이들의 주장을 교대로 들으면서, 공통점과 차이점을 좁혀갔다. 큰 차이 같지만 실은 큰 차이로 포장된 작은 차이였다. 서로를 충족시킬 통로가 충분히 있음을 알아냈다. 경청하는 학생들도 시간이 지나자 문제의 본질을 이해했다.

나는 더 이상 토론이 필요 없다고 판단했다. 연단으로 올라가 과감히 토론을 종결시키고 "이제 결론을 내릴 텐데 모두 수긍하겠습니까" 물었다. 3천여 명의 참여학생 모두 이론 없이 박수를 치며 "그렇다"고 답변했다.

나는 다음과 같이 결론을 내렸다.

축제를 포기하며, 시위를 하되 학내로 국한하고, 축제를 위해 준비한 강연회, 토론회, 공연 등은 농성장 등에서 시행한다고 선언했다.

그리고 정부에는 계엄을 해제하고 표현의 자유를 보장하라고 요구하고, 학생들에게는 투쟁의 내용은 예리하게 그리고 그 방법은 이성적이어야 한다고 당부했다. 그리고 우리의 시위는 소요가 아니고 이성을 가지고 합법적으로 하는 것이기 때문에 이를 폭력으로 해산하는 것은 불법이라고 선언했다. 그리고 다시 한 번 어떠한 상황에서도 이성을 잃지 말아야 한다고 강조했다.

결국 축제의 내용과 시위의 형식을 동시에 채택해 결합한 것이었다. 일부 태권도부의 행사 등이 빠진 것을 제외하고 축제 대부분의 내용이 들어갔고 거기에 운동장을 돌며 교내시위를 하는 것과 밤샘 농성하는 것이 추가됐을 뿐이다.

학생들은 한 사람의 반대도 없이 결정을 받아들였다. 다른 길로 가던 흐름이 우여곡절 끝에 하나로 합쳐져 더 거센 흐름으로 나아가게 된 것이다. 학생들은 일제히 일어서 함성을 질렀다. 나는 자신감을 갖게 됐고 학생회에 대한 학생들의 신뢰는 더 커졌음을 느꼈다.

토론이 끝나자 참가 학생 3천여 명은 운동장에서 스크럼을 짜고 돌다가 교문 근처로 진출해 일제히 구호를 외쳤다. 이에 놀란 경찰이 최루탄 수십 발과 페퍼포그[10]를 발사했다. 그러나 학생들은 돌멩이 하나

던지지 않고 교문 진출을 자제했다. 나는 공개토론회가 참 훌륭한 결과를 가져왔다는 생각을 다시 하게 됐다.

나는 그때, 예상치 못한 일이나 위험이 생겼을 때 상황에 충실하게 문제에 집중하면 해결 못할 일은 없다고 생각했다.

이렇게 시작된 1차 민주화 행진은 무박 4일의 축제로 진행됐다. 5월 5일 해산하기까지 우리는 농악대 길놀이, 민주화의 굿, 촌극, 10·26 사태를 풍자한 '궁정동 말뚝이' 공연, 이소선 여사의 강연, 야간 교내 횃불시위, 자유발언 등 축제 프로그램을 소화했다. 학생들은 거의 대부분 이론 없이 함께했다.

교문 밖 경찰을 대상으로 한 자유발언에서 한 학생이 '경찰에 보내는 메시지'를 낭독했는데 그 내용은 경찰임금인상, 경찰노조결성, 위험수당지급 등으로 돼 있었다. 그 학생은 경찰로부터는 침묵의 시선을, 학생들로부터는 큰 박수를 받았던 것으로 기억한다.

5월 5일은 민주화대행진 마지막 날이자 개교기념일이었다.

나는 식이 시작되기 전 총장실로 올라가 김상협 총장에게 행사에 나와주실 것을 요청했다. 김 총장은 아무 말이 없었다.

10시 개교기념식을 겸한 민주화대행진 마무리집회에는 3,500여 학생들뿐 아니라 대부분의 교수가 참석했다. 나는 김상협 총장이 나오기를 잠시 기다렸다. 그러나 시간이 지나도 김 총장은 나오지 않았다. 10시 5분쯤 집회를 시작했다. 국기에 대한 경례를 진행하고 있는데 김상협 총장이 대운동장 계단을 통해 내려오는 것을 나는 보았다. 명실공히 고려대학 모두가 참여한 것이었다.

약 3,500여명이 모인 고대 개교기념식에서 나는 시국선언문을 통해 "우리의 행동은 발전적이면서도 의식적으로 계속될 것이며 결코 주저

---

10 경찰이 사용하는 시위 진압용 최루가스. 보통 차량에서 발사된다.

앉지 않을 것"이라고 선언했다. 이어 비상계엄 해제, 노동3권 보장, 전두환·신현확 퇴진, 정부개헌 중지 등의 요구를 담은 시국선언문을 발표했다. 이어 교문 앞으로 나가 힘차게 노래를 제창하고 '비상계엄 해제' 등의 구호를 외친 다음 질서정연하게 교문 좌우측 2개의 문을 통해 교문 밖으로 나가 해산했다.

나가면서 "수고한 경찰들에게 전달해 달라"고 말하며 성북경찰서장에게 우유 8박스를 전달했다.

발단은 복잡했지만 오히려 아름답게 끝난 무박4일의 민주축제는 나를 포함한 학생회 간부들에게 큰 자신감을 줬다. 그리고 무엇보다 학생회에 대한 학생들의 굳건한 믿음은 이후 다른 대학과 확연히 비교되는 응집력과 단결력의 바탕이 됐다.

대학들의 연대

80년 상황은 필연적으로 대학 간 연대를 낳았다. 어떻게 모이기 시작했는지는 간단하다. 서로 대학의 사정이 어떠한지 또는 학내민주화, 사회민주화 운동은 얼마나 진행됐는지 또는 학교와 정부는 어떻게 나올 것인지 등이 궁금해서 모이기 시작한 것이다. 윤여연 숭실대 총학생회장은 나에게 4월 10일쯤 서울대, 이대, 숭실대 등의 학교가 신촌 중국집 '청원'에 모여 의견을 교환했다며 나에게 함께 참여해 이야기하자고 했다.

이렇게 시작된 연대활동은 4월 16일 9개 서울지역 대학 총학생회의 제 1차 시국 공동성명서 채택으로까지 나아갔다.

연대활동의 필요성이 공유되고 움직임이 구체화되자 나는 연대회의를 공식적으로 소집하고 운영할 때가 됐다고 생각했다. 몇몇 총학생회장들의 요청을 받아들여 5월 9일 밤 고대에서 서울시내 총학생회장 연대회의를 소집했다. 나는 복학생 3학년이었으므로 대부분의 학생회장보다 연장자였다. 자연스레 총학생회장의 형님이 됐다. 이미 이때는 서울 대부분 대학이 서로 연락을 주고받으며 한 번쯤 교내시위를 경험한 터라 공식 연대의 필요성과 공동 행동의 필요성을 아주 깊게 느끼고 있었다. 나의 소집에 서울시내 22개 대학[11]과 지방의 전북대 등 23개 대학이 참여했다.

그날 밤 우리는 보안 유지가 잘 된 고대 학생회관에서 새벽까지 이어진 밤샘토론을 통해 서로의 경험과 정세를 공유하고 행동 통일의 필요성을 공감했다. 사실상 서울 시내 대학이 거의 다 모인 첫 회의였지만 아주 오랫동안 만나온 친구처럼 금세 친해졌다.

우리는 학생들의 거듭된 요구에도 정부가 계엄해제 등의 조치를 취하지 않은 점에 유념했다. 특히 12 · 12 쿠데타로 사실상 군부 및 권력의 핵심을 장악한 신군부 세력을 우려했다. 나는 이날 서울지역 총학생회장 모임에서 군부에게 강력하게 경고하는 메시지를 담아야 한다고 말했다.

새벽녘 우리는 합의를 이루고 제 2차 시국선언문[12]을 작성했다.

---

11 건대, 고대, 국민대, 단국대, 덕성여대, 동국대, 산업대, 서강대, 서울대, 서울여대, 성균관대, 성신여대, 숙대, 숭실대, 연세대, 외대, 이대, 중앙대, 한신대, 한양대, 경희대, 홍익대(가나다 순).

12 4월 9일 서울시내 22개 대학 공동선언문. 이 선언문은 서울의 봄을 연 직접적 계기인 10 · 26에 대해 “전태일 분신, 광주대단지 항쟁, 동일방직 노동자 투쟁, 함평농민운동에서부터 부마의 민중봉기로 이어지는 위대한 투쟁의 연장선상에서만 역사적 의의를 논할 수 있다”고 규정하고 유신세력의 완전 척결 때까지 싸워야 한다고 밝히고 있다. 또 이 선언문은 비상계엄 해제, 대통령이 임명하는 국회의원인 유정회의 즉시 해산, 정부주도 개헌논의 중지, 대통령을 선출하는 기구인 통일주체국민회의의

이 선언에서 우리는 비상계엄 해제, 정부주도 개헌과 이원집정부제 개헌 기도 중지 등을 요구하고 시위에 대한 언론의 편파적 보도 태도를 강하게 비판했다.

정부가 내릴 수 있는 휴교령에 대해 긴 논의를 하고 다음과 같은 합의문을 작성했다. 우리는 당분간 평화적 교내집회를 원칙으로 하겠지만 만약 휴교령이 내려져 교내집회가 불가능하게 된다면 폭력적 정권의 부당성과 우리의 정당성을 널리 선포하기 위해 가두집회를 가질 것이라고 밝혔다. 이어 이 시간 이후로 휴교령으로 수업을 받을 수 없는 날 오전 10시 청량리, 신촌, 동대문운동장, 영등포역 등 지역에 권역별로 모이도록 미리 집결장소를 공지했다.

이 시국선언문은 비교적 당시의 상황을 잘 파악하고 서로의 이견을 조정해 정리한 것이었다. 교내시위와 가두시위가 가져올 결과에 대해 충분한 의견교환을 하고 두 가지를 동시에 명시해 어떤 상황에서도 대비할 수 있는 준비를 갖추려 했다. 특히 시국선언문은 군이 나설 것을 염려해 여러 각도로 검토하고 마음의 준비를 하면서도 군이 나서지 말도록 경고하는 등 나름대로 의미를 담으려고 했다.

나는 합의를 이끌어 내기 위해 당장 가두로 나가기를 원하는 일부 주장을 완화시키며 대다수 학생회 의견에 따라 문안을 가다듬고 정리했던 기억이 새롭다. 내 기억에 당장 가두시위를 주장했던 일부 대학 학생회는 선거 결과 민주파가 패배해 학생회에 대한 학생들의 신뢰가 적은 곳이 많았다.

해산, 노동3권 보장과 노동악법 개정, 연행 노동자 석방, 농협 민주화, 농민권익 보장, 언론재벌 각성과 기자들의 자유언론실천투쟁 지지 등의 요구 사항과 휴교령이 내리면 이를 거부하고 권역별로 집결할 것 등을 담고 있다.

5월 12일에는 여기에 3개 대학이 추가된 26개 대학이 서울대에 모여 5월 10일 시국선언문의 방침을 다시 확인했다.

가두진출 결의 (5월 13일 고대 학생회관)

5월 10일 회의 후 나는 여러 경로를 통해 군부와 정부의 정보를 얻으려 노력했다. 특히 군부의 동향을 알아보려 노력했지만 80년 당시 학생회와 연관된 재야운동이 빈약했고 당시 야당도 군부의 움직임을 정확하게 알 수 있는 처지가 아니기에 구체적인 정보는 알 수 없었다.

문자 그대로 안개정국이었다. 그래도 그나마 정보력이 있는 야당 또는 출입기자로부터 들리는 정보로는 군의 이동이 심상치 않았다. 군의 직접 개입 가능성이 높다는 것이었다.

어쨌든 정부 내 이상한 온건파(이원집정부제 개헌)와 강경 군부가 때로 대립할 수도 있겠다는 생각을 하면서 나는 서울시내 다른 대학과 마찬가지로 5월 13일, 14일, 15일을 제 2차 고대 민주화대행진 시기로 설정했다. 1차 때와 달리 2차 민주화 대행진 때는 준비도 잘됐고 시국에 대한 수준 높은 요구도 정리됐다.

5월 13일 나는 모든 강의의 휴강을 일방적으로 선언했다. 그에 따라 고대생 전체에 가까운 7천여 명이 대운동장에 운집했다.

1차 민주화 대행진의 경험이 학생들 간 이견을 해소했다. 또 정세를 공유한 덕분에 2차 민주화 대행진에 나선 학생들은 전보다 더 일사불란하게 움직였다.

그 막강한 믿음, 전체 대학생의 참여 그리고 교수들까지 참여한 5월 13일의 집회를 나는 잊지 못한다. 대운동장 잔디계단[13]을 가득 메운 학생들은 완전한 하나였다. 국민 대부분이 바라는 민주화 일정을 명쾌히 밝히지 못하고 정부와 군대의 뒷전에 웅크리고 앉아 어떻게든 유신 권력을 놓지 않으려는 신군부에 대해, 오늘은 엄중한 경고를 내리는 날이 돼야 한다고 그날 모인 학생들은 모두 똑같이 생각했을 것이다.

나는 연단 위에 올라서서 대행진의 시작을 선포하고 오늘은 교문 밖으로 나가서는 안 된다고 말했다. 함성과 함께 학생들은 일제히 스크럼을 짜고 "비상계엄 해제" 등의 구호를 외치며 교정을 파도처럼 일렁이며 뛰었다. 2차 민주화 대행진은 서울시내 대학에서 일제히 같은 시간에 개시됐다.

나는 학생들과 함께하다 총학생회장실로 돌아와 사태를 정리하기 시작했다. 문을 걸어 잠그고 생각했다.

'이 시점에서 시위를 학내에 가둬둘 이유가 있는가?'

이날 총학생회 통제력이 약한 연세대생 일부가 광화문으로 진출, 경찰과 투석전을 벌였다는 소식도 나중에 들렸다.

대운동장에서 얻은 고무된 기운은 나를 전투로 재촉했다. '이제 때가 됐다'는 믿음을 자꾸 내 자신에게 다짐했다. 주요 대학 총학생회장과 협의해 가두로 나가기로 결심했다. 결심이 서자 나는 자리에서 일어나 서울시내 총학생회장들의 긴급회의를 소집했다.

5월 13일 어두워지기 시작한 무렵 서울소재 대학 총학생회장들이 고대 학생회관에 모이기 시작했다. 서울의 주요 대학은 물론 경기지역 일부 대학의 대표들도 참여했다. 놀랍게도 교파를 초월해 모임을 가진 신학대학 대표들이 한신대와 감신대, 서울신대 대표 3인을 추려 긴급

13 교문과 본관 사이에 있던 대운동장 스탠드를 말함. 아쉽게도 지금은 잔디계단과 대운동장이 없어졌다.

회의장에 보냈다. 전체적으로 27개 대학 대표들이 참여한 것으로 집계됐다.

이날 회의는 논쟁적이지 않았고 말도 많지 않았다. 다만 '이제 때가 됐다'는 분위기가 지배적이었다. 이미 주요 대학 학생회장에게 전화로 의사를 타진하고 모인 회의였기에 단지 우리는 각 학교 상황을 조용히 경청했다. 그리고 바로 그날 밤 우리는 이튿날인 14일부터 가두진출을 하기로 결정했다.

내 기억에 가두진출 결정에 반대한 대학은 없었던 것 같다. 여러 정보를 종합해 볼 때 최선의 시기는 아니지만 가두 진출은 불가피하다는 의견 정도가 소극적 의견 개진이었다. 단지 신학대학들은 새문안교회에서 만나 별도로 행동하고 시위를 조직한다고 했고 우리는 이를 승인했다. 나는 5월 10일 시국선언문을 상기시키고 휴교령이 내려 수업을 받을 수 없게 되는 날 오전 10시 권역별로 집결하는 장소를 다시 한 번 주지시켰다.

새벽녘 회의를 마칠 무렵 김정곤 한국신학대학 학생회장은 큰 키에 큰 목소리로 회의장 뒤쪽에서 앞을 보고 일어서서 말했다.

"머뭇거리거나 주저하지 맙시다. 결연히 일어납시다. 우리 대학은 학생 수는 그리 많지 않지만, 일당백입니다. 그러므로 다른 대학에 뒤지지 않고 오히려 앞장설 것입니다."

나는 학교별 출정을 위해 각 학교로 돌아가는 학생회장들과 한 사람 한 사람 힘주어 악수하고 전의를 다졌다. 악수하면서 전율이 흐르는 것을 그때 처음 알았다. 남자들끼리도 서로 껴안고 감정을 나눈다는 것을 처음 이해했다.

아마 이들 중 대부분은 집으로 가지도 못하고 학교로 돌아가 시위준비에 들어갈 것이며 몇몇은 집으로 가서 수배에 대비한 방 정리를 할 것이라고 생각하며 고대 교문 앞을 나서는 학생회장들이 다 떠날 때까지 그들을 배웅했다.

나는 다시 학생회장실로 돌아와 가두로 진출하면 민주화 일정이 단축될지 아니면 군부 강경세력이 더 득세할지를 생각했다. 최선을 다하되 이것은 운명이라고 정리했다.

한 총학생회장이 말한 북의 남침 가능성에 대해서도 생각했다. 그는 어제(12일) 국무회의에서 나온 믿을 만한 정보에 따르면 오는 15일에서 20일 사이에 북이 남침한다는 보고가 있다고 전했다. 아는 몇 분들에게 물어보니 군부의 공작일 것이라고 하는 분도 있었고, 반대로 실제 휴전선에서 총격이 있었다고 말하는 분도 있었다. 나는 믿을 만한 것은 아니라고 결론지었다.

아침 일찍 마음을 가다듬고 앉아 친구인 전남대 박관현 총학생회장[14]에게 전화를 했다. 서울지역 대학들의 동향을 전해주고 14일부터 가두로 진출한다고 알리고 지방대학도 동참했으면 한다고 말했다. 박관현 회장은 14일부터 동참은 어렵고 최대한 빨리 의사를 모으면 16, 17일부터는 동참할 수 있을 것이라 답했다.

신군부와 대결…5월 14, 15일 서울역 대회전

드디어 14일이 밝았다. 의자에서 약간의 휴식을 취한 나는 화장실에 들어가 세수를 한 후 몇몇 총학생회장에게 전화해 상황을 점검했다. 아무 이상이 없었다. 보안 유지도 그런대로 잘 돼 있었다.

14 박관현 열사는 80년 전남대학교 총학생회장으로 전남도청 앞 민주화 집회 등 민주화 시위를 주도했다. 오랜 도피 끝에 82년 체포된 그는 재소자의 밥 속에 들어있는 나팔꽃씨 제거 등 재소자 처우 개선을 요구하며 40여 일간 단식하다 끝내 그해 10월 12일 옥중 사망했다.

오전 10시 대운동장에는 7천여 학생들이 잔디계단을 거의 다 메웠다. 나는 운동장에 있던 연단으로 뛰어올라가 짧게 연설했던 것으로 기억한다.

"계엄을 철폐하고, 이원집정부제 개헌 논의를 중단시키며, 전두환과 신현확(당시 총리)을 조기 퇴진시켜 민주화 일정을 빨리 진행하기 위해, 오늘부터 교문을 나가 가두시위를 시작한다"고 선포했다. 각 단과대별로 질서 있게 움직여줄 것을 부탁했다.

교문을 사이에 두고 경찰과 약간의 충돌이 있었지만 서울시내 전 대학이 교문을 박차고 나오는 것을 막을 수는 없었다. 나는 고대생들이 경찰을 물리치고 정문을 나가는 것을 확인하고 학생회로 돌아와 다시 주요 대학의 총학생회장과 연락을 유지하며 상황을 점검했다.

건대, 고대, 국민대, 단국대, 덕성여대, 동국대, 산업대, 서강대, 서울대, 서울여대, 성균관대, 성신여대, 숙대, 숭실대, 연세대, 외대, 이대, 중앙대, 한신대, 한양대, 경희대, 홍익대, 동덕여대 등 내가 점검한 서울시내 대학에서만 약 10만여 명의 학생들이 학생회의 지휘에 따라 조직적으로 가두에 진출한 것이 확인됐다.

내가 점검한 대학 외에도 수원의 서울 농대, 경기도 일원의 대학이 서울 시위에 참여해 그 숫자를 정확히 파악하기 어려웠다. 지방에서도 14일 11개 대학이 시위에 참여했다. 신학대학생 1,500여명은 별도로 새문안교회에 모여 가두시위에 참여했다.

김만홍 서울신학대 대표는 다음과 같이 말하기도 했다.

"13일 저녁 고대에서 비상학생회장단회의에 참석해 밤을 꼬박 새우고 14일 아침 부천에 있는 학교로 돌아왔다. 그리고 아침 9시 비상학생총회를 소집해 거의 전교생을 잔디밭에 모았다. 나는 학생들에게 13일 밤 고대에서 결정된 가두시위의 방침을 전하고 순교를 각오하고 예언자적 사명으로 앞으로 나아가자고 말했다. 그리고 비폭력 행동원칙도 주문했다. 우리는 부천에서 전철을 타고 10시 50분쯤 새문안교회에 도착했다. 나는 현장에서 깜짝 놀랐다. 1980년 교파를 초월해 신학대학생 1,500여명이 한자리에 모여 시국선언을 하게 된 것은 하나님의 특별한 섭리였다."

김정곤 한국신학대학 학생회장은 "그때 학생들이 교파를 초월해 정의를 외치며 한곳으로 모여든 사건은 성령의 역사하심을 빼놓고 설명할 길이 없다"고 밝혔다. 13일 오후 광화문 고려당 빵집에 모인 20여명의 신학대학 대표들(감신대, 강남대, 서울신대, 순복음신학교, 안양성결신대, 장신대, 총신대, 한국신학대 등)이 3명의 대표를 추린 뒤 고대에 파견해 27개(신학대학 대표 3인 포함) 학생회장단회의 방침에 따르기로 한 것과 교파를 초월해 '계엄 철폐'라는 하나의 이슈로 한자리에 모인 것은 전무후무한 일로 기록됐다.

이런 결의 속에 학생들은 13일 내내 비가 오는 서울 거리를 스크럼을 짜고 구호를 외치며 시민들에게 '비상계엄 철폐'를 홍보했다. 학생들은 경찰의 저지를 거의 받지 않고 시내를 누볐다. 경찰은 청와대, 치안본부 등 정부 주요시설 등에 집중 배치됐다. 숫자로 보나 기세로 보나 경찰은 주요 시설 경비를 제외하고는 대학생 시위대를 제지하기란 불가능해보였다.

나는 어두워지자 예상 밖의 통제불능 사태가 날지도 모른다는 생각에 시위 현장을 둘러봤다. 그러나 기우였다. 밤이 깊어지자 학생들은 예정대로 삼삼오오 무리를 지어 질서 있게 자신의 학교로 돌아가기 시작했다. 그때까지 우려상황은 발생하지 않았다. 학생들은 현장지휘부의 지도를 잘 따르고 있었다.

밤 12시가 넘어 나는 농성장인 고대 중앙도서관에 학생들이 들어가서 자유 토론과 휴식을 취하는 것을 확인했다. 이후 학생회 사무실로 돌아와 다시 상황을 점검했다.

군부의 움직임에 대한 정보는 없었다. 하지만 최규하 대통령이 지난 10일 중동 방문차 출국해서 17일 귀국할 예정이었다. 따라서 최소한 17일까지는 군부가 나서는 일은 없을 것이라고 생각했다.

밤늦게 아버지께 전화를 드렸다. 교사로서 초등학교 아이들과 평생을 보내왔고 지금도 그렇게 보내고 계신 아버지는 별 말씀이 없으시며 단지 "굶지 말고 몸조심하라"는 말씀만 하셨다.

새벽녘 소파에서 약간 잠이 들었을 때 누군가 학생회장실 문을 조심스레 열고 들어오는 기색을 느꼈다. '사복경찰인가?' 하는 생각에 긴장하고 있는데 한 여학생이 세숫대야에 물을 담아 들고 조용히 바닥에 놓은 뒤 손수건 한 장을 옆에 두고 나가는 모습이 희미하게 보였다.

나는 이 장면이 오랜 흑백사진처럼 잊히지 않는다. 왜 그때, 내 머릿속에는 이 세상에서 순박하고 아름다운 모든 것들은 잔인하고 거친 폭풍 앞에 스러져버릴 것 같은 느낌이 들었을까.

15일 아침이 밝자 나는 다시 연단에 섰다. 동덕여대 학생 3천여 명이 우리와 함께 출정하기를 원해 고대로 집결했다. 거의 1만 명에 육박하는, 내 평생 가장 많은 학생들 앞에 섰다. 그날 내가 보낸 메시지는 간단했다.

> "교문을 박차고 나가 다시 서울역을 향해!
> 비상계엄 철폐될 때까지!"

학생들은 학생회에 절대적인 신뢰를 보였다. 스크럼을 짜고 "비상계엄 철폐", "전두환 퇴진" 등의 구호를 외치며 파도처럼 교문을 박차고 뛰어나갔다. 준비된 대 시민 홍보유인물을 뿌리면서 대열은 파도처럼 안암동을 지나 신설동 방면으로 나아갔다.

나는 다시 학생회실로 돌아와 상황 파악에 나섰다. 거의 모든 대학이 서울역을 향해 나아가고 있었다. 어제와는 달리 서울역을 집결지로 선택한 것은 산발시위보다는 집중거점을 확보하는 것이 좋겠다는 각 학교 학생회장들의 의견을 수렴한 결과였다. 또 어제와 달리 학생회 지도부를 현장에 설치하자는 의견에 따른 것이었다. 나도 서울역사 안에서 예정된 학생회장단 회의(현장지도부)에 참석하기 위해 출발할 예정이었다.

바로 그때 대열을 이끌던 간부로부터 연락이 왔다. 대광고등학교에서 신설동로타리 방향으로 가야할 대열 선두가 반대방향으로 선회해 성북경찰서를 포위했다는 보고였다. 1만 명에 이르는 학생시위대에 포위된 성북경찰서에서는 전화가 빗발쳤다. 발포하겠다고 협박하는가 하면 학생들에게 붙잡히느니 차라리 권총으로 자살하겠다는 정보과 형사도 있었다.

학생들이 그렇게 행동한 데는 그럴 만한 이유가 있었다. 나도 그렇지만 긴급조치 위반으로 구속됐다가 복학한 학생들은 당시 경찰서에서 당한 숱한 고통을 잊을 수 없었다. 일반 학생들에게도 당시 학원을 출입하는 사복경찰은 눈엣가시 같은 존재였다. 그들은 당시 중앙정보부, 보안대, 서울시경, 성북서 등에서 파견된 정보형사였다. 교내 곳곳에 있다가 유신헌법이나 정부를 비난하는 말을 하거나 시위를 선동하는 기미가 보이면 가차 없이 연행해가는 행동대원이었다. 성북서는 그런 활동의 근거지로 학생들의 원성의 대상이었다.

유신말기의 살벌한 시기, 복학 이전의 내가 본 교내 시위의 모습을 소개한다.

1979년 9월쯤 책 한 권을 빌리러 중앙도서관에 들렀다. 한 여학생이 혼자서 처절한 시위를 벌이고 있었다. 그녀는 "유신 철폐"라고 쓴 흰 천을 몸에 감은 채 구호를 외치며 사람들에 둘러싸여 있었다. 나는 3년 만에 찾은 학교인지라 상황을 파악하지 못해 어리둥절해 하다가 주변을 보고 상황을 이해했다. 그 여학생을 둘러싼 사람들은 학생들과 사복형사들이었다. 참으로 이상한 대치를 이루고 있었다.

오랫동안 고대를 출입해 내 눈에 익은 정보부 요원(그는 총 지휘자이다)과 몇몇 정보과 형사들의 긴장한 모습이 눈에 들어왔다. 숫자로만 파악해 보면 시위 여학생 1인, 그녀 가까이 성북서 사복형사들 100여 명, 그리고 그 뒤로 여학생의 처절한 시위를 보며 가담도 못하고 현장을 떠나지도 못하고 서성이는 학생들 수백 명이 뒤섞여있는 상황이었다.

나는 왜 사복들이 여학생 한 명을 체포하지 못하나 의아해 했지만 곧 이유를 알게됐다. 사복들이 두 번인가 여학생을 체포하려고 시도했다. 그러자 학생들이 한꺼번에 함성을 지르며 합류할 기세를 보이자 기세에 놀라 사복들이 곧바로 물러섰다. 이런 상황이 반복되자, 정보부 책임자가 무언가를 지시하고 사복들은 외곽의 학생들에게 돌아가라며 위협했다. 정보부 요원은 나를 알아봤다. 나에게 가까이 오더니 권총을 살짝 보여주었다. 해산이 안 되면 쏘겠다는 표시였을까.

약 30분정도 이뤄진 그 이상한 대치는 결국 시위 여학생과 몇 명의 남학생이 연행되면서 종료됐다. 그 여학생의 이름은 백완승이다. 80년 봄이 오기 불과 8개월 전만 해도 학생과 경찰은 그렇게 대치했다.

성북경찰서 포위 소식을 듣고 나는 시위대를 설득했다. 연행된 학생이 없다면 더 이상 경찰서 내로 진입하지 말고, 학생대표가 책임자를 만나 학생들의 의사를 전한 뒤 철수해서 서울역으로 가는 것이 전체 학생의 시위라는 대의에 맞는 일이라는 의사를 전달했다. 당시 대열을 이끌던 간부들이 잘 설득해 대열은 성북경찰서 포위를 풀고 신설동 방향으로 진출했다.

이날 학생들이 성북경찰서를 포위한 것도 특이한 일이지만, 큰 충돌 없이 포위를 푼 것도 특이한 일로 기록될 만했다.

15일 12시쯤 학생회장들이 모이기로 한 '서울역 그릴'[15]로 갔지만 학생들과 승객들이 뒤섞여 보안상 회의를 하기에 부적합했다. 대안을 찾던 중 서울대에서 준비한 미니버스[16]를 현장지휘부로 활용했다.

나는 미니버스에 가는 대신 10만이 넘게 가득 찬 시위대 속을 힘들게 지나(아마 1시간 이상 걸렸을 것이다) 경찰과 공방이 벌어지던 남대문과 시청 인근 전투현장으로 갔다. 대열 맨 선두에 법대생들이 있었고 김덕겸 법대회장이 보였다. 경찰은 그곳을 절대 내줄 수 없었다. 자신의 총 지휘부인 치안본부가 위치하고 있었기 때문이었다. 페퍼포그와 최루탄이 난무했다. 돌멩이와 더불어 간간이 화염병이 등장하더니 점차 흥분한 학생들이 제작한 화염병의 숫자가 늘어났다.

남대문을 중심으로 경찰과 시위대가 대치하고 있었으나 학생들은 점점 대치선을 시청 쪽으로 밀어내고 있었다. 그때 나는 한 청년이 버려진 버스운전석으로 올라가는 것을 보았다. 불안한 예감이 뇌리를 스쳤다. 잠시 후 그 버스가 경찰 대치지점 방어선(방패 등으로 만든 방어벽)으로 돌진했다. 방어벽이 무너지고 경찰들이 쓰러지며 버스가 멈추더니 그 청년이 운전석을 나와 대열 속으로 사라졌다. 이 장면을 자세히 보지 않은 사람은 경찰 방어선이 무너지는 것으로만 보았겠지만 상세히 지켜본 나는 경찰이 크게 다치거나 사망했을 수도 있다고 생각

15 당시 서울역사 안에 있던 경양식당으로, 총학생회장들이 모이기로 한 장소.

16 서울대 총학생회가 서울대 당국의 협조를 얻어 준비한 작은 버스로, 약 30명 정도 좌우로 앉을 수 있는 좌석이 있었다.

했다. 누군가가 시위대에게 불리하게 하려는 공작이라는 생각도 들었다. 경찰은 계속 밀렸다. 조만간 경찰이 철수하지 않나 하는 생각까지 들었다.

그러면서 시위대 대부분이 학생이고 시민 참여가 거의 없다는 것이 마음에 걸렸다. 시민들은 4·19 이후 최대 시위를 아직은 관망하고 있었다. 대 시민홍보를 강조했지만 군부 등장의 위험을 아직 실감하지 못했거나, 군부의 등장 가능성이 있다고 생각하더라도 학생 대열에 적극 참여하기에는 무언가 동기가 부족했다고 여기는 건 아닐까 생각했다.

그러나 이틀간 연속된 학생들의 가두시위는 유신독재체제로의 복귀를 바라며 은밀하게 온갖 음모를 꾸미거나 12·12사태처럼 공공연하게 반역을 도모해온 사람들에게는 분명하고 결정적인 위협이 됐다. 이제 그들은 은밀하게 일을 진행할 수 없을 것이다. 나는 이 상황에서 신군부가 권력에서 물러나거나 아니면 권력의 전면에 나서거나 둘 중의 하나밖에 없다고 생각했다.

화염병과 최루탄이 난무하는 현장을 바라보며 지금이 아니더라도 언젠가 이곳이 또다시 민주화 운동의 결전장이 될 것이라는 예감을 가졌다. 그리고 훗날이 아니라 바로 지금이 민주화 운동의 최후 결전장이 되기를 마음속으로 기원했다.

운명의 서울역 철수

나는 그곳 학생회장들하고 대치 전술(남대문쪽이 아니라 반대쪽인 종로나 을지로쪽에서의 시청 접근 전술) 을 상의하고 다시 경찰과의 최종 대치지점까지 올라갔다. 그런데 얼마 후 나는 내 눈을 의심했다. 경찰들이 갑자기 방패를 땅에 놓고 자리에 앉는 것이 보였다. 경찰 스피커에서는 학생들이 철수하기로 결정했다는 소리가 반복적으로 들렸다. 서울대 한 복학생이 나를 보더니 "신계륜 회장님, 여기 있을 때가 아닌 것 같습니다, 방송에서 철수 결정소식을 반복해서 전하고 있으니 …" 라고 말했다.

나는 서울역 미니버스로 향했다. 버스 앞에는 이수성 당시 서울대 학생처장이 있었다. 미니버스 안으로 들어가려 하자 제지했다. 나는 "고대 총학입니다"라고 말하고 버스 안으로 들어갔다. 버스 안에는 각 학교 총학생회장들이 조용히 앉아 있었다. 그들은 모두 긴장감에 지쳐 말이 없었다.

나는 총학생회장들에게 정말 철수결정을 했는가 물었다. 맨 뒷좌석에 있던 서울대 대표 한 명이 "16일 이대에서 전국대학생대표자회의가 소집됐는데 거기서 후속대책을 논의하며 전국적 준비를 하기로 했고, 그래서 일단 철수하기로 결정했다"고 말했다. 그리고 나에게 다른 대책이 있느냐고 되물었다.

철수 결정이 있었다는 말을 듣는 순간 극도로 흥분된 나는 뭔가 잘못된 것이라는 느낌을 강하게 가졌다. 또 대안이라는 말에 극도의 거부감을 가지면서 반발심에 깊은 생각 없이 큰 소리로 말했다.

"비상계엄 철폐하려면 계엄사가 있는 육군본부로 가면 될 것 아닌가?"

아무도 대답하지 않고 모두 나를 쳐다보았다. 다른 대학 총학생회장들을 마주보고 서 있는 것 자체가 힘들었다. 머릿속이 정리되지 않아 표현이 엉클어지자 나는 내 자신에게 화가 나기 시작했다.

그런 자신이 미워서 나는 한 총학생회장에게 화풀이하듯 심한 말을 내뱉고 미니버스를 나왔다. 이수성 학생처장은 그때까지 미니버스 앞에 서 있었다. 한 총학생회장이 따라오며 저녁에 고대에서 모여 의논하자고 했다. '철수를 결정해 놓고 무슨 논의가 필요하단 말인가.'

나는 무언가 잘못됐다고 생각했다. 논리적으로는 '학생들이 지쳤다, 전국적인 준비가 필요하다, 내일 이대에서 전국학생대표자회의에서 앞으로의 대책을 논의하자, 일단 철수하자'가 되는데 무언가 중요한 것이 빠졌다는 생각이 끊임없이 들었다. 그러나 나는 그것이 무엇인지 집중하기보다는, 총학생회장들을 차분하게 잘 설득해낼 궁리를 하기보다는, 스스로 당황하며 허둥댔다. 그런 나 자신에 대한 부끄러움 때문에 안절부절못했다.

미니버스 안에 있던 2명의 총학생회장이 철수 결정과정에 대해 나중에 얘기해줬다. 안숙 이대회장은 "서울대 심재철 회장과 나를 포함한 3명이 남대문경찰서에 갔는데, 거기에서 심 회장이 신현확 국무총리와 통화하며 '귀갓길을 안전보장하면 철수하겠다'고 말하는 것을 들었다"고 했다. 윤여연 숭실대 학생회장은 "심재철 서울대 회장이 효창구장에 군대가 들어오는 등 군의 동태가 심상치 않아 철수하기로 했다고 말해 깜짝 놀랐다"고 했다.

결국 서울역 철수 결정은 서울대 복학생협의회와 서울대 학생회가 중심이 돼 이뤄졌고 이를 대부분의 총학생회장들이 받아들인 것이다.

나는 서울역 왼쪽에 자리한 고대와 동덕여대 진영으로 돌아오며 계속 이 상황을 생각하고 또 생각했지만 정리가 되지 않았다. 상황을 정리하지 못하니 대안도 떠오르지 않았다. 나는 고대, 동덕여대 진영으로 돌아와 학생대표들에게 그런 정리되지 않은 상황을 설명했다. 고대, 동덕여대 대표들은 말이 없었다.

서울대 진영에서는 심재철 학생회장이 학생들 앞에서 철수 결정을 설명하고 있었다. 철수를 반대하는 일부 학생의 소란이 있었지만 서울대 총학생회는 철수를 강행했다. 일단의 철수반대 학생들만 자리에 남고 대부분 서울대 학생들은 총학생회 결정에 따라 서울역을 떠났다. 그리고 점차 다른 학교 학생들도 서울역과 도로를 뒤로하기 시작했다.

날이 어두워지자 공허함과 황폐함이 가슴을 엄습했다. 알 수 없는 공포가 머리를 짓눌렀다. 그 많던 학생들이 떠났다. 고대, 동덕여대생 약 5천여 명만 남아 텅 빈 서울역 광장과 남대문을 바라보고 있었다. 함성도 학생들의 철수와 함께 사라졌다.

나는 결정을 해야만 했다. 현장 지도부 회의에서도 별로 말하는 사람은 없었다. 결정을 위임한다는 의사표시였다. 나는 동덕여대 대표들과 약간의 의견을 교환한 후 5천여 학생들 앞에 섰다.

> "나는 철수에 반대하지만 지금 이 상황에서 고대와 동덕여대 두 학교만 서울역에서 시위를 계속하기는 무리입니다. 그래서 철수합니다. 그러나 귀가하지 말고 일단 학교로 돌아가 농성을 계속합니다 그 후 일정을 조정하겠습니다. 귀갓길은 안전 보장한다고 하니 대열을 지어 학교로 돌아가겠습니다."

아무도 반대하지 않았다.

어둠이 내린 서울역을, 10만여 학생들의 함성으로 뒤덮였지만 지금은 모두 철수해 적막만이 가득한 서울역 광장을, 우리는 그렇게 마지막으로 떠났다. 철수를 반대하던 일부 서울대 학생 등 타교 학생들이 대열에 합류했다.

대열은 다시 6천여 명에 이르렀다. 나는 선두에 서서 남대문을 지나 시청 쪽으로 나아갔다. 시청 앞을 지나 종로를 거쳐 고대로 갈 예정이었다. 시청 쪽으로 나아가자 길가에서 휴식을 취하던 경찰이 갑자기 전투태세를 취하며 방패를 앞세웠다. 우리 대열이 멈칫했다.

나는 경찰방어선 앞으로 나아갔다. 이미 상황이 귀갓길 안전보장 따위의 것은 아니라고 생각했지만 지금은 그것만이라도 확인하고 싶어 견딜 수가 없었다. 방어선 2~3m 앞까지 다가서자 어둠속에서 당황하는 경찰의 모습이 보였다.

나는 "약속대로 평화롭게 대오를 지어 철수 중이니 길을 비켜달라"고 말했다. 어둠 속 대열 뒤에 선 지휘관인 듯한 경찰이 최전방 방패대열로 오더니 갑자기 소리를 질렀다.

"뭐해? 쏘아버려!"

잠시 후 나는 어마어마한 최루탄 연속 발사소리와 함께 집중 사격을 받는 느낌을 받으며 쓰러지고 말았다. 숨이 멈추는 것 같고 통증이 가슴속 폐를 칼날처럼 찔렀다. 경찰은 무리를 지어 뿌연 연기 속에서 유령처럼 다가왔다. 무방비의 학생들은 아비규환의 상태로 길 양쪽으로 흩어졌다. 일어서려고 조금 움직이자 가슴에서 시작된 통증이 전신으로 밀려왔다. 페퍼포그 연기 속에 누군가 내게 다가오는 것이 희미하게 보였다. 지금은 변호사로 활발한 활동을 하는 힘세기로 유명한 경영학과 박구진 선배였다. 그는 기침을 심하게 하면서도 나를 부축하고 길가로 나와 거의 기다시피 민가로 들어갔다. 그리고 함께 물을 몸에 뒤집어쓰고 한참을 쉬었다. 박 선배의 도움 덕에 가까스로 학교에 돌아왔다.

귀가길 안전보장이라는 총리의 언급에도 불구하고 질서 있게 대오를 지어 철수하던 고대, 동덕여대 등 6천여 대열이 경찰의 급습을 받은 것은 서울역 철수의 성격을 단적으로 보여주는 것이라는 불길한 예감이 들었다.

고대에 돌아와 점검해보니 2천여 명이 남아 학생회 지시를 기다리고 있었다. 나는 중앙도서관에 있는 학생들에게 "내일 고대만이라도 4·

19 묘소까지 시위를 할 것이며, 특히 내일은 5 · 16이니 권력을 장악하려는 유신추종세력에게 보여주는 의미에서 5 · 16 장례식을 치를 예정"이라고 말했다. 덧붙여 여기까지 함께해준 타교생들에게 감사한다고 말했다.

이날 밤 모인 일부 대학의 총학생회 대표자들은 다음날인 16일 이대에서 열릴 전국대학생대표자 회의에서 추후 일정을 의논한다고 결정하고 서둘러 고대를 떠났다. 그날 밤 나는 중앙도서관에서 학생들과 함께하며 의견을 나눴다.

5월 16일 고대의 4·19 묘소까지 침묵시위

5월 16일, 약 3천여 명의 학생들이 대운동장에 모였다. 고대생들이 약 2,500여 명, 타대 학생이 약 500명 정도로 추산됐다. 나는 이 자리에서 서울역 철수 결정에 대해 설명한 다음, 신군부의 유신체제 복귀 음모를 분쇄한다는 의미에서 5 · 16장례식을 학교에서 치른 뒤 서울역 철수에 대한 항의의 뜻을 담아 수유리 4 · 19 묘소까지 침묵시위를 벌이겠다고 선포했다. 그것은 고대의 자존심이었고 학생들의 결의의 결과였다.

나는 이 시위를 성공적으로 진행하기 위해 이날 예정된 이대 전국대학생대표자회의에 가지 않고 대신 이경재 학술부장을 보냈다.

나는 학교에 남아 행사와 시위를 준비하며 다른 지역은 어떠한지 살펴봤다. 서울과는 달리 대부분의 지방에서는 오히려 이날부터 가두시위가 시작되는 곳이 많았다. 광주에서는 전남대, 조선대 학생들의 시위가 14일부터 시작돼 16일 최고조에 달했다.

나는 교내 대운동장에서 5 · 16 장례식을 엄숙하게 치르며 유신추종세력의 부활에 조종(弔鍾)을 울리겠다고 말했다. 그리고 학생들이 만든 상여 앞에 서서 학교를 한 바퀴 돈 다음 수유리 4·19탑을 향해 교문을 나섰다. 다행히 경찰은 지켜볼 뿐 저지하지는 않았다. 종암동에서 수유리까지 3천여 학생들과 함께 걸으며 시위를 했다. 서울역 철수에 반대하던 일부 타 대학 학생들도 끝까지 대열을 지어 따랐다.

이날 〈조선일보〉는 '4·19묘까지 침묵행진'이라는 제목으로 "대부분의 대학생들이 교내에 머무른 것과는 달리 고려대 학생 2천여 명은 16일 오후 3시 30분쯤 교정에서 도봉구 수유리 4·19탑까지 침묵 행진을 벌였다"고 보도했다.

한편 중동 순방차 출국했던 최규하 대통령이 일정을 앞당겨 이날 밤 김포공항에 도착, 잇단 시국대책회의를 주재했다.

비운의 이대 전국학생대표자회의

1980년 서울의 봄 서울역 대회전은 일단 이렇게 끝이 났다. 그리고 후속대책의 대안으로 제안된 이대 전국대학생대표자회의에 언론의 관심이 집중됐지만 나는 큰 관심을 두지 않았다. 서울대 김홍동 서클연합회장은 이대 회의에 나름대로 의미를 부여하기도 했다. 그는 "서울역 철수 후 전국적인 추후 일정을 논의하는 수백 명의 대표자회의 자체가 일종의 압력이자 시위일 것"이라고 말했다. 그의 논리는 정연했지만 나는 어쩐지 탁상공론이 될 것이라는 생각이 들었다. 16일 나는 이대 회의에 가는 대신 수유리까지 고대 침묵시위를 이끌었다. 시위 이후에는 상당 시간 학생회 사무실에서 상념에 잠겼다.

그러나 최규하 대통령이 급거 귀국했다는 보도는 정부가 모종의 결정을 내렸다는 걸 의미했지만, 나로서는 전혀 감을 잡을 수 없었다.

1980년 5월 16일 고려대 학생들이 4 · 19 묘역까지 침묵 행진을 벌이는 장면(맨 앞이 저자).

심란하기 그지없던 나는 먼저 최악의 경우를 생각했다. 학생회 사무실에서 혼자 앉아 몇몇 소중한 친구에게 전화를 하고 사무실과 책상들을 하나하나 점검했다. 사랑하는 학생들이 보내온 격려편지와 나에 대한, 그리고 학생회에 대한 모든 기록을 최대한 태우고 지웠다. 그리고 사무실 한가운데 걸린 전봉준 장군의 사진을 쳐다봤다.

'나는 최선을 다한 것일까?'

착잡한 마음으로 어둠이 내린 학교 교정을 한 바퀴 돌아보고 교문을 나섰다. 수위아저씨가 군대식으로 나에게 인사했다. 정문 앞 전주집에 들러 몇몇 학생과 소주 한잔하고 이대회의에 참석 중인 이경재 학술부장에게 전화해 상황을 중간점검 했다. 그리고 강남구 청담동 1번지 청담아파트 1-502호 누나집으로 갔다.

조금 쉰다는 것이 잠이 깊게 들었다. 누나도 기절하듯 잠이 든 동생을 차마 깨우지 못한 바람에 나는 다음날 아침 11시쯤까지 쓰러져 잠이 들었다. 그 소중한 시간에 무려 12시간 이상을 자버린 것이다. 누나를 탓할 수도, 탓할 시간도 없었다. 이대 회의에 대신 참석 중인 이경재 부장에게 전화해 상황을 점검했다. 비교적 내 입장에 서서 고군분투해 준 윤여연 숭실대 학생회장에게도 전화했다. 두 사람 모두 내가 와서 발언해주면 좋겠다고 했다. 향후 전국적 시위 일자를 확정하는 게 가장 큰 쟁점인데, 5월 22일로 정하려 한다고 했다.

나는 곧바로 이대로 향했다. 이대 교문 입구에 눈에 익은 대학선배와 정보사복들이 보였다. 선배들은 주문이 많았고 형사들은 무언가를 끊임없이 적고 있었다. 나는 신경 쓰지 않고 회의장에 들어와 인사했다. 회의장 분위기를 파악한 뒤 사회자에게 발언시간을 달라고 요청했다.

얼마 후 사회자가 나에게 다음 발언을 준비하라고 말해 차례를 기다리고 있었다.

오후 6시쯤이었을까, 발언 순서를 기다리는 시간이 조금 길어진다고 느끼며 밖을 바라보는 순간, 한 여학생이 회의장으로 뛰어 들어오며 다급히 말했다.

"군인들이 들어옵니다."

잠시 조용한 순간이 지나가더니 이내 소동이 일어났다. 우선 회의장 밖에서 대기하던 취재기자들이 우르르 회의장 건물을 나서며 소란이 일었다. 회의장 안에서는 전국 학생대표들이 우왕좌왕했다. 보안의 이유로 주최 측에서 모든 출입문을 자물쇠로 잠가 문을 열 수 없었기 때문이었다. 몇몇 남자들이 의자를 들어 유리창을 깨고 하나둘씩 밖으로 나가기 시작했다.

나는 회의장에 멍하니 있다가 미처 빠져나가지 못한 몇몇 지방대 여성 대표와 황망히 이대 담벼락을 넘었다. 하이힐을 신고 짧은 스커트를 입은 어떤 여성대표에게 다가가 "하이힐을 벗어 던져버리라"고 말하고 담 위로 엉덩이를 받쳐 들어 올렸다. 누군가 담을 넘으며 "여기를 탈출하면 일단 명동성당에 모이자"고 외쳤다.

내가 마지막으로 담을 넘어 여성 2명과 함께 골목길을 걸어가려는 순간 바로 눈앞 10여 m 앞에 일단의 전투경찰이 우리 쪽을 보고 서 있었다. 순간 나는 '모든 것이 끝났구나' 싶어 여성들을 돌아보니 둘 다 새파랗게 질려 있었다. 그녀들은 거의 주저앉기 직전이었다.

그런데 이상하게도 전투경찰은 미동조차 하지 않았다. 전투경찰의 전투모와 안경이 석양빛에 반사돼 우리를 보지 못한 것이라고 생각했다. 나는 어찌할 줄을 모르고 당황해 하는 두 여학생에게 나직이 귓속

말로 말했다.

"자, 지금부터 내 구령에 따라 자연스럽게 걷다가 하나, 둘, 셋 하면 자연스레 돌아섭니다. 알았지요? 자, 내손을 잡고요… 하나, 둘, 셋!"

우리는 부자연스러웠지만 구령에 따라 뒤로 돌아섰다. 여학생 중 하나가 놀라 쓰러지지 않을까 걱정했지만 다행히 그런 일은 일어나지 않았다. 그들이 우리를 체포하지 못한 이유는 아마도 두 가지 중 하나였을 것이다. 하나는 내 예상대로 석양빛이 완전 무장한 그들의 시야를 가렸거나, 아니면 그 지휘관이 못 본 체했을 수도 있다. 어쨌든 우리 셋은 위기를 벗어났다. 두 여학생은 자신의 길을 갔고 나는 다시 담을 넘어 신촌역으로 넘어갔다.

내 기억에 4~5m쯤 되는, 꽤 높은 담을 뛰어넘어 신촌역으로 들어간 것 같다. 그리고 무조건 그 시각에 서 있는 기차를 타고 신촌을 빠져나갔다. 나도 모르게 회한의 눈물이 흘렀고 가슴에는 붉은 피가 솟구쳤다.

드디어 군이 나선 것이다. 1980년 5월 17일 오후 6시쯤이었다.

나는 이대를 빠져나와 일단 안전하다고 생각되는 지점에 이르자, 맨 먼저 청담동 집으로 전화했다. 급한 대로 일단 치웠지만 아직 남아있을지 모를 사진 등 서류를 안전한 곳으로 옮기라는 말을 하려했다. 그러나 이미 그때 집에는 합동수사본부 요원들이 급습해 누나 매형 일가를 권총으로 위협하며 내 행방을 묻고 있었다.

누나는 용감하게 군홧발로 들어온 군인들에게 신을 벗으라고 말한 뒤 얼른 안방으로 뛰어가 내 전화를 받아 "얼른 전화 끊어"라고 했다. 그 한마디로 나는 모든 상황을 직감할 수 있었다. 여자들이 더 용감하다는 말을 실감했다.

지금 내 청년시절 기록은 사진이든 일기든 하나도 없다. 그날 권총을 들이대며 군홧발로 들어온 합동수사본부 요원들이 내 방을 뒤져 모두 가져갔기 때문이다. 그들은 내 청춘의 기록을 하나도 남김없이 가져갔다.

여담을 하나 추가하자. 뒤에 들은 이야기이지만 이대 급습은 군인이 아니라 경찰이 실행했다. 급습이 실패해 학생대표들을 거의 체포하지 못한 것은 기자들 덕분이었다. 경찰 체포조가 트럭을 타고 교정에 들어오자 교문에 있던 학생들이 "군인이 들어온다"고 회의장에 알렸다. 이를 취재하려던 기자들이 우르르 건물 밖으로 나오자 경찰은 학생들이 대항하려는 줄 알고 전투준비를 하는 사이 대부분의 학생대표가 회의장을 빠져나온 것이다.

또 청담동 삼익아파트 1동에 살던 어떤 신혼부부는 주소를 잘못 알고 찾아간 합수부 요원들에게 연행돼 한참을 두들겨 맞기도 했다. 결국 신계륜이 아닌 것으로 판명돼 풀려났다고 한다. 얼굴도 모르지만 시대의 아픔을 같이했던 선의의 그분들에게 미안한 마음뿐이다.

경찰의 이대 급습사건은 삽시간에 대학가에 퍼졌다. 나는 안전한 친구집에 도착하자마자 대학기숙사 등에 전화를 걸어 이대사태를 알리고 비상연락망을 가동해 최대한 많은 학생들에게 공지해달라고 부탁했다.

그날 밤 12시를 기해 비상계엄선포지역(10・26 다음날인 27일부터 제주도를 제외한 전국에 계엄령이 선포돼 있었음)이 전국일원으로 확대됐다. 정치활동이 중지됐고 대학에 휴교령이 내려졌으며 군이 진주했다. 그리고 소요조종 혐의 등으로 김대중, 문익환, 예춘호, 김동길, 인명진, 고은, 리영희 선생 등 주요인사가 연행됐다. 이대사태로 17일 밤 도피한 주요 학생운동 지도자들은 체포되진 않았지만 대부분 수배됐다. 그것은 상상 밖의 일이었다.

나는 휴교령 때문에 수업을 받을 수 없게 된 18일 오전 10시, 분산 집결하기로 한 청량리역과 동대문 운동장 앞, 영등포역, 신촌 등 4곳의 상황을 점검했다. 동대문과 청량리는 내가 직접 나섰고, 나머지 두 곳은 사람을 보내 상황을 파악했다. 원래 휴교령이 내리면 그 다음날 집결하기로 했지만 그 다음날의 개념이 불투명했다. 군이 밤 12시 정각에 휴교령을 내려 우리를 혼란스럽게 했기 때문이다. 점검 결과는 비관적이었다. 영등포역에서 일부 시위기도가 있었지만 순식간에 진압됐고, 나머지는 기동조차 못하는 분위기였다. 나는 너무 침울해 일부 학생회장들에게 화풀이를 했던 것 같다.

12시쯤 동대문운동장 부근에서 간부들과 간단히 점심을 먹었다. "고향 쪽으로 내려가 움직임을 보고 올 테니 일단 모두 잠수해 연락을 기다리라"고 말했다. 군과 경찰이 우리를 체포하려고 혈안이 돼 있으니 체포될 경우를 대비해 서로의 연락처를 지우고 암기만 하라고 덧붙였다. 그날이 마지막 참모회의일지 누가 알았겠는가.

운명의 5월 18일, 광주로 내려가다

'그래 광주로 가자, 가서 관현이도 만나보고 오랜만에 시국 이야기도 해보자.'

이것이 군대가 나선 5월 18일 오전 내가 거취문제에 대해 내린 결론이었다. 이렇게 해서 나는 아무것도 모른 채 피의 학살과 항쟁의 서곡이 이미 울려 퍼진 광주를 향해 천진스럽게도 기차를 타고 내려가게 됐다. 5월 18일 오전 10시쯤 전남대로 들어가려던 학생 200~300명이 이미 학교를 접수한 공수부대원들로부터 가차 없는 공격을 당했다. 홍분한 학생들의 산발적 시위가 일어나기 시작하던 시각, 나는 그 사실도 모른 채 서울역에서 기차를 탔다. 그것은 나도 모르는 어떤 이끌림이었고, 설명 불가능한 운명이었다. 나는 송정리행 기차를 탔다.

송정리(지금은 광주시 광산구로 행정개편)는 광주의 길목이자 내 고향 함평 월야로 가는 길목이기도 하다. 나는 늘 송정리역이 그리웠다. 광주에서 혼자 자취하던 중고생 시절 나는 토요일이면 월야에서 부모님과 지내고 시외버스를 타고 송정리역까지 와서 시내버스로 갈아타곤 했다. 한 손에 책가방을, 또 한 손엔 일주일 또는 2주일 동안 먹을 김치나 쌀 보따리를 들고 송정리역에서 광주로 가는 시내버스를 갈아타는 일은 그리 쉬운 일이 아니었다. 갈아타면서 책가방을 깜빡 놓고 광주 가는 시내버스를 타고 가다 돌아와 역전파출소에서 책가방을 찾아간 적도 있었다. 송정리역에는 얼굴이 검고 주먹이 세기로 유명한 차표 파는 아저씨가 있었다. 나는 송정리역을 지날 때면 늘 그 아저씨가 어디 서 있나 맨 먼저 살펴보곤 했다. 그 아저씨도 나를 보면 빙그레 웃으며 책가방을 들어주는 등 친절을 베풀었다.

또 광주에서 월야나 영광을 가려면 송정리역 가기 약 200m 전의 영광통[17]을 지나야 했다. 영광에 고향을 둔 내 친구 박관현도, 월야에 고향을 둔 나도 이 영광통을 통해 고향에 가다가 간원버스 안에서 자주 마주치곤 했다. 우리는 한 손엔 김치보따리 다른 한 손에 책가방을 들고 서 있는 서로를 발견하고 웃으며 격려하곤 했다. 때로 만원버스에 시달리다 김치 보따리가 김칫국물로 빨갛게 물들어 있을 때 서로의 민망함은 아주 컸다.

나의 송정리에 대한 연모는 그러므로 꽤 사연이 깊은 것이라 말할 수

17 아마 영광으로 들어가는 길이라는 뜻일 것 같다.

있다. 광주와 내 고향 월야로 가는 길목이자 다정한 친구들과의 추억의 장소인 송정리로의 여행은, 아마 서울역 시위의 실패와 수배에 쫓기는 나에게 다른 어느 곳보다도 어머니의 포근한 품 같은 편안한 느낌을 주었던 것 같다.

어쨌든 운명의 광주를 향한 여행은 그렇게 이뤄졌다. 나는 광주에서 무슨 일이 일어났는지, 또 일어날지 모른 채 김권영(당시 고대 통계학과 1년), 김숙자(내 절친한 친구인 박동구 여동생의 친구) 2명과 함께 서울역에서 기차를 타고 송정리역을 향했다. 김권영은 야무진 고대생이었고, 김숙자는 명랑한 여성이었다. 내 상황을 잘 이해하고 친한 친구처럼 위장해줬으며 늘 웃음을 잃지 않았던 것으로 기억한다.

그때까지만 해도 내게는 아직 천진한 낭만이 남아 있었다. 그 낭만은 때로 어려운 상황에서도 웃음을 잃지 않도록 해줬다. 낭만에 대한 내 의식은 적대하는 세력에게도 그러한 낭만이 있으리라는 믿음이기도 했다. 실제 나는 서울역으로 오는 사이 성북서 정보과 고참형사를 만났다. 하지만 잠깐 주춤하던 그 사람은 나를 그냥 모른 체하고 지나쳤다. 아마 그가 나를 신고했다면 내 목에 걸린 포상금과 함께 1계급 승진했을 것이다.

사실 계엄령이 확대되고 군인들이 요소요소에 진주한 5월 18일, 나 같은 수배자가 거리를 활보하기란 무척 어려웠다. 우선 스스로 심리적 위축이 일어나 행동반경이 줄어들었다. 만나는 사람에게도 부담을 주는 터에 무척 신경이 쓰였다. 그래서 아무런 계산 없이 나를 위해 함께 가줄 수 있는 두 사람의 후배만 대동하고 송정리를 향했다. 두 후배와 함께한 것은 나에게 더없는 행운이었다.

만감이 교차했다. 5월 18일 어두워질 무렵 도착한 송정리역 주변은 스산했다. 인적이 드물고 음산한 느낌을 강하게 풍겼다. 우리는 송정리역 광장에 섰다. 서로 말 없이 이 이상한 공기를 음미하려는 순간, 김권영의 아버지 친구를 마주쳤다. 조심스럽게 자전거를 몰고 가던 그분은 권영이를 보더니 "위험한데 왜 돌아다니냐. 집으로 빨리 돌아가라"며 "군인들이 젊은이들만 보면 대검으로 찌르고 죽이고 잡아간다"고 말했다. 이미 몇 사람이 죽었다고도 했다.

나는 '그분이 과장해서 말씀하는 것이겠지, 설마 대명천지에 군인들이 학생들을 대검으로 찌르기야 …' 하고 생각했지만 어쩐지 으스스했다. 서둘러 권영이의 집으로 향했다. 원래 나는 박동구의 송정리집에 묵을 예정이었다. 그러나 누구나 아는 친구집에 머물면 금방 알려져 체포되고 말 것이라는 주변의 충고에 따라 박동구의 여자친구 김인숙(김권영의 누나)의 송정리집으로 거처를 옮겨 잡았던 것이다.

광주 송정비행장 근처 김인숙의 집은 작고 아담했다.[18] 그 살벌한 시기에 박동구와 김인숙 양가는 나를 보호하기 위해 모든 것을 걸었다. 그게 얼마나 어려운 일이었는지는, 그때도 그렇게 여겼지만 지금 와서 생각하면 더욱 그렇다. 나는 김인숙의 집에 여장을 풀었다. 계속 전남대 학생회와 연락을 시도했지만 불발됐다. 여러모로 확인해 보니 휴교령이 내리면 오전 10시에 학교로 모이기로 한 약속에 따라 학교로 들어가려던 학생들이 이미 그곳을 장악한 공수부대와 정면 충돌했으며, 특히 오후부터는 시내로 투입된 공수부대[19]의 잔혹한 진압이 시민들의 격분을 야기하고 있었다. 나는 서울을 비롯한 연락 가능한 곳에

---

18 내가 광주항쟁 전 기간에 걸쳐 묵게 될 이 집은 아주 특별했다. 이 집에서 아버지(김종헌)와 어머니(이귀례)가 할머니(신성녀)를 모시며 김인숙, 김권영, 김환영, 김혜숙, 김귀영 등 아들딸들과 함께 살았다. 자녀들이 부모님과 할머니를 공경하고 잘 모시는 화목한 가정이었다.

19 나중에 확인된 바로는 최초 전남대생들과 충돌한 공수7여단이 오후에 시내로 투입됐다.

이 사실을 전하고자 했지만 대부분 연락이 두절된 채 피신 중이었다. 연락을 받은 사람들도 대부분 반신반의했다.

이렇게 나의 광주도피는 내 운명을 바꿔놓으며 내 영혼에 지울 수 없는 두려움과 상처를 줄 준비를 하고 있었다. 언론에서 너무 오랫동안 '광주사태'라고 했기 때문에 지금도 많은 사람들이 '광주사태'라고 말하곤 한다. 김대중 정부에서 민주화운동으로 규정하고 망월동 묘소를 국립묘지로 정했기 때문에 '광주민주화운동'이라 부르기도 한다. 그러나 나는 '광주항쟁' 또는 '광주민중항쟁'이라고 표현할 것이다.

19일 나는 애를 쓴 끝에 전남대 학생회의 한 간부를 만났다. 그는 박관현 회장의 거처를 알 수 없다며 현재 광주에 있지 않은 것으로 안다고 말했다. 그날 오후 광주 시외버스터미널 부근의 상황은 이미 시위대의 규모나 숫자가 지역을 압도해 공수부대가 수세에 몰리는 형국이었다. 사태를 파악한 시위대는 대검을 착검한 공수부대에게 무모하게 공격하지 않았다. 공수부대원도 고립되지 않으려 노력하는 듯했다. 천인공노할 학살에 공분해 계획도, 지휘자도 없이 떨쳐나선 시민들은 이미 19일에 시위의 조연에서 주력으로 바뀌었다. 광주시민은 어떠한 경우라도 이 학살을 용서하지 않겠다는 결심을 굳힌 것처럼 보였다.

19일 오후 내 머릿속에는 의문이 끊이지 않았다. 서울과 광주 모두 군인이 진주했는데 왜 전남대에서는 충돌이 일어나고 서울에서는 일어나지 않았는가. 또 서울에서는 시민들이 시위대에 적극 동참하지 않았는데 광주에서는 시민이 참여했을 뿐 아니라 시위의 주력으로 나서게 됐는가. 김대중의 체포가 큰 영향을 끼쳤을 것이라고 짐작했지만 그것만으로는 이해되지 않았다.

저녁 무렵 송정리로 돌아와 작은 맥줏집에 들어갔다. 착잡한 마음으로 가슴 떨리는 장면들을 회상하던 중, 갑자기 공수부대원 3명이 가게로 들어왔다. 나는 크게 긴장했다.

그날 가게로 들어온 공수부대원들은 그날따라 키와 몸집이 엄청나게 커보였다. 그중 한 명은 대위였다. 나는 상황이 악화되면 어떻게 하나 생각하며 생맥주잔을 만지작거리며 있는데 나를 한참 쳐다보던 그 대위가 맥주집 주인에게 튀김닭 한 마리를 주문했다. 내가 안도의 한숨을 쉰 것도 잠시, 여주인이 닭이 없어 튀김닭을 못 만든다고 했다. 그 순간 어떤 팽팽한 긴장감이 흘렀다. 한참을 맥줏집 주인을 쳐다보던 공수부대 대위는 나를 돌아보더니 가게를 나갔다.

나는 가게 여주인에게 물었다.

"난처한 일을 당하면 어쩌려고 그랬어요?"

여주인은 대답했다.

"공수부대 놈들에게는 닭 안 팔아요!"

19일까지 광주의 진상을 보도한 신문을 보지 못했다. 방송도 광주에 대해 말하지 않았다. 나는 혹시 새로운 사실을 보도하는 방송은 없는지 열심히 주파수를 돌렸다.

그러나 우리 방송은 하나도 없었다. 80년 신문 방송을 비롯한 대한민국의 모든 언론이 그랬다. 그들은 광주에서 제일 먼저 공격당했고 공안당국과 더불어 제 1의 공적이 됐다.

체포

계엄당국은 나를 포함한 주요 수배자에게 현상금 100만 원과 1계급 특진을 걸었다. 연일 방송과 신문을 통해 주요 수배자를 신고하지 않고 숨겨주는 사람도 형법에 의해 처벌받는다고 협박했다. 계엄사는 80년 6월 5일 이른바 '광주사태'로 사망한 148명을 발표하면서 나를 포함한 21명의 지명수배자를 발표했다. 계엄사의 발표문은 다음과 같다

> "5월 15일까지 서울에서 전개했던 극한적 학원소요사태와 광주사태의 배후 조종자 및 주동 극렬분자들은 그동안 당국 수사망을 교묘히 피해 변장과 잠행으로 계속 도피하고 있는데 이들 지명수배자들은 별항과 같다(별항 생략). 계엄당국은 이들 지명수배자들을 자수케 하거나 소재를 신고하는 국민에게 일금 백만 원의 현상금을 걸고 있다. 이들 수배자들이 하루 빨리 자수해 관대한 처벌과 개과천선의 기회를 갖도록 국민 여러분의 협조를 당부드리면서 이들의 도피를 방조하거나 은닉하는 경우 부득이 형법 제151조에 의한 처벌이 따를 것임을 경고해두는 바이다"(〈조선일보〉 1980년 6월 6일자 인용)

나는 계엄사가 발표한 '극한적 학원소요사태와 광주사태의 배후 조종자 및 주동 극렬분자'라는 긴 이름의 지명수배자 명단의 4번째에 들어 있었다.

80년 7월 어느 날 나는 고대 법대 동기인 김원근의 수유리 집에 머무르고 있었다. 내가 머무르는 김원근의 집은 바로 야산으로 연결된 독립가옥이었다. 누구의 눈치를 볼 필요가 없는 일종의 안가이자 요새였다. 내 고통을 안아주는 부드러운 언덕이었다. 원근이와 그의 여동생

은 모두 나를 위해 헌신했다. 광주에서의 학살과 피어린 항쟁의 기억 때문에 힘들어하는 나를 달래기 위해 무척 노력했다.

그런 어느 날 아침 신문을 보고 있는데 초인종이 울렸다. 맨 뒷방에서 혼자 지내던 나는 귀를 기울이며 조용히 일어나 창문 앞에 섰다.

약 2~3초 후 친구 여동생의 놀라는 소리를 들었다.

'올 것이 왔구나' 하는 생각이 들자 본능적으로 창문을 넘었다. 창문 아래 미리 준비해둔 구두를 신고 담을 넘으려는 순간 이마에 차가운 쇠붙이가 느껴졌다. 권총이었다.

나는 "아!" 하는 탄식과 함께 힘을 잃고 비틀거렸다.

순간 7~8명의 사복이 나를 에워쌌다. 친구는 어쩔 줄 몰라 하고 동생들은 울먹이는 사이로 출동한 수십 명의 경찰이 보였다. 경찰버스도 보였다. 완벽하게 포위됐다.

옆집에서 내다보는 아주머니들의 시선을 느꼈다. 나는 내면의 심장에서 울려나오는 자존심과 두려움의 쿵쾅거림을 들었다. 천천히 걸어 승용차에 탄 후 그들의 지껄임을 들었다. 그들은 청담동을 관할하는 강남경찰서 소속이었다. 누나네 가족을 괴롭혀 친구 박동구에 대한 정보를 얻고, 박동구를 거의 죽을 정도로 구타하고 권총으로 위협해 얻어낸 약간의 정보로 오늘의 개가를 얻었다는 식의 무용담을 나누고 있었다.

그들은 강남서에 도착해 권총을 꺼내더니 몇 발인지도 모를 실탄을 권총으로부터 분리했다. 그때까지 아무 말도 하지 않던 나는 내 가족을 괴롭힌 경찰과 내 친구 박동구를 구타하고 권총으로 위협한 경찰 모두에게 딱 한마디 물었다.

"정말 쏘려고 했습니까?"

"도망가면 다리 등을 쏘라는 명령을 이미 받았습니다."

나는 내 친구를 구타한 경찰이 1계급 특진, 우리 가족을 괴롭힌 경찰은 현상금 1백만 원을 가지기로 합의하는 것을 보았다. 80년 5월 17일 자정을 기해 전국적으로 비상계엄이 확대되면서 시작된 운명적 도피생활은 길고 긴 터널을 지나 결국 끝났다.

그 과정에서 헌신적인 도움을 준 친구 박동구는 준비하던 고시공부도 포기하고 여러 사람을 도우며 살다, 내가 정치에 입문한 지 얼마 안 돼 안타깝게도 세상을 떠났다.

광주항쟁의 기억

2

나는 강남경찰서를 거쳐 7월 초순쯤 합동수사본부로 넘겨졌다. 합동수사본부란 군인과 경찰의 수사본부로, 계엄상황하 군관합동수사본부였다. 그곳은 과거 '과학수사연구소'였던 곳으로 기억되며 지금의 경찰청 근처가 아닐까 싶다. 나는 항쟁의 쓰라린 기억에다 그곳에서 받은 참혹한 고통을 기억하기 싫었다. 합동수사본부에서 만난 사람들을 지금껏 떠올리기조차 기피하며 그곳과 그곳 사람들을 애써 지워버리려 노력했다. 그래도 그때 그곳에서의 기억을 가능한 한 되살려 정리한다.

나는 합동수사본부에 들어가자마자 두 가지로 집중추궁 당했다. 하나는 주요수배자들을 찾는 일(1계급 특진과 현상금 때문)이고, 다른 하나는 '김대중의 사주'를 강요하는 것이었다. 박계동 등 주요 수배자를 찾아내는 일이 수포로 끝나자 그들은 집요하게 김대중과의 관계를 물었다. 합수부 수사의 요점은 80년 서울역 시위나 광주항쟁이 김대중의 사주이기만 하면 되는 것이었다.

내가 합수부에 들어가자마자, 한 수사관이 "저녁밥을 먹었느냐"고 물었다. "그렇다"고 하자 "이거 골치 아프겠네"라고 말했다. 당시엔 무슨 뜻인지 몰랐다. 그는 잠시 후 나를 어떤 방으로 끌고 가 쇠파이프에 손과 발을 묶어 통닭처럼 매달았다. 내 입에 수건을 얹고 주전자로 물을 부었다. 숨이 막혀 몸부림치다가 저녁에 먹은 모든 음식물과 한 방울의 물까지 토해내고 나서야 그 말뜻을 이해했다. 일명 '통닭구이'라는 이 고문은 당시 가장 일반적인 고문의 형태로, 끌려간 학생들에겐 공포의 대상이었다.

나는 이 고문을 여러 차례 당했다. 처음에는 지명수배자의 거처를 불라는 것이었고, 이것이 성과를 거두지 못하자 바로 김대중으로부터 받은 사주내용 또는 돈을 자백하라고 했다. 한 수사관(통닭구이의 한 쪽을 어깨에 메고 나를 들어 올렸던 수사관)이 힘에 겨워 비틀하는 사이 내가 콘크리트 바닥에 떨어져 꼬리뼈에 금이 가는 부상을 입고 기절했다. 합동수사본부의 과학적 수사과정은 이로부터 초반 일주일 내내 집중됐다.

감금된 시간은 거의 한 달 가까이였다. 절망과 자포자기 속에서도 무언가를 끈질기게 지키려고 했던 나는 그 한 달간 외부와 철저히 고립된 채 처절하고 고독한 나만의 투쟁에 돌입했다.

광주항쟁과 어머니

나는 광주에서 북쪽 방향으로 차량으로 40분 정도 걸리는 월야(함평군)에서 어린 시절을 보냈다. 태어난 곳은 학교면 금송리(함평군) 반송이라는 곳이지만 나는 어린 시절 대부분을 월야에서 보냈기 때문에 월야는 동경의 고향이며 추억의 집결지이자 내 상상과 창조의 원동력이었다.

'달이로다'라는 뜻의 월야(月也)는 둥그런 능선 위에 뜨는 달은 물론 댓잎 사이로 일렁이는 바람소리에도 밤잠을 못 이루고 뒤척이던 내 어린 시절의 꿈과 낭만, 순진함이 어린 곳이며 친구와 누나, 제비와 참새, 메뚜기, 누렁이소, 닭이 있는 곳이다. 무엇보다 어머니 아버지가 계신 곳이었다.

초등학교 교사였던 아버지는 월야에서 정착했다. 아버지가 인근학교로 전근을 가도 이사하지 않고 털털거리는 자전거를 타고 통근했다. 한 번 뿌리내린 집을 떠나지 않았다. 아버지는 월야 들판에 논 두 마지기를 사서 식량을 자급했고, 집 주위 텃밭을 일궈 배추, 무 등 야채를 길렀으며, 닭을 키워 달걀을 얻고 식구들 여름 보양으로도 썼다.

나는 초등학교 5학년까지 집앞에 있는 월야초등학교에 다녔다. 5학년 2학기 때 "말은 제주도로, 사람은 서울로 보내야 한다"는 아버지의 평소 소신에 따라 서울은 아니지만 인근에서 제일 큰 도시인 광주로 가게 됐다. 광주계림초등학교에 전학하면서 자취를 했다. 이때부터 광주고등학교를 졸업할 때까지 나는 주말이면 월야로 가서 부모님을 뵙고 식량을 짊어 메고 다시 광주로 가곤 했다. 광주에 처음 갔을 땐 너무 외롭고 식구들이 보고 싶어 혼자 울었던 기억도 있다.

그런 월야에 1980년 5월 18일 건장한 형사 두 명이 어머니를 찾아왔다. 그들은 집안을 샅샅이 살펴본 뒤 아들이 들어오거나 연락 오면 자기들에게 신고해야 하며 그렇지 않으면 아들이 성치 못할 것이라고 협박하고는 사라졌다. 그날 밤 집에서 기르던 커다란 누렁이 개 두 마리가 사라졌다. 어머니는 형사들 짓이라고 단정했지만 아무런 항의도 하지 못했다.

어머니는 5월 19일부터 광주가 격랑에 빠지자 월야에서 광주까지 걸어가서 사방을 헤매기 시작했다. 고대 총학생회장이 광주에 왔다는 소문을 전해 들은 것이다. 광주에서 공수부대의 만행이 시작됐다는 소식을 들은 어머니는 아들을 수소문하며 죽었을지도 모르는 아들을 찾아 이곳저곳을 헤매기 시작했다. 어머니는 공수부대가 무섭지 않았지만 혹시 아들이 죽었다는 소식을 들을까봐, 아들의 시체를 보게 될까 두려웠을 것이다. 어머니는 금남로 시위대 속을 헤집고 다니며 또는 시내병원에 새로운 부상자나 사망자가 들어오면 뛰어가 확인하며 까무러지곤 했다.

나는 어머니의 소식을 소문으로 들었지만 만나진 못했다. 이런 아들이 어디 한둘이었으랴, 어디 그런 어머니가 한둘이었으랴. 광주에서 아들 딸 가진 모든 어머니가 그랬으리라.

아들을 찾겠다는 어머니의 집념은 무서웠다. 5월 24일쯤 내가 숨어 있던 송정리 김인숙의 집 근처 친구 박동구의 집에 찾아온 것이다.

나는 숨이 멎는 듯했다.

"세상에 …"

마침 김인숙 씨 집을 나와 박동구 집에 있던 나는 순간적으로 판단해야 했다. '나가서 어머니를 맞을 것인가 아닌가, 아니면 살아 있으니 걱정 마시고 월야에 가 계시라고 할 것인가, 아니면 쪽지만 보낼 것인가' 망설였다. 달려가 어머니를 덥석 안아드리고 싶은 마음이 참을 수 없이 밀려왔다. 자세히 살펴보니 오랫동안 어머니를 미행해온 형사들이 보였다. 잠복근무에 방해된다고 어머니가 애지중지하던 개 두 마리를 잡아먹은 놈들인지도 모른다.

친구 동구와 상의했다. 결론은 지금 아는 체했다가는 모든 것이 수포로 돌아간다는 판단이었다. 동구는 "여기 오지 않았으며 어디 있는지 모른다"며 어머니를 돌려보냈다.

어머니는 그 무서운 거리를 헤매며 한 가닥 실낱같은 희망을 갖고 찾아온 박동구의 집에서 무거운 발걸음을 돌려야 했다. 아마도 어머니는 아들이 죽었을 것이라는 쪽에 무게를 두며 송정리를 떠났으리라.

나는 그날 힘을 잃고 자꾸 뒤돌아보며 휘청거리는 어머니를 커튼 뒤에 숨어 바라보며 '아, 사람의 심장이 이렇게도 뛰는구나' 하는 사실을 처음 알았다. 그리고 오래 울었다.

5월 27일 계엄군이 도청을 점령하고 학살을 멈췄을 때부터 어머니는 행방불명된 아들딸을 가진 어머니들과 함께 전국 도처를 다니기 시작했다. 시체도 안 나오고 소식도 없으니 행방불명이 된 것이다. 특히 어머니는 영광에 있는 불갑산 불갑사에서 주지스님과 함께 기도하면서 아들이 살아있기만을 빌고 빌었다 한다. 후일 내가 어머니와 함께 그 스님께 인사하러 갔을 때 그 스님은 목이 쉰 목소리로 "어머니가 아들이 살았는지 죽었는지 나한테 알려달라고 자꾸 졸라서 참 답답했습니다. 보세요, 이렇게 살아있지 않습니까"라고 말했다.

그런 어머니가 죽지 못해 연명하던 시기, 80년 5월과 6월이 가고 7월이 된 어느 날 친구 박동구로부터 아들이 서울 합수부에 연행됐다는 말을 듣고 어머니는 '내 아들이 살아있구나' 하고 기뻐했다고 한다.

멈춰진 시계

강남서에서 합수부로 인계되자 나는 10평쯤 돼 보이는 방에 수감됐고, 고참수사관 3명이 나를 전담했다. 들어가자마자 다짜고짜 먹은 것을 다 토해내는 고문을 받고 꼬리뼈에 금이 가는 부상을 당한 나는 간단한 의사의 내방을 받은 후 잠시 쉬었다가 다시 수사관 3명으로부터 수사를 받았다. 그들은 지금까지의 행적을 적으라며 백지와 볼펜 하나를 남겨놓고 방을 떠났다. 나는 서울역 시위와 광주로 내려온 동기, 금남로에서 본 시위의 상황, 마지막으로 체포된 과정 등을 사실대로 적었다.

얼마 뒤 3명의 수사관이 들어와 고문으로 엉망진창이 된 내 몸을 만

지작거리며 웃더니 진술서를 들고 나갔다. 그로부터 한 10여 분 뒤 수사관이 다시 들어오더니 "안 되겠구만, 김대중한테 사주받은 내역을 쓰라니까, 이게 뭔가" 라고 말하며 악몽의 통닭구이와 물고문을 반복했다.

"김대중한테 얼마 받았어?"

"김대중을 만난 적도 없습니다."

"김대중이 광주 가서 무엇하라고 시켰어?"

"나는 아무것도 모르고 광주에 왔습니다."

"그 말을 누가 믿는단 말이냐, 김대중이 시키지 않았으면 서울역 시위로 지명수배된 자가 폭동이 일어난 광주에 무엇 때문에 내려온단 말인가. 광주로 내려온 시각이 5월 18일 오후이니 이미 사태를 알고 온 것 아니야?"

"정말 모르고 왔습니다."

내가 생각해도 내 설명이 납득이 되지 않았다. 그러나 사실인데 어쩌란 말인가. 이런 게 운명이요, 보이지 않는 이끌림이라고 말할 수도 없는 일 아닌가.

수사관들은 다른 것은 알려고 하지 않았다. 서울역 시위와 광주항쟁은 다음 문제이며, 오로지 김대중이 시킨 것이면 됐다. 모든 것을 김대중이 사주한 것으로 만들어야만 했다. 합수부의 입장에서 보면 나는 서울역 시위 주동자에다가 항쟁 전 기간에 광주에 있었기에 이른바 '김대중 사주' 조작의 적합한 대상이었다. 어떻게 하든 내 자백을 받아내는 것이 무엇보다 중요하다고 생각했을 것이다.

나는 중대한 곤경에 빠졌다.

합수부에서 조사받는 일주일 동안 내가 무엇을 했는지 조사받은 적이 없다. 다만 김대중으로부터 사주받았거나 돈을 받았다고 거짓자백만 하면 고문이 중단될 것이라는 것과 그렇지 않으면 고문이 계속될 것이라는 사실을 분명히 알았을 뿐이다.

그러다 점차 시간이 지나자 '김대중 사주' 조작에 협조하지 않으면 죽을 수도 있다는 느낌을 강하게 받았다. 살려면 이른바 '김대중 사주' 조작에 협조해야 한다는 느낌을 강하게 받도록 반복해서 압박했다.

당시 합수부는 전문수사관들이 수사를 전담하고 경비는 33헌병대[1]가 담당했다. 그러나 사실 수사관들은 고문을 담당하고 헌병들은 구타를 담당한 것이었다. 물론 그들의 엉터리 조작수사에 협조하면 고문과 구타는 중단되고 다른 반으로 옮겨가 비교적 편한 조사과정을 거치게 된다.

들어온 지 일주일 정도 됐을까. 반복되는 고문과 협박 그리고 무수한 구타로 심신이 약해질 대로 약해졌을 때, 갑자기 헌병 서너 명이 들어왔다. 의자에 앉을 힘도 없이 축 늘어진 나를 보더니 방바닥에 눕혔다. "오늘 높은 분이 검열 오니 몸을 검사하겠다"고 말했다. 나는 군대 갔을 때 고참에게 구타당했는지 알아보기 위해 장교가 사병의 옷을 벗겨보던 기억을 떠올리며 '이제 고문과 구타는 줄어들겠구나' 생각했다. 그 높은 분에 대해 고마운 마음이 들며 눈물이 날 지경이었다.

그러나 사태는 정반대로 돌아갔다. 그 높은 분은 젊은 헌병들이 학생들을 봐주지는 않을까 의심해 점검 나온 것이었다. 그들은 나를 더 때리려고 들어왔다. 절망은 극에 달했다. 고문과 구타가 주는 실제 고통보다 아무도 내 처지를 모른다는 사실이 더 공포스러웠다.

헌병들은 내가 안쓰러웠는지 맞을 때 힘을 주지 말고 순응하며 맞으라고 했다. 그리고 지금부터 몸에 멍들지 않은 곳을 골라 멍들게 만들 테니 아파도 참으라고 했다. 그 높은 분은 구타당하지 않나 걱정해서

1 청와대에 파견돼 있던 헌병대대.

온 것이 아니고 반대로 내가 멍들고 고통받는 것을 확인하러 왔던 것이다.

헌병들은 내 몸을 발가벗기고 이리저리 살피며 멍들지 않은 곳을 개머리판으로 찍어 상처를 냈다. 나는 처음으로 상쾌한 느낌을 받았다. 비록 헌병들이 상관의 명령에 따라 나를 때리지만, 그래서 너무 아프긴 하지만 그들이 처음으로 내게 내부정보를 알려줘 어떤 의미에서는 서로 소통했다고 볼 수 있기 때문이었다. 미안해하며 나가는 그들은 나에게 이미 계엄군이 아니었다. 그 순간 나는 합수부에 들어온 지 처음으로 이 악몽을 이겨낼 수 있겠다고 생각했다.

그날 초저녁 그 높은 분을 만났다. 그는 내가 힘겹게 앉아 있는 의자와 책상 그리고 책상 위에 쓰다 남은 하얀 백지 몇 장, 볼펜, 물주전자 하나가 놓여있는 방에 들어와 아무 말 없이 내 주위를 두 바퀴쯤 돌았다. 사복을 입었지만 군인인 듯한 짧은 머리와 준수한 용모가 눈에 들어왔다. 그가 말없이 걸으며 내는 구두소리가 정확하게 들렸다. 그리고 나는 그를 향해 내 모든 육감을 열어 놓고 그를 관찰했다. 비록 나는 잡혀있지만 절대 내 영혼을 팔 수는 없다고 스스로에게 다짐했다. 지금이 오히려 중요한 기회가 될 수도 있겠다고 여겼다. 그가 가장 원하는 답에 대한 내 입장을 분명히 전달해야겠다고 생각했다. 그렇게 하려면 가장 좋은 순간을 잘 포착해야 했다.

나는 조심스럽게 그 순간을 기다렸다. 세 바퀴째 먹이를 놓고 둘레를 돌던 사자 같던 그의 눈이 어느 순간 나의 눈과 마주쳤다.

나는 낮고 단호하게 그리고 하나하나 발음을 정확하게 하며 한마디를 던졌다.

"나는 김대중과 전혀 관계가 없습니다."

내 주위를 돌던 그가 멈추어 섰다. 그리고 한참을 노려보았다. 나를 노려보는 그 얼굴을 보고 내 말의 효과가 있다고 순간 생각했다. 그의 얼굴에서 경련이 이는 듯했다.

그리고 천천히 내 곁으로 다가와 "잘 생긴 학생을 누가 이렇게 때렸나"라고 말했다.

순간 혼란이 왔다. 말을 잘못한 것도 같다는 생각이 갑자기 들었다.

내가 그런 생각을 하는 사이 그 높은 분은 내 뒤를 한 번 더 돌아 앞에 멈추더니 갑자기 주전자를 들어 하얀 종이에 물을 부었다. 그는 물이 종이를 적셔가는 것을 내 눈앞에 내밀어 보여주더니 말했다.

"이 적셔지는 종이처럼 처음에는 데모하고 그러다가 점점 빠져 빨갱이가 돼 죽게 된다."

그리고 그는 방을 나가버렸다.

나는 다시 생각했다. 혼란스러웠다. 내가 그에게 내 몸과 마음의 모든 기력을 모아 "나는 김대중과 관련 없다"고 했는데, 그는 뜬금없이 빨갱이 이야기는 왜 꺼낸 것일까.

이제 고문은 끝난 것일까. 김대중 이야기도 끝난 것일까. 왜 서울역 시위는 묻지도 않는 걸까. 왜 광주에서의 행적조차 묻지 않는 걸까. 이런저런 생각을 하며 다음에 무슨 일이 일어날지 온갖 궁리를 다 하고 있었다.

그때였다. 방밖에서 군화소리가 요란하게 들리더니 군인들이 우르르 들어왔다. 모두 M16소총을 들고 있었고 서너 명쯤 돼 보였다. 나중에 내 눈을 헝겊 같은 것으로 가렸으니 그보다 더 많았을 수도 있다.

나는 그들의 거친 부축을 받으며 어디론가 끌려 내려갔다. 멀리 가지는 않은 것으로 보아 아마 그 건물 어디쯤으로 짐작됐다. 어느 방으로 들어가는 듯했는데 내 얼굴을 벽을 향해 세워 놓으려다가 제대로 서지 못하자 의자 하나를 가져다 벽을 향해 앉혔다. 나는 등 뒤에서 무슨 일이 일어나는지 촉각을 곤두세우고 작은 소리도 놓치지 않으려 집중하고 있었다. M16을 차려 자세로 세우는 소리가 들렸다.

그리고 나지막이 "겨누어 총" 하는 구령과 함께 M16을 겨눈 헌병들의 움직임이 극도로 긴장한 내 귀에 정연하게 들렸다.

"아!"

내 입에서는 무거운 탄식이 흘러나오고 몸은 냉동실에 들어간 것 같이 꼿꼿하게 일어섰다.

누군가가 내게 다가왔다. 그리고 나직이 말했다.

"광주에서의 폭도가 휴전선을 넘어 이북을 가려다가 국군의 M16에 맞아 죽었다고 하면 어떻게 될까?"

나는 이처럼 무서운 말을 들어본 적이 없다. 몇 초가 흘렀을까. 가려진 눈앞으로 과거 장면들이 파노라마같이 겹쳐져 한꺼번에 스쳐 지나갔다. 내 머리는 군에서 사격훈련하며 만지던 M16방아쇠의 느낌과 방아쇠를 당길 때 나는 미묘한 소리를 기억해내려 안간힘을 썼다.

'그 느낌이 어땠지, 그 소리는, 기억해보자 …'

'정말 쏘면 어쩌지, 아무도 내가 여기 있는지 모르는데, 나를 M16으로 뒤에서 쏘고 휴전선 비무장지대에 갖다 버리면 어쩌지?'

상상은 엄청나게 비약하며 이성의 통제를 넘어서고 있었다. 나는 '일어서서 번개처럼 몸을 돌려 앞에서 총을 맞으면 이 음모가 들통 나겠지' 하고 생각하기도 했다. "고대 학생회장 신계륜이 광주에서 폭도로 총을 들고 싸우다가 지명수배에 몰려 휴전선을 넘어 월북하려다가 국군이 쏜 M16에 맞아 현장에서 사망했다"는 기사가 곧 나올 것만 같았다.

바로 그때 누군가가 말했다.

"이제 쓰겠나?"

나는 주저 없이 말했다.

"네."

합수부의 모진 고문을 이겨내며 김대중의 사주를 시종일관 부인해 온 나는 일주일 만에 무너지고 있었다. 그것은 나에게 폭풍이었고 벼락이었으며 최종의 시련이었다.

다시 방으로 돌아와 물 한 컵 마시고 의자에 앉아 생각했다. 마치 지옥에 갔다 온 느낌도 들고 속은 것 같기도 했다. 무엇보다 인간으로서의 존엄이 완전히 깨진 것 같아 자신에 대한 혐오감이 크게 들었다.

그러나 약 20분 정도의 휴식이 이성을 되찾게 했다. 내 이성은 김대중은 물론 나 자신과 1만여 고대학생을 기만하는 행위라고 준엄하게 꾸짖고 있었다. 다시 두려움이 사라지고 수치심이 내 자존심을 자극했다. 나는 오히려 수사관이 종이를 들고 오기를 기다렸다. 수사관이 들어와 종이와 볼펜을 내놓았다. 나는 주저 없이 말했다.

"쓸 수 없습니다."

수사관 3명은 처음엔 어이없다는 듯 나를 쳐다보다 조금 지나니 안타깝다는 듯 바라봤다. 그리고 서로를 쳐다보더니 아무 말도 없이 내 방을 떠났다.

나는 다가올 고문에 대비하고 있었다. 말로만 협박하던 전기고문을 할까. 전기고문을 하면 수사관 말대로 정자가 다 죽어 후손을 볼 수 없을까. 바늘을 갈비 사이로 찌르는 흉내를 내던 그 수사관이 들어올까. 그러면 원인도 모르게 수년 내 시름시름 앓다가 죽을까. 통닭구이를 다시 할까.

'이때가 제일 힘들다, 고문에 대한 공포 말이다'라고 혼잣말처럼 지껄이고 있는데 뜻밖에 그날 저녁 아무 일도 없었다.

다음날 새벽녘에도 잠잠했다.

나는 그 높은 분에게 "나는 김대중과 아무 관련이 없어요"라고 기력을 다해 외친 말이 잘못되지 않았다는 생각이 들었다. 그로부터 2~3일이 지나도록 수사관들이 들어오지 않았다. 적어도 이른바 '김대중 내란음모' 혐의로부터는 벗어난 것처럼 보였다.

그로부터 얼마 후 서울역 시위와 광주 체류기간 동안의 행적에 대해 조사를 받았다. 보충할 것도 없이 내가 진술하는 대로 조사를 마무리했다. 내 눈에 비친 합수부는 서울역 시위의 진실이나 광주항쟁의 진상엔 아무런 관심이 없었다. 오로지 80년 서울의 봄과 광주항쟁을 김대중의 소행으로 만들기에만 혈안이 돼 있었다.

서울역 시위 당시 철수를 반대한 사실이 그대로 파악돼 있어 나는 '그때 서울대 미니버스가 도청되지 않았나' 생각했다. 수사관들은 철수반대 강경입장이 형량이나 특사로 나올 때 장해가 될 것이라고 말했지만, 난 개의치 않았다.

광주에서의 행적에 대해서는 총을 들지 않았다는 나의 진술을 그대로 인정해 줬다. 나는 시위 등에는 참여하며 동조했지만 수배된 처지로 총을 들고 나서지는 않았다고 진술했다. 또한 박관현 전남대 학생회장을 찾아다닌 것은 사실이지만 결국 찾지 못했다고 말했다. 수사관들도 내가 박관현을 찾아 수소문한 것을 알고 있었다. 나뿐만 아니고 그들도 박관현을 찾고 있었기 때문이었다.

총살 협박 얼마 뒤, 나는 합수부의 다른 반으로 이동됐다. 중요한 조사는 끝난 것이다. 이른바 '김대중 내란 음모'로부터 벗어나게 됐다. 옮겨진 방에서 조사는 없었다. 그러나 무한대의 감금은 계속됐고 두려움과 공포는 늘 나를 따라 다녔다.

나에게 높은 분이 온다는 정보를 알려준 33헌병대에도 변화가 있었다. 합수부에서 조사받고 훈방된 일부 여학생이 아직 감금중인 학생들을 위해 33헌병대 소속 헌병들을 밖의 맥줏집으로 초대, 젊은이들끼리 우의를 다진 일이 생겼다. 그 후 헌병들은 학생들에게 좀더 친절하게 대했고 가끔 정보도 줬다. 젊은이들은 언제 어디서 만나도 서로 소통한다는 사실을 그때 알았다. 그러나 소통은 얼마가지 못했다. 이 사실을 눈치 챈 합수부가 헌병을 교체했다. 교체했을 뿐 아니라 서로 정들지 못하도록 근무기간을 정해 서로 사귀지 못하도록 했다.

교체된 헌병들은 처음에는 심하게 굴었다. 합수부에서 방을 옮긴 후로는 점심시간에 한곳에 모여 헌병의 감시 하에 점심을 먹는 경우도 있었다. 같이 도시락을 먹던 이대 안숙 총학생회장이 나에게 더 먹으라고 밥을 남겨줬고 나는 그것을 다 먹었다. 그 후 각자 방으로 돌아갔는데 새로 배정된 헌병이 복도로 나오라고 하였다. 이유는 자신의 허락도 없이 여학생의 남은 밥을 더 먹었다는 것이었다. 약 1시간 동안 그 헌병은 나에게 고통을 줬지만 내 체력이 거의 바닥인 것을 알고 멈췄다.

그도 얼마 지나지 않아 나하고 친해졌고, 내 방에 들어와 12·12때 33헌병대가 육군참모총장을 체포하러 갔을 당시 무용담을 상세하게 들려주기도 했다.

면회도 안 되고 사회로부터 엄격히 분리돼 있었지만 고문과 구타가 없어지고 이른바 '김대중 내란음모' 혐의로부터 자유로워졌다. 그러자 내 머리는 다시 정리되지 않는 광주항쟁으로 자꾸만 되돌아갔다. 그만큼 광주는 내 머리를 온통 차지하고 있었다.

사랑하는 것과 증오하는 것

1982년 전남대 박관현 학생회장이 옥중단식으로 사망했을 때, 나는 의정부교도소를 출소해 있었다. 남동성당에서 거행된 장례식에 고인의 가족과 함께 문상객을 맞았다. 경찰이 겹겹이 둘러싼 가운데 친구 박동구와 함께 문상객을 맞던 기억이 새롭다.

그리고 그 후 임낙평과 함께 박관현의 전기 《광주의 넋, 박관현》을 집필할 때 광주항쟁의 기록을 다시 살폈다. 그리고 광주항쟁이 무엇인가 자문했다.

'나는 광주항쟁의 무엇인가.'

아마 항쟁 초기인 22일쯤으로 기억된다. 가슴에 쌓이는 울분은 극도에 달하고 어찌할 바를 모르던 어느 날, 광주 외곽인 송정리역으로 시민군이 왔다. 한 젊은 여성이 잘 아는 언니가 계엄군에 가슴을 찔려 죽었다는 참혹한 학살의 소식을 전하며 함께 광주로 가지고 역설했다. 사람들의 공감을 산 그 여성의 연설로 20~30명의 젊은이들이 시민군의 트럭을 타거나 아니면 걸어서 광주시내로 향했다. 대부분 허름한 차림의 사람들로 공수부대의 살인에 대해 엄청난 분노를 표시하며 트럭 뒤를 따랐다.

나는 그 장면을 유심히 바라보다가 시민군 트럭이 광주시내로 들어가려면 군부대인 상무대를 지나게 될 텐데 총격이 있지는 않을까 우려했다. 나는 그 여성에게 우려를 전했다. 그 여성은 나를 유심히 바라보며 무슨 말인가 하려다 내가 신분노출을 꺼려 시선을 피하자, 돌아가는 길이 있다며 그냥 떠났다. 나는 그 일행이 광주시내로 들어가는 것을 오랫동안 지켜보며 총성이 들리지 않는지 귀 기울였다. 총성은 들리지 않았다.

그날이 고비였던 것 같다. 나는 총을 들지 않았고 도청으로 가지 않았다.

그때까지 광주에서의 참혹한 상황을 보도조차 안하던 신문과 방송은 21일에야 정부 공식입장으로는 처음 밝힌 계엄사의 일방적 발표를 보도했다.

계엄사는 "지난 18일부터 연 나흘째 소요사태가 벌어지고 있다"며, "계엄사가 확인한 바에 따르면 광주지역 소요가 악화돼 극심한 난동상을 보이고 있는 현상은 전국비상계엄이 선포되자 서울을 이탈한 학원소요 주동학생 및 깡패 등 현실 불만세력이 대거 광주에 내려가 사실무근한 유언비어를 날조해 퍼뜨린 데 기인한다"고 말했다.

계엄사에 따르면 나는 광주에 내려가 사실무근한 유언비어를 날조해 퍼뜨리고 다니는 '서울을 이탈한 학원소요 주동세력'의 하나였다.

그래서 누가 광주항쟁에서 신계륜은 무엇이었는가 묻는다면, 나는 서울역 시위로 지명수배된 학생이 박관현 전남대 총학생회장을 만나러 광주에 왔다가 박관현을 만나지 못하고 그 대신 겪게 되는 광주항쟁을 운명으로 알고 살아가는 사람이라고 해야 할 것 같다.

내가 본 광주에서 계엄사는 사실이 있는 그대로 알려지는 것을 두려워해 보도를 완벽하게 통제했다. 계엄사가 유무선을 모두 차단해 광주를 고립시켰는데도 신문과 방송은 마치 이것이 폭동이 일어나 그렇게 된 것처럼 거꾸로 보도했다.

21일 오후 1시 도청에서 시위군중을 향한 계엄군의 실탄사격이 벌어졌지만 이 사실조차 보도하지 않았다. 양심이 단 1%도 남아있지 않던 신문과 방송에 분노하며 절망하던 시민들이 방송사를 불태우는 것은 너무도 당연했다. 이른바 '폭도들'이라는 계엄사의 유언비어가 광주시민들에게 주는 절망과 분노의 크기는 누구도 가늠하기 어려울 만큼 컸다. 그날 도청에서의 발포 이후 내 마음속에 그나마 남아있던 희망의 끈은 흔적조차 없이 사라졌다.

나는 그날 이후 무장한 시민군을 보았다. 카빈총을 든 시민군은 광주 외곽으로 나가 무기고를 부수고 무장하기 시작했다. 21일 저녁 무렵 나는 계엄군이 도청에서 철수했음을 알았다. 항쟁이 새로운 국면으로 접어들고 있었다.

나도 시민들과 마찬가지로 내가 사랑하는 것과 증오하는 것 사이의 간격이 점차 커져만 갔다. 사랑하는 것이 사라져 가고 증오하는 것들이 늘어만 갔다.

내가 여전히 박관현 등 전남대 학생지도부를 찾아 헤맬 때인 22일, 계엄사는 엉뚱하게도 김대중 씨 중간조사 내용이라는 것을 합수부 수사를 근거로 발표했다. 그 내용은 다음과 같다.

> 당시 야당이던 신민당으로는 정권을 잡을 수 없다고 판단한 김대중이 대중선동, 민중봉기, 정부전복의 음모를 꾸몄다. 서울역 시위도 광주폭동도 그 때문에 일어난 것이다. 5월 22일 전국적 봉기를 꾀했으며 심재철 서울대 학생회장은 김대중으로부터 학생회장이 되기 전에 100만 원을 받아 당선돼 김대중의 뜻에 따라 서울역 시위를 주동했다. 김대중의 장남 김홍일로부터 45만 원을 받은 박일남 고대 서클연합회장이 신계륜을 조종해 서울역 시위를 주동케 했다.

이런 허무맹랑한 소설 같은 수사발표를 광주에서 읽어본 나는 분노가 치밀어 참을 수 없었다. 합수부가 후배 박일남을 얼마나 고문했으면 있지도 않은 일을 자백받았단 말인가.

내가 이런데, 하물며 자신이 왜 시위에 참여했고 총을 들었는지 누구보다도 잘 아는 시민군들은 계엄군의 적반하장 발표를 어떻게 생각했겠는가. 어이가 없고 기가 막히며 절망 이외에 남은 것이 없었을 것이다. 광주는 이제 정부와 계엄사에 대해 어떠한 타협도 할 수 없는 극한의 상황이 됐다.

이제 광주가 계엄군을 증오하며 총을 들고 싸우는 것은 너무도 당연한 결론이었다. 그러나 그것은 광주가 처한 지독하게도 절망적인 상황의 또 다른 표현이기도 했다.

그러나 그토록 절망적인 상황 속에서도 나는 오히려 아름답게 피어나는 시민과 시민군의 숭고한 사랑을 보았다. 너무 지고하고 지순해서 감히 입에 담지 못할 그들 간의 우정과 사랑을 보았다. 완전한 일체감, 서로 처해있는 처지는 다르지만 지도부 없이 시작한 격분의 노도, 자연발생한 항쟁의 순결함을 보았다. 예정된 것도, 정해진 것도 없이 한순간 학살 앞에서 떨쳐 일어난 시민들은 처음에는 불타는 가슴을 부여잡았지만 나중에는 물과 헌혈, 총, APC[2]를 주고받으며 광주는 하나, 더 나아가 대한민국은 하나가 되기를 갈망했다. 그것은, 가까이는 학살로부터 사랑하는 사람들과 그들의 의지를 지키려는 애타는 봉기였으며, 멀리는 민주를 향하는 피맺힌 걸음이었다.

그러나 그것은 외곽을 봉쇄하고 통신수단을 파괴한 계엄군으로 인해 내외적으로 외로운 투쟁이었다. 시민들은 전국적인 원조와 지원, 지지를 목마르게 기다렸다. 또 민주주의의 나라 미국이 지원해주기를 헛되게도 기원했다. 그러나 시간이 흘러도 나라 안팎의 지원과 지지는 줄어들고 광주의 고립은 심화돼 갔다. 미국은 계엄군을 통제하지 않았고, 보도통제의 영향이기도 하겠지만 전국은 침묵했다. 움직일 만한

---

2 Armoured Personnel Carrier. 도시전을 염두에 두고 제작된 병력수송용 경장갑차. 시민군은 아세아자동차에서 제작 중이던 APC 일부를 접수해 사용했다.

인사들은 모두 체포됐거나 도피중이었다. 계엄군이 무언가 긍정적인 조치를 취해주기를 기대하던 시민들은 22일 계엄사 발표를 보고 그 기대가 아무 소용이 없음을 알게 되었다.

나는 그때 최소한 그렇게 광주를 파악했다.

날이 갈수록 좌절하다가 분노하다가 그리고 광주에서의 놀라운 기적을 보며 감동하다가 그러나 끝에는 항쟁의 전망이 서지 않는 여러 상황을 접하고, 나는 발을 동동 구르며 동분서주했다. 내가 할 수 있는 일은 광주의 진실을 전국에 알려 점차 고립돼 가는 그들에게 지원과 지지를 보내는 것이라고 생각했다. 그래서 나는 어떤 수단으로라도 광주 소식을 전국에 알리려 온갖 노력을 다하고, 사람을 서울로 보내 광주 소식을 전달하려 노력했다. 내 친구 박동구는 그 일로 많은 고생을 했다. 나는 광주현장에서 입수한 〈투사회보〉나 내 나름대로 정리한 일지 등을 서울로 보내려 했으나 광주외곽을 봉쇄한 계엄군 때문에 이동이 자유롭지 못했다.

절망의 시간은 점차 흘러갔다. 22일 이후 시민군이 트럭 등을 타고 수시로 이동하고 있는데도 신문에는 무기반납이라는 기사가 실리고 있었다. 광주의 일부 지도급 인사들이 나서서 이 사태를 폭력 없이 수습해보려는 노력을 하고 있었다, 그것도 절망의 다른 표현이었다.

도청 앞 궐기대회는 계속됐다. 그러나 초기보다 숫자가 줄어들었다. 고립돼 희망이 보이지 않기에 죽기를 각오하고 싸우는 것 외에 다른 방법이 없는 듯했다. 이런 상황은 다시 새로운 절망을 불렀다. 25일 계엄군이 모든 협상을 거부했고 곧 광주시내로 다시 들어올 것이라는 이야기가 시민들 사이에서 돌았다.

26일 송정리를 비롯한 도로에 군부대가 광주 쪽으로 전진 배치돼 이동하는 것이 목격됐다.

나는 26일 밤 온 가족의 안전을 뒤로한 채 나를 보호하기 위해 노력해온 내 친구 박동구와 그의 여자친구 김인숙, 그리고 그 두 가족 전체에 대해 깊이 생각했다. 홀로 조용히 집을 떠나는 것이 위험에 처할지도 모르는 두 가족의 안전을 조금이나마 위하는 것이 되지 않을까 싶었다. 계엄군이 들어오면 일대 검거선풍이 불 것이었다. 그때 만약 이 두 가족에 안 좋은 일이라도 생긴다면 무슨 면목으로 이들을 대할 것인가.

그러나 나는 결국 광주를 떠나지 못했다. 비록 내가 아무것도 하지 못하는 상황이었지만, 고립이 심화돼 극도의 어려운을 겪으며 계엄군과 맞서는 광주를 차마 떠날 수는 없었다. 계엄군이 들어온대도, 광주에 있고 싶은 마음이 두 가족을 보호해야 한다는 마음보다 더 컸다.

5월 27일 새벽 계엄군은 도청을 향해 진압작전에 나섰다.

새벽녘 헬기소리와 총소리를 들었다. 전단지가 하늘을 나는 것을 보았다. "폭도들은 무기를 버리고 투항하라"는 내용이 담긴 이희성 계엄사령관 명의의 전단지였다.

그날 밤 그나마 가슴속에 남아있던 내 사랑하는 것들이 모두 무너지고 부서졌다. 대신 내가 증오하는 것들만 그 자리에 납덩이처럼 무겁게 쌓여갔다.

이날 광주시민들은 잠들지 못하고 새벽녘 총소리를 들으며 이불 속에서 이렇게 울었으리라.[3]

> 너희가 도청 안으로 수류탄을 까고 들어가 도청의 저항하는 지도부를 궤멸시키고 그 시체 위를 밟고 서서 전승에 취한 사진을 찍을지라도, 그날 밤 광주는 결코 '같은 하늘 아래서 숨 쉬지 않을' 너희들을 향한 맹세로 새벽을 맞

---

3 실제 당시 계엄군의 장교로 이날 광주에 들어간 한 장교는 골목을 행진하는데 길가 양쪽 주택 안에서 시민들이 잠들지 않고 깨어있다는 것을 분명하게 느낄 수 있었다고 증언했다.

으며 이불 속에서 숨죽이며 울었으리라.

그리고 윤상원 열사가 26일 밤 도청 안에서 고등학생들 모아 놓고 "어린 학생들은 총을 버리고 집으로 가 반드시 살아남아서 이 사실을 전하고 기록하라" 했던 것처럼, 어린 학생들이 어른이 되고 또 어린 학생이 뒤를 이어 다시 어른이 되어 너희들과 더 크게 싸울 것을, 광주는 알았으리라.

눈물의 광주 탈출

5월 27일 새벽은 그렇게 밝아왔다. 나는 집 앞에 웅크리고 앉아 밝아오는 광주의 하늘을 바라보고 있었다. 친구 박동구 가족이 모두 모여 내 거취 문제를 의논했다. 이 지역의 유지로서 어느 정도 여유롭게 살던 동구 아버지가 결단을 내렸다. 광주가 이미 계엄군에 점령돼 여기 있으면 위험하므로 기차가 다니는 장성까지 승용차로 이동해 거기서 서울로 가라는 것이었다

나는 즉시 찬성했다. 하루라도 빨리 서울로 가서 무언가를 해야 막혀버린 숨구멍이 터질 것 같았다.

문제는 장성까지 군의 검문을 피할 수 있느냐 였다. 승용차는 박동구 아버지가 조달하고, 운전은 동구의 동생 향구가 하며, 동구의 어머니와 여동생 정희가 동행해 피난가는 일가족으로 위장하기로 했다. 온 가족이 다시 나서 위험을 무릅쓴 것이다. 나는 동구 가족을 위험에 빠뜨리기 전에 좀더 일찍 말없이 떠나지 못한 것을 후회했지만 지금 이 순간 다른 선택은 없어보였다.

하지만 성공할 수 있을지는 알 수 없었다.

나는 친구 박동구의 단아한 2층집을 마지막으로 보고 김인숙의 부모님과 할머니 그리고 권영, 환영, 혜숙, 귀영 등 동생들을 머리에 떠올

렸다. 감사한 마음은 담고 가지만 만약 내가 잘못된다면 이 가족들이 당할 고초를 어찌할 것인가 하는 생각이 머리를 떠나지 않았다. 영원한 이별이 되지는 않을까 두려워지기도 했다.

그러나 나는 출발해야 했다. 마지막으로 동구와 신분증을 확인했다. 둘 다 학생증밖에 없었다. 법과대학 행정학과 학번 74032 신계륜, 법과대학 행정학과 학번 74033 박동구, 서로 웃으며 작별의 인사를 나눴다. 눈물을 보이며 차마 내 손을 놓지 못하던 동구 아버지를 뒤로하고 우리가 탄 자동차는 장성역을 향해 출발했다. 긴장 탓인지 동구 어머니의 안색이 창백하다고 느끼며 나는 차창 밖을 보았다.

광주는 웃음을 잃었다. 5월의 초록도 시들해져 보였다. 돌아다니는 사람도 별로 눈에 띄지 않았다.

철모 위로 하얀 천을 두른 계엄군이 자주 눈에 띄었다. 몇 번인가 우리가 탄 차를 세우고 안을 살펴보고 운전하는 박향구의 신분증을 보자고 했지만 무사히 통과했다. 장성역이 가까워지자 무사히 온 것 같다는 느낌이 들었다.

그러나 장성역 부근에 이르자 상황이 완전히 달랐다. 1개 분대 정도의 계엄군이 장성역으로 가는 길목을 차단하고 있었다. 나는 순간 차를 돌려 돌아갈까 생각했지만 이미 계엄군이 우리가 탄 차를 보고 있었다. 나는 순간 '이제 틀렸구나' 생각하며 군인들이 앞차를 세우는 것을 지켜봤다. 일행도 크게 긴장했다. 하지만 군인들은 이 지방 사람이 아니어서 지리에 익숙지 않은 낯선 이방인처럼 보였다. 아마 어제쯤 전방부대에서 차출된 병사일지 모른다고 생각했다. '그렇다면 대담하게 승부를 걸어보자'는 마음이 들었다.

차를 세운 병사는 차 안에서 한 명씩 나오라고 했다. 우선 박향구를 차에서 내리게 해서 이것저것 물어보고 무언가 종이를 들고 신분증 사진과 비교했다. 그리고 차 안을 들여다보던 병사는 나에게 차에서 내리라고 했다. 여러 개의 총구가 나를 향했다. 살벌함과 낯선 느낌이 엄습했지만 나는 천천히 차에서 내리면서 우선 동구 어머니를 살폈다. 거의 쓰러지기 직전처럼 보였다. 나는 나 때문이 아니라 동구 어머니 때문에 체포될 수도 있을 것이라는 걱정이 들어 조마조마했다. 그러면서도 천천히 걸어서 그 병사 앞에 가 섰다.

긴장한 말투로 얼어붙은 표정을 한, 나보다 작은 키의 병사가 조심스럽게 신분증을 보자고 했다. 나는 신분증이 학생증밖에 없다고 했다. 그리고 큰 키를 이용해 그가 들고 있는 전단을 살폈다. 정확하게 4번째에 내 이름과 사진이 있었다. 그 병사는 신분증과 수배전단을 비교할 모양이었다. 그러면 영락없이 발각되게 돼 있었다.

'여기서 잡히는구나' 하는 생각이 들자, 갑자기 화가 나기 시작했다. 그래서 대한민국 육군 병장 출신인 나는 까마득한 후배인 낯선 이방인 병사에게 선배로서 우월감을 갖고 도전적인 질문을 던졌다.

"어디서 왔어요?"

군에 있을 때 신병이 들어오면 고참이 맨 처음 하는 말이 "어디서 왔나?" 하는 것이다. "고창에서 왔습니다" 이렇게 대답하면, 다시 고참은 "고창이 다 네 고향이냐"며 기를 죽인다. 그런 심정으로 나는 그 병사에게 질문을 던진 것이다.

갑작스런 질문에 그 군인은 나를 쳐다보았다. 그러더니 그 군인은 대답은 않고 내 학생증을 한참동안 들여다보더니 학생증의 사진과 나를 번갈아보며 확인했다. 수배전단과 나를 비교해야 할 군인이 나와 학생증을 비교하니 일치할 것은 당연했다. 더구나 당시 학생증에는 표지 다음 면에 사진과 함께 한자이름이 적혀있었다.

나는 속으로 '이놈아, 한자도 모르지 …' 하고 생각하며 어색한 수사관 행세를 하는 어린 이방인 병사를 계속 살폈다. 만약 수배전단과 나(또는 학생증)를 번갈아 쳐다보려는 기세가 조금이라도 보이면 다시 한 번 주의를 흐트러뜨리는 질문을 할 작정이었다. 그런 기미가 그 병사의 얼굴에서 읽히자 나는 또 한 번 주의를 흐트러뜨리려고 손가락으로 뒤쪽의 차를 가리키며 말을 던졌다.

"어머니가 아프니 빨리 좀…."

그 군인은 내가 가리키는 쪽으로 시선을 돌렸다. 그 병사의 시선이 차안의 동구의 어머니를 살피는데 이번에는 동구 여동생 정희가 눈치 빠르게 어머니가 배가 아프다고 호소했다. 온 가족의 목숨 건 행동은 그 군인의 집중력을 현저히 떨어뜨렸다. 그 군인은 나에게 학생증을 돌려주며 말했다.

"지금같이 어려운 때에 학생증만 갖고 다니면 안 됩니다. 어머니 모시고 얼른 가세요."

아마도 전문수사관이었으면 나는 거기서 잡혔을 것이다. 그러나 그 병사는 상부의 명에 따라 이 위험한 지역에 파견된 나이 어린 병사에 불과했다. 나는 무사히 장성역으로 갈 수 있었다.

장성역은 사람들로 붐볐다. 광주로 가는 사람은 드물었고 광주에서 서울로 올라가는 사람이 많았다. 장성역에서 서울 가는 기차를 타기 위해 헤어지는 나를 향해 눈물을 흘리며 잘 가라고 손을 한없이 흔들던 동구의 어머니를 영원히 잊을 수 없다.

그 어머니는 나를 친아들처럼 여겼으며 자신의 모든 것을 희생해 나를 지키기에 조금도 주저함이 없었다. 이렇게 나는 기차를 타고 서울로 올라올 수 있었다.

서울에 올라온 나는 실로 막막했다. 하루에도 여러 차례 나를 포함한 지명수배자 명단과 사진을 TV로 방영하는 바람에, 게다가 숨겨준 사람까지 형법으로 처벌받는다 덧붙이는 바람에, 어지간한 배짱을 가진 사람이 아니면 나를 만나주지도 않았다.

나는 몇 군데를 들러 타진해 본 다음 여의치 않자 작심하고 당시 수출입은행에 다니던 대학선배 조상호(현 나남출판 사장)에게 전화를 걸었다. 조 선배는 흔쾌히 자기 집에서 기거토록 허락했다. 당시 약국을 운영하던 조 선배 부인도 항상 웃는 얼굴로 나를 위로했다. 그때 근처에 살던 이병완(나중에 노무현 대통령 비서실장) 선배가 나를 찾아와 여러 가지 도움을 주기도 했다.

그러던 어느 날 내가 외출한 사이에 일이 벌어졌다. 합수부 형사들의 기습을 받은 것이다. 체포는 면했지만 앞으로 조 선배의 집이 합수부에 감시받을 공산이 컸다. 합수부의 수사망이 좁혀오자 조 선배는 자기 누님 집으로 나를 옮겼다. 거기서 나는 식사 때와 꼭 필요한 외출을 빼고는 줄곧 골방에서 지냈다. 얼마간 지내다가 다시 거처를 옮겨야 했다. 조 선배의 누나가 "집에서 일하는 애가 TV에서 반복적으로 나오는 수배자 명단과 사진을 유심히 보는 게 꼭 계륜 씨를 알아본 눈치"라고 말했다. 그런 판단이 서자 나는 다시 거처를 옮겨야 했다.

식당에서 밥을 먹다가도 TV화면에 수배자 얼굴이 나오면 황급히 자리를 떠야했던 일도 여러 번 있었다.

마지막 은신처였던 조 선배 누나 집을 나오자 갈 곳이 없었다. 몇 군데를 전전하던 나는 결국 연락하지 않기로 한 약속을 어기고 당시 서울에 올라와 있던 동구에게 마땅한 피신처를 부탁했다. 박동구와 난 절친한 사이이기에 만약을 생각해서라도 동구가 내 거처를 몰라야 했다. 하지만 갈 곳이 없던 나는 그에게 연락하지 않을 수 없었다.

동구는 내 친구이기도 한 김원근의 집이 적당하다고 소개했다. 두 여동생과 같이 집을 독채로 얻어 살고 있다고 했다. 달리 갈 곳이 없던 나는 수유리 근처의 가옥에서 원근이와 두 여동생의 따뜻한 보살핌 속에 내 자신을 잘 정리할 수 있었다. 동구와 원근이 모두 고시를 준비하고 있었는데 나 때문에 상당한 지장을 받았을 것이다.

그 시절 우리는 서로 다른 처지에 있었다 하더라도 분명히 '하나'였다고 확신한다. 그 뒤로도 영원히 우정을 이어갔다. 원근이는 고시를 포기하고 산업은행에 들어갔다. 97년 대선 당시 런던에서 근무하던 그는 당시 김대중 대선 캠프에서 일하는 나에게 "한국이 유동성 위기에 빠질 확률이 높다"고 경고했다. 내가 들은 IMF위기 사전경고로는 그의 말이 유일하다. 나는 그 경고를 말 그대로 김대중 후보에게 전달했고 김 후보는 그 경고를 정부 측에 전달한 것으로 안다.

그 얼마 뒤 한국은 IMF위기를 겪었다.

3 군사재판과 투옥

1980년 7월 말쯤 나는 그 지긋지긋한 합동수사본부에서 나와 성북경찰서로 이송됐다. 이는 내가 합수부와의 전쟁에서 승리했음을 뜻한다. 그들은 모질고 거듭되는 고문에도 나와 김대중을 연결시키지 못했다. 80년 서울의 봄 서울역 시위를 주동하고 광주항쟁의 현장에 내려가 있던 나는, 그들이 보기에 김대중 내란과 연결시킬 가장 좋은 소재였다. 그러나 나를 항복시키진 못했다. 꼬리뼈가 금이 가는 부상은 수감생활 내내 그리고 출소 후에도 고통을 주었지만, 사실무근인 김대중 내란에 억지로 연루되는 것보다는 훨씬 긍지가 있었다.

사실 나는 그때까지 김대중 씨를 만난 적이 없었다. 학생운동은 그 자체로 순수해야 한다고 믿었다. 그런 강한 믿음이 모진 수사과정을 이겨낸 힘이 됐는지도 모른다.

성북경찰서 유치장으로 온다는 것은 더 이상 내란죄를 추궁당하지 않는다는 것을 의미했다. 그런 의미에서 지옥에서 천당으로 간 것 같은 안온함이 생겼다. 어쨌든 모교 고대가 있는 성북구로 온 것이니까, 그리고 그 지긋지긋한 고문의 공포에서 해방된 것을 의미하니까. 무엇보다 부모님을 비롯한 친구들이 나를 면회 올 수 있었기에 마음이 편안했다. 예정된 감옥살이가 까마득한데도 아무 걱정이 안 됐다. 그만큼 합수부의 생활이 고통 그 자체였다.

성북서에서 나는 계엄포고령 위반으로 기소돼 지금은 폐쇄된 서대문구치소로 옮겨졌다. 그곳에서 진행된 육군보통군법회의에서 나는 징역 3년을 구형받았고, 실형 1년 6월을 선고받았다. 서대문구치소에 수감된 학생들은 일제히 샤우팅[1]을 하며 정부에 항의하기도 했다. 결국 항의하던 우리 모두는 끌려 나갔고, 나는 안양교도소로 이감됐다. 그리고 마지막에는 다시 의정부교도소로 이감됐다.

우리는 《메아리》라는 노래책을 한 권씩 들고 노래를 부르며 마음을 달래기도 했다. 교도관의 눈을 피해 식빵 등으로 막걸리를 만들어 먹기도 했고, 담배를 구해 화장실에서 돌려 피우다 어지러워 기어 나오기도 했다. 운동도 열심히 하고 책도 많이들 봤다.

나는 일본어 한자 읽기 사전을 구해 일본책을 읽기 시작했다. 일본책 학습은 그동안 몰랐던 여러 사상적 흐름을 이해하는 데 도움을 줬다. 나는 일본어를 읽으면서 주로 정치경제학, 경제사, 역사, 철학, 제 3세계, 한국사 등을 공부했다. 서양경제사에 대해서는 여러 종류의 책을 정독하며 토론하기도 했다. 아마 그때처럼 책을 많이 읽은 적은 없었다.

우리는 밖의 정세를 알려고 노력했으며 어느 대학이 데모를 하는지 궁금해 하기도 했다. 또 앞으로 어떻게 살 것인지 많은 논의를 했다. 엄혹한 시기에 무엇을 하며 살아갈지는 모두에게 중요한 문제였다. 공개운동과 비공개운동에 대해 의견을 나누고 서로의 장단점을 지적하기도 했다.

---

1 재소자들이 처우개선 등을 요구하며 수감된 방에서 집단으로 소리를 지르고 소란을 피우는 행위를 말한다.

나는 공개운동 출신이지만 그 시기 노동운동 등 기층운동에 더 관심을 가졌다. 소외된 사람과 함께하면서 이 정권과 평생 싸우겠다고 다짐했다. 그때 지금까지 내가 가진 모든 것을 버릴 수 있다고 생각했다. 보통 사람들이 누리는 보통의 삶조차도 나에겐 사치스럽게 느껴졌다. 그만큼 나는 큰 상처를 받았다.

그리고 이 세상은 장난이 아니며 광주에서 군대가 학생과 시민에게 가차 없이 움직였듯 나도 감성을 버리고 냉철하게 사물을 바라봐야 한다고 결심했다.

선생님, 아버지

아버지는 내가 태어날 때부터 이미 초등학교 선생님이셨다. 젊었을 때 사진을 보면 영화배우처럼 잘 생겼다. 선생님들과 함께 찍은 사진을 보면 아버지 혼자 눈부시게 빛나는 듯했다. 그러나 세월이 흐르면서, 아버지 표현대로라면 너무 마른 모습을 남들에게 보이는 것이 싫어 해수욕장을 가지 못했다. 나는 "다른 친구 아버지처럼 우리 아버지도 살 좀 찌고 많이 드시고 배도 좀 나오면 좋겠다"고 말한 적이 여러 번 있었다.

아버지는 80년 당시 아들을 위해 김상협 당시 고대 총장과 김옥길 문교부 장관을 만났다고 했다. 그러나 신군부가 자신들의 집권을 합리화하려 혈안이 돼 있던 때라 아들에 대한 아버지의 '선처' 호소가 먹혀들지 않았다. 그럼에도 아버지는 이리 뛰고 저리 뛰며 혼신의 노력을 다했다.

아버지는 나 때문에 정부로부터 사표 제출을 강요받았다. 아버지는 거부했다. 그러자 정부는 아버지를 낙도나 산골 외진 학교로 발령을 내 스스로 그만두게 하려고 했다. 그러나 아버지는 오히려 낙도생활이

나 외진 산동네 생활을 즐겨하시며 결코 사표를 내지 않았다. 아버지는 타고난 부지런함과 노동친화적 생활 태도를 유감없이 발휘했다. 학교 앞 텃밭에 야채를 몸소 심어 가꾸고 주위 사람과 나눠 먹었다. 닭 같은 가축도 길러 주변 농민들과 계란을 나누어 먹으며 정부의 부당한 인사이동을 견뎌 나갔다.

정부의 사표 압력 속에 외진 낙도나 산골 벽지에 유배된 아버지는 어머니와 달리 서울, 안양, 의정부교도소에 수감된 아들을 쉽게 면회 올 수 없었다. 그러던 어느 날 내가 의정부교도소에서 '처우개선'을 내걸고 단식투쟁을 하다 단식을 풀고 복식중일 때 놀랍게도 아버지가 면회를 왔다. 피골이 상접한 내 얼굴을 아버지는 그냥 살펴보았다. 그리고 습관처럼 어금니를 몇 번 꽉 깨물더니 그냥 "밥 잘 먹어라" 하고는 한참을 서 있더니 그냥 나가시는 것이었다. 나는 아버지가 우시는 것이라고 생각했다. 나도 한참을 면회장 안에 서 있다가 감방으로 돌아왔다.

서울구치소에서는 과실범들(주로 운전기사)과 합방을 했고, 안양교도소에서는 학생들과 같은 방을 썼지만, 의정부교도소에서는 독방을 썼으므로 남 몰래 울 수 있었다. 한 교도관이 나에게 다가와 말했다.

"아버지가 담배 한 보루 아들에게 준다고 가져왔어요. 영치담당이 교도소 안에서는 담배를 피우지 못한다고 했더니 너무 실망한 채 돌아가시며 가져온 담배를 그냥 가져갔어요."

아들이 담배를 많이 피우는 것을 아시는 아버지는 아들을 위해 담배 한 보루를 가져왔지만 거절당하자 많이 당황했을 것이다. 그날 아버지는 평생 피우던 담배를 끊었다고 했다.

아버지는 늘 엄격한 태도를 보였지만 사실은 마음이 약했으며 어떤 면에서는 여성스러웠다. 감수성이 예민해 작은 것도 그냥 지나치지 못해 노심초사하는 그런 분이셨다. 그런 아버지가 광주항쟁 기간에 아들이 고대생들과 함께 광주에 왔다는 소문을 듣고 어떤 반응을 했을까.

아마도 성격이 무던한 어머니를 탓하시고 어머니께 자신의 유약함을 떠 넘겼는지도 모른다.

어머니를 통해 수감된 아들 소식을 듣다가 처음으로 면회 와서 아들한테 담배 한 보루 영치하려다 거절당하자 일생을 피워온 담배를 끊는 심정은 어떠했을까. 가슴속 슬픔을 떠넘길 어머니도 없이 아버지는 차도 타지 않고 얼마간 걸어가고 있을 것 같았다.

여기서 잠깐 나의 아버지를 소개한다. 나의 아버지 신원식(申源植)은 일제 치하인 1920년 빈곤한 농민의 5남(연식, 평식, 원식, 운식, 장식) 중 3남으로 함평군 학교면 금송리 속금산 자락 반송부락에서 태어났다. 빈곤이 안방의 맷돌처럼 떠나지 않던 그 시절, 아버지 형제들은 벼로 가마니를 짜서 학다리 장에 내다팔아 약간의 쌀을 사 식구들의 끼니를 때웠다고 한다. 일제 때 아버지의 두 분 형님(연식, 평식)은 일본 탄광으로 징용을 갔다 해방 후 돌아왔다. 아버지 형제들은 우애가 좋았다.

아버지 형제들 말에 따르면 닭이 머리에 올라가도 이를 모르고 책을 읽던 아버지는 해방 후 형제들 중 유일하게 초등학교 교사가 됐다. 아버지는 월급을 받으면 할머니가 계시는 큰형님 집에 맡기시는 바람에 어머니의 원성도 샀지만 형제간 우애는 남달랐다.

나는 어렸을 때 여름방학이 되면 내가 살던 월야에서 아버지의 형님 두 분이 위아래서 살고 계시는 학교면 반송부락으로 아버지를 따라갔고 그곳에서 여름방학의 대부분을 보냈다. 비슷한 또래인 수길, 승태 등 사촌들은 생년월일을 따져 나를 형으로 잘 대접했다. 누나가 되는 명순, 명신, 정희 등과 예쁜 여동생들인 명희, 덕순, 윤자, 명숙, 연옥 등 사촌동생들과 함께 놀며 여름을 보내곤 했다. 가끔은 내 동생인 순애, 순자, 성륜, 평륜 등과 함께 가기도 했다. 우리가 함께 모이면 1

개 소대쯤은 됐고 특별한 놀이문화가 없던 그 시절 우리는 뒷동산에 가서 병정놀이를 하기도 했다. 여름방학 때 모든 사촌들이 다 모이게 한 것은 아버지 형제들의 우의를 과시하는 것이고 사촌들끼리 우애 있게 살라는 나름의 가르침이었다.

큰아버지 신연식에게는 명호라는 아들이 있었다. 그 형은 공부를 아주 잘해 아버지 형제들의 기대를 한몸에 받았다. 광주일고에 합격해 그 일대에서는 소문이 자자했다. 명호형은 얼굴이 희고 잘 생겼으며 키가 아주 크고 목소리도 뚜렷해 누가 봐도 특출나 보이는 사람이었다. 그런 명호형을 아버지는 너무 좋아했고 여러 가지 지원을 아끼지 않았다. 그러던 형이 광주일고에 다닌 지 얼마 안 돼 폐결핵에 걸리고 말았다. 모든 정성을 다해 치료했지만 결국 형은 세상을 떠나고 말았다. 이 일은 아버지를 크게 낙담시키고 큰아버지 가족을 포함한 가족 모두에게 오랜 기간 좌절과 슬픔을 안겨줬다.

아버지는 나를 무척 사랑했다. 1학년에서 5학년까지 시골학교인 월야초등학교 반장을 하는 나를 무척 자랑스럽게 생각했고, 5학년 때는 나의 장래를 위해 광주 계림초등학교로 전학을 보냈다. 주말에 내가 월야에 오면 아버지는 나를 아버지 옆에 눕게 하고 주무셨다. 가끔은 나를 안고 주무시거나 내게 발을 올려놓는 바람에 꼼짝 못했지만 아버지가 깰까봐 숨죽이며 있었던 기억이 여러 번 있다. 아버지는 여름철이면 나를 먹이기 위해 기르던 닭을 직접 잡곤 했다. 다 같이 먹기는 했지만 제일 맛있는 부위를 나에게 먼저 건네줘 동생들의 원성을 사기도 했다.

아버지는 학교에서는 매우 엄해서 칼 같이 무서웠던 선생님으로 기억됐다. 그러나 말년에 이르러서는 너무 부드러워져서 선생님이 아니라 아버지 같았다고 후배들은 기억한다.

또 아버지는 몸소 일하는 것을 누구에게나 장려했고 항상 솔선수범

했다. 학교수업이 끝나면 집으로 와 삽을 들고 채소밭을 일구었으며 채소 중에서도 무잎을 배추나 상추와 싸먹는 것을 좋아하셨다. 나는 아버지가 싸주는 쌈 속에 무잎이 들어가면 무잎에 난 가시가 목에 걸릴까 걱정했다.

아버지가 일하러 나가면 나는 따라갔다. 따라오지 말라는 말은 하지만 내가 따라가면 좋아하시는 것을 알고 있었다. 특히 삽 하나로 넓은 밭을 일구는 작업은 아버지 혼자하기엔 힘에 부쳤다. 아버지가 쉬는 동안 내가 삽을 들고 땅을 파면 아들을 흐뭇하게 바라보시곤 했다.

아버지는 언젠가 마을들판 너머 앞산 가는 길에 있는 두 마지기 논을 샀다. 아버지는 그 논을 손수 경작했다. 힘든 일이었지만 우리 식구 먹는 식량은 자신의 손으로 직접 경작하겠다는 의지가 강했다. 무슨 특별한 사상이라기보다 너무 가난해서 밥을 제대로 못 먹던 시절의 뼈저린 경험 때문이 아닐까 생각했다.

내가 앞산에 놀러 갈 때, 특히 가을 들판에서 일하는 아버지와 동네 사람들을 보는 것이 너무 즐거웠다. 해맑은 얼굴로 손을 잡고 "어쩌면 손이 이리 곱냐"고 말하시던 아주머니들을 상상만 해도 즐거워진다. 아버지와 함께 돌아오는 길에 논에 떨어진 벼이삭을 한 움큼 줍고 집에 와 마루에 놓고 저녁 식탁을 기다렸다.

아버지와 달리 자주 나를 면회 오시는 어머니 이야기도 잠깐 해야겠다. 나의 어머니 장정림(張正林)은 아버지보다 8년 늦은 1928년 나주에서 태어났다. 내가 어릴 때 큰집에 가면 사람들이 어머니를 "도장굴댁"이라고 부르는 걸 들었다. 어머니 설명에 의하면 나주 문평에 도장골이라는 동네가 있는데, 그 근처에서 낳고 자란 데서 연유한다고 했다. 어머니는 소녀시절 부모님과 어린 동생인 창복, 복환, 복남 등과 함께 해남으로 이사왔다. 그리고 해남에서 교편을 잡고 계시던 아버지를 만나 결혼했다.

해남 외가에 가면 나는 외할머니를 뵙곤 했다. 얼마 전에 돌아가신 외할머니는 생전에 매우 건강하시고 말도 카랑카랑해 내게 지난 이야기를 즐겨 해주셨다. 주로 어려운 시절 아버지와 어머니가 만나 살아간 이야기, 외할머니가 도움준 이야기 등이었다. 삼촌들은 모두 열심히 일하셨다. 창복 외삼촌은 해남에서 외할머니를 모시고 농사를 지었고, 복환 외삼촌은 목포에서 소장수를 하다 목장을 운영했다. 가끔 내게 용돈을 주며 공부 잘하라고 격려해주셨다. 복남 외삼촌은 내가 고등학교 때 한때 자취를 같이하며 꿈을 키우기도 해 가장 격의 없이 지냈다.

어머니는 명절이 되면 시골장에 가 옷감을 사온 다음 재봉틀로 우리들의 옷을 손수 만들어 주셨다. 나는 옷감이 옷으로 변하는 것을 신기하게 바라보며 '어머니는 정말 기술자'라고 생각했다. 우리는 설과 추석명절 때 어머니께 받은 옷으로 그 절기 내내 입고 지냈다. 아마 어머니가 옷 만드는 공장을 했다면 크게 성공했을 것이라고 생각한다.

어머니의 면회는 면회의 총화(總和)였다. 나를 면회하기 어려운 친구들이 어머니를 통해 소식을 전해오기 때문에 나를 아는 사람들의 소식을 모두 듣는 자리가 됐다. 이 중에는 내게 끊임없이 새로운 책을 보내준 고마운 친구도 있다.

수감 중 나에 대한 부모님의 마음은 아주 각별했다. 나는 비할 바가 아니었다. 80년과 서울의 봄과 광주항쟁 그리고 그 이후 수감 중 너무도 마음고생 많았을 아버지와 어머니를 생각하며 두 분의 아주 작은 일부를 수감생활의 기록에 남긴다.

장발장이라는 별.

군인들이 별을 달면 장군이라 하고, 사람이 수감돼 전과자가 되면 별을 단다고 한다. 교도소에는 별 하나에서 여러 개의 별을 단 수감자까지 있어 별들이 많다고 할 수 있다.

이렇게 별들이 많은 안양교도소에서 나는 비온 뒤 맑게 갠 어느 여름날 밤 이번에는 하늘에서 문자 그대로 쏟아져 내리던 별을 보았다. 모두 잠든 깊은 밤 나는 내 눈을 의심케 하는 밤하늘 별의 군무(群舞)를 보았다. 내가 군 신병교육대에 있을 때 강원도 양구에서 보았던 별밤과도 다르고 어릴 적 월야에서 보았던 별밤과도 다른 이날 밤 별들의 향연은 정말 놀라웠다. 수많은 별들이 문자 그대로 하늘에서 아우성을 지르며 지상으로 군무를 하고 있었다.

그날 밤 그 하늘은 다른 사람이 모두 잠든 사이 나만 홀로 한밤중에 깨워 잠 못 들게 하는 기적을 주었다. 나는 밤하늘을 하염없이 쳐다보며 온갖 상상의 나래를 폈다. 그러다가 다시 잠자리에 누워 뒤척이다가 문득 내 눈에 그 전날 어느 학생이 넣어준 3권의 책이 눈에 띄었다.

소설 《레미제라블》이었다.

나는 다시 일어나 하늘의 별들이 일제히 소리 지르며 일러준 소설 《레미제라블》을 읽기 시작했다.

그리고 그 속에 등장하는 위대한 별 장발장 이야기에 나는 푹 빠져들고 말았다. 빅토르 위고의 그 책은 18세기 혁명의 시대 프랑스 사회를 정말 섬세하게 그리고 있었다. 그것도 무슨 혁명이론이 아니라 천차만별로 살아가는 사람들을 통해, 혁명시대의 각양각색의 사람들을 통해, 마치 내가 그때 그곳에 있는 것처럼 프랑스 사회를 알기 쉽게 묘사하고 있었다. 제국의 군대와 맞선 파리 혁명군의 모습도 바리케이드전과 함께 생생히 보여줬다.

무엇보다 청년, 장년, 노년을 거치며 오히려 더욱 깊어지는 인간에 대한 장발장의 깊은 사랑과 숭고한 희생적 삶에 대해 책장을 넘길 때마다 내 마음이 일체가 되는 것을 느꼈다. 온갖 박해에도 불구하고 오히려 뒤를 쫓는 자베르 경감을 자신의 맑은 영혼으로 굴복시키는 전과자라는 별, 장발장의 인간 승리의 대서사시는 나를 전율케 했다. 한 문장 한 문장마다 담긴 펄펄 살아있는 다양한 사람들의 생생한 숨결은 빅토르 위고야말로 바로 인간과 사회를 제대로 보는 위대한 작가라는 사실을 보여주고 있었다.

어릴 적 읽었던 축약본에서는 보지 못했던 고난에 찬 인생여정, 그러나 그 속에서 오히려 그토록 빛나는 장발장의 아름다운 영혼, 그리고 그의 끝없는 용서와 절제된 사랑에 대해 나는 한없이 매료됐다.

그날 하늘의 별이 일러준 장발장이라는 별은 지금도 내게 하늘에서 가장 찬란히 빛나고 있다. 비록 소설이지만, 철저하게 사회로부터 소외당하면서도 오히려 아름답고 순결한 영혼으로 이 사회를 구원해 나가는 장발장의 모습이야말로 이 세상은 살 만한 충분한 가치가 있다고 말하기에 부족함이 없기 때문이다.

그리고 의정부 교도소에서 내 가슴을 울린 다른 별들의 이야기를 두 가지만 하겠다.

노인별 이야기다.

70이 넘은 것으로 보이는 노인별은 안양교도소를 떠나 의정부교도소로 이감된 1981년 무렵에 보게 됐다. 이감된 지 얼마쯤 지난 날 옆 방문(독방)을 여는 소리가 나더니 수감된 노인을 심하게 야단치며 끌어내는 교도관의 소리가 들렸다.

나는 그때까지 옆방에 수감자가 누구이며 무슨 죄목인지 알지 못했으므로 별 관심을 두지 않았다. 하지만 관찰통으로 밖을 내다보니 복도에서 그 노인은 교도관과 다투고 있었다. 내용은 그 노인이 매번 화장실(구식변기)을 거꾸로 앉아 변을 보기 때문에 곤란한 일이 생겨 그것을 바로 잡아주려 한다는 것이었다. 그때 보니 가슴에 빨간딱지를 달고 있었다. 국가보안법 위반인 것이다.

나는 교도관에게 그 노인의 국가보안법 위반 내용이 뭐냐고 물었다. 월북기도라고 했다. 나는 그 노인을 며칠 동안 관찰하다 어느 날 운동시간을 이용해 자초지종을 물어보았다. 내용은 이랬다.

그 노인은 원래 이북출신인데 온 가족과 함께 월남하다 전쟁 통에 미국 폭격기의 공습에 자신만 살고 모두 죽었다. 운이라고 생각하고 이것저것 다해보고 결혼도 했지만 생기는 자식도 없이 세월을 보냈다. 나이가 들어 쓸쓸해지자 이북으로 넘어가 고향땅에서 죽어야겠다고 생각했다. 그래서 노인은 산을 넘어 한참을 걸어가다 부대가 보이자 초병에게 "여기가 이북입니까" 물었고, 그 군인은 노인을 체포했다. 노인이 국가보안법 위반이라는 별을 달게 된 이유다. 노인의 기소장엔 그저 '월북을 기도한 자'라고만 돼 있었던 것 같다.

연세가 많고 정신도 온전한 것 같지 않아 도와주려 했지만 노인은 도무지 도움을 받으려 하지 않았다. 그 노인은 나를 만날 때마다 "전쟁이 나면 대추나무로 도끼자루를 만들어 산속으로 들어가야 한다"는 알 수 없는 말만 반복했다.

그리고 그해 겨울 나는 출소했기에 그 뒷이야기는 알지 못한다.

소년별 이야기다.

이 소년도 내가 의정부교도소로 오기 전 먼저 수감돼 있었다. 역시 가슴에 빨간딱지를 달고 있어 국가보안법 위반인 것을 알았지만 그 소년은 누구와도 말을 하지 않았다. 교도관 말로는 파출소인가 지서인가를 불 지르려고 했다는 것이다. 내가 먹을 것을 줘도 먹지 않았고 나를 봐도 모르는 체했다. 무언가 결심이 선 사람의 표정 중 가장 완고한 표정이었다.

그러던 어느 날 그는 법정에서 3년 이상의 중형을 선고받았다. 실제 불을 지르지는 않았지만 불을 지르고 월북하려 했다는 것이다. 나는 그날 재판정에서 돌아오는 그 소년의 눈에서 처음으로 당황과 공포의 기색을 보았다. 통방을 시도했지만 응답이 없었다. 다음날 운동시간에 소년을 불렀다. 그의 흐트러진 모습이 안쓰러워 어떻게 된 건지 물었다. 소년은 동그란 눈에 눈물을 보이며 다음과 같이 말했다.

원래 그 소년은 집안이 가난하고 공부도 잘 못해 진학을 단념하고 남의 농사일을 도우며 살아가는 시골소년이었다. 그런데 어떤 기회에 뒤늦게 광주항쟁 이야기를 들었다. 어린 그는 경찰과 군인은 나쁜 놈들이라고 생각하고 파출소에 전화를 걸어 "광주에서 사람을 죽인 경찰에게 복수하기 위해 파출소를 불 지르겠다"고 말했다 한다. 그리고 실제로 휘발유를 사러가는 도중 붙잡혔다고 했다. 왜 월북 이야기가 나왔는지는 자세히 알 수 없었지만, 불을 지르고 갈 데가 없으면 북으로 가려 했다고 말했던 것으로 기억한다. 이 소년별도 내가 그 겨울에 출소하는 바람에 결말을 알지 못한다.

다른 교도소에서도 안양교도소에서 본 별만큼이나 많은 이야기를 접했다. 그 이야기들은 바람을 타고 우리 일상에 들어와 우리 주변에 전설처럼 살며 우리 역사의 일부를 이룬다. 나도 이제 그중 하나가 됐다. 빅토르 위고가 쓴 프랑스 감옥 이야기처럼 말이다.

쓸쓸한 출소

1982년 나는 의정부교도소를 출소했다. 내란죄로 기소된 사람들도 대부분 81년 5공화국 출범과 함께 또는 8·15특사로 먼저 출소했지만 나는 수사관의 말대로 특사에서 제외됐다. 5공화국 출범 특사 직후 국정원에 있던 선배가 안양교도소로 찾아와 내가 수사(내란죄)에 협조를 안 하고 서울역 시위에서 철수 반대를 한 강경파라는 이유로 당시 청와대 최종 조율과정에서 제외됐다며 다음 특사 때는 꼭 들어갈 것이라고 말했다. 개의치 않았다. 그러나 나는 8·15특사에 포함되기는커녕 오히려 의정부교도소로 이감됐다 만기출소했다.

나는 누구에게도 연락하지 않았기에 아무도 내가 출소하는 것을 몰랐던 것 같다. 단지 어머니만 그 추운 겨울 새벽 눈보라 속에서 나를 기다리고 있었다. 같은 하늘 아래 살지 않겠다고 맹세한 이 세상에 나는 다시 홀로 던져진 것이다. 정말 쓸쓸한 출소였다.

4

저 낮은 곳을 향하여

80년 서울의 봄과 피 맺힌 광주항쟁 이후의 세월은 내가 어디에 있든 어둠의 세월이었다. 빛을 잃어버린 하늘, 땅 그리고 그 위에서 사는 사람과 그들이 만든 문명도 어둠뿐이었다. 적어도 내게는 그 세월이 그랬다. 나는 초・중・고등학교 그리고 대학을 다니며 많은 친구를 사귀었지만 출소 이후부터 친구와의 만남을 삼가고 꼭 만나야 할 친구만 만났다.

그것은 내 나름대로 군사독재와 일생을 건 싸움을 시작했음을 의미했다. 나뿐만이 아니고 수많은 선배, 친구, 후배들이 그 대열에 동참했다. 그들은 학원에서, 공장에서, 거리에서, 농사지으며 그 싸움을 준비하고 또 준비해나갔다. 한 사람이 현장에 터를 잡으면 그 뒤를 이어 후배가 들어와서 그 숫자는 점차 눈덩이처럼 커졌다. 일하는 사람이 늘어나자 그 주변에 그들을 지원하는 사람도 늘어났다. 직접 참가는 못하지만 직장에서, 심지어는 공직에 진출해서도 연관을 가지고 꿈을 공유하려 노력하는 사람들이 늘어났다. 그런 덕에 재정적 지원도 늘어나 여러 활동가들을 지원할 수 있었다.

이런 가운데 1984년 4월 12일 대학을 졸업하고 구로공단에 취직해 일하고 있던 여성 활동가 김유미와 결혼했다. 당시 그녀는 군사독재정권과의 장기전에서 노동운동에 투신한 선두 활동가 중 한 사람이었다. 말이 그렇지 대학을 졸업한 사람이 목적의식을 가지고 공장에 들어가 수년을 살아간다는 건 쉽지 않다. 남들은 위장취업이라고 하지만 그녀는 자기 실제 이름으로 당당히 취업해 1년 이상 근무하고 있었다. 소그룹을 만들고 노조 결성에도 도움을 줬다. 이른바 현장파 중 드물게 성공적으로 현장에 정착한 경우였다.

그러나 직업 없이 결혼생활을 유지하기란 쉽지 않았다. 최소비용으로 살아가지만 허리띠를 더 졸라매야 했다. 결혼 직후 11평형 잠실 주공아파트에서 전세를 살던 나는 1984년 12월 잠실보다 조금 싼 전세 500만 원짜리 봉천동 지하방[1]으로 이사했다. 봉천동 방은 불편하기 이를 데 없었지만 당연한 것으로 여기고 감사하며 지냈다. 우리뿐만 아니라 새로운 전선을 찾아 나서려는 후배들까지 들어와 매일 함께 지냈다.

그렇게 살면서도 아내는 구로공단으로 출근하며 일을 했고, 1985년 12월 큰 아들 경수를 낳았다. 그리고 나는 복학이 허용돼 11년 만에 대학을 졸업했다.

1986년 1월 한국노총에 다니던 한 운동가의 도움으로 노총이 인천 북구 가좌동에 지은 노동자 장기임대주택 '한마음아파트'에 입주했다. 한겨울에 온기 없는 봉천동 지하셋방에서 잠을 잘 때 갓 태어난 아이가 이불속에서 덜덜 떠는 모습을 본 나는 그해 겨울 이사를 서둘러 한마음

1 우리가 이사한 봉천동 방은 지하에 일자 형태로 2개의 방이 있었다. 지하실에 세든 전 세대가 안쪽에 수도꼭지 하나 달린 공동화장실을 사용했으며 바깥에 있는 수도꼭지 하나 달린 공동세면장 역시 모든 세대가 함께 이용했다.

아파트에 입주했다. 얼마나 서둘러 이사했던지 미처 마르지 않은 방바닥을 열풍기를 돌려 말렸다. 아마 우리가 한마음아파트 첫 입주자였을 것이다.

집값을 25년 동안 분할납부해야 하는 상황이었지만 안정적인 거주지가 생긴 것에 가슴 뿌듯하고 벅찼다. 나는 본격적으로 노동자를 비롯한 서민과 어울려 살기 시작했다. 출산 때문에 구로공단을 그만두었던 아내도 인천으로 이사하고 나서는 노동자와 어려운 사람들을 돕는 일을 다시 시작했다.

인천에서 부평과 부천지역 그리고 검단 등지를 오가며 여러 가지 일을 모색했다. 학생운동에도 관심을 가졌지만 나의 일차적 관심은 당시 최악의 상황에 놓인 노동자·도시서민과 의식주를 함께하며 그들의 권리를 올바로 세우는 데 있었다.

6월항쟁 전 해인 1986년 통계를 보면 생산직노동자 임금이 23만 원(전 직종 평균 29만 원), 노동시간은 주당 54.4시간(ILO 보고서)으로 세계 1위를 다퉜고, 산업재해로 숨지는 노동자가 한 해 2천여 명에 육박해 노동현장의 비참한 사정을 잘 보여주고 있었다. 고질적 직업병인 진폐환자는 한 해 4천여 명에 이르렀다.

나는 이들의 민주적 권리 확보와 생존·생활상의 임금보장 그리고 작업환경개선 없이 우리나라의 발전은 없다고 확신했다. 이들이 무권리 상태에 있는 한 한국의 민주주의는 없다고 생각했다. 그들의 고통은 공장 내로만 국한되지 않았다. 어떻게든 비용을 줄이고 돈을 벌어 시골의 부모님을 모시고 동생들의 학비를 만들어보려는 형들과 누나가 있는 한, 공장 밖에서도 죽음 같은 위험이 도처에 널려 있었다. 86년 어느 신문에 실린 눈물겨운 이야기는 당시 우리 주변의 일상적인 일이었다.

"못다 편 채 꺾인 날개"라는 제목의 박스기사는 꿈 많던 10대 근로소녀 3명이 벌집생활 끝에 연탄가스에 중독돼 사망한 기사를 다음과 같이 싣고 있다.

"15일 새벽 서울 영등포구 대림동 대림성모병원 영안실. 연탄가스에 중독돼 숨진 10대 근로소녀 3명의 영정이 촛불이 타는 가운데 나란히 걸려 있었다. '여름휴가 때는 고향에 내려온다더니 …,' '제 힘으로 돈 벌어 학교까지 다닌다고 얼마나 대견해했는데 ….' 충북 제천에서 딸이 숨졌다는 소식을 듣고 달려온 박옥순 양(18세)의 어머니 안 씨(58)의 얼굴은 눈물로 얼룩져 있었다.

박 양 등 3명의 근로소녀들은 14일 아침 숙소인 서울 구로구 가리봉동 147 하모 씨(50)의 집 지하셋방에서 연탄가스에 중독돼 숨진 채로 발견됐다. 이들은 구로공단내 봉제하청업체인 B실업에서 미싱보조사로 일하며 H여상 야간부에 다녔다. 이들이 이날 아침 출근하지 않자 '웬일인가' 하고 자취방에 찾아갔던 회사의 한 직원에 의해 발견됐다. 세 소녀의 영정 앞에는 각기 회사와 학교 관계자들이 보낸 조화들이 세 개씩 놓여 있었다. 모두 시골 출신인 세 소녀는 고향에서 중학교를 마친 뒤 가난 때문에 진학을 못한 채 상경했다. 낮에는 B실업에서 일당 2,600원씩을 받고 일하면서 지난 해부터 H여상 야간부에 다니고 있었다. 종일 일에 시달려 피곤하기는 했지만 꿈을 키우는 재미에 견딜 수 있었다.

회사에서 마련해준 월세 5만 원의 한 평 반짜리 기숙사 대용 셋방의 앉은뱅이책상엔 교과서와 참고서들이 가지런히 꽂혀있었다. 때 절은 캐시밀론 이불 2장, 베개 3개, 비키니 옷장과 책가방이 가재도구의 전부였다. 달력 한 장이 외롭게 걸려있는 벽 한편에는 빅토르 위고의 〈내 노래에 날개가 있다면〉을 곱게 베껴 쓴 종이쪽이 유서처럼 걸려있었다.

이들이 숨진 방은 20개의 방이 들어있는 '벌집'의 지하에 위치해 있었다. 굳게 닫힌 소녀들의 방문위엔 '지-6'(지하 6호실이라는 뜻)이란 푯말이 붙어 있어 허름한 여인숙처럼 느껴졌다. 방문 앞엔 주인 잃은 세 켤레 6짝 흰

운동화만 덩그러니 놓여있었다."

(〈대구매일〉 86년 12월 9일 기사)

이처럼 당시 노동자들은 하루 5명꼴로 공장에서 재해로 숨졌고 공장 밖에서도 어떠한 보호도 받지 못한 채 위와 같은 죽음의 위험에 항상 노출돼 있었다.

그뿐만이 아니었다. 아이를 가진 노동자들의 고통은 말로 형용하기 어려울 정도였다. 내가 큰아들 경수를 당시 주안공단 근처에 있는 어린이집에 맡기고 나오다가 한 아이의 자지러지는 울음소리를 들었다. 내 앞의 전봇대 뒤에서 차마 발걸음을 옮기지 못하고 울고 있는 그 아이의 어머니를 본 적이 여러 번 있다.

나는 당시 공단 등을 돌며 사람들을 만나고 이야기하며 학생운동 때는 전혀 알 수 없었던 인권과 민주주의의 사각지대를 무수히 만났다. 참담한 느낌 때문에 여러 번 활동을 중단한 적도 있었다. 그러나 생각하면 할수록 지금, 여기 노동자와 서민의 문제야말로 우리 인권과 민주주의의 핵심이라는 결론에 이르렀다.

나는 다시 일어나 현장으로 나가곤 했다. 몇몇 활동가들과 교류하며 정보를 수집하고 시국과 당면한 문제에 대해 토론하면서도 나는 어떤 특정한 단체에 들어가지는 않았다. 여러 유형의 사상적 스펙트럼이 있었지만 나는 사고와 행동에서 자유롭고 싶었고 이론적 탐구욕이 많았지만 강요하거나 강요받고 싶지 않았다. 나는 언제나처럼 나 스스로 자유롭게 느끼고 내 감성에 자유롭게 의지하고 싶었다.

당시 구로공단과 영등포 일대 그리고 부천 인천지역에는 나같이 활동하는 활동가의 숫자가 수천 명에 이르렀을 것이다. 그들은 누가 시켜서가 아니었다. 스스로 우리 사회를 변화시키려는 꿈을 안고 구로로, 영등포로, 부천으로, 부평으로, 인천으로, 안산으로, 수원으로 자꾸만 내려갔다. 그들은 지극히 헌신적으로 활동하며 공장안에서 또는 밖에서 노동자들을 돕고 지원하며 직접 노조결성에 뛰어들었다. 또한 주변의 서민들과 함께 어울리며 스스로 '저 낮은 곳을 향하여' 나아가며 그곳 현장에서 장차 군사독재와 대항할 힘을 기르고 있었다.

1986년 5·3사태[2]는 이와 같이 '저 낮은 곳을 향하여' 나아가는 활동가들의 성장을 보여주는 동시에 분파의 위험성도 드러냈다. 이런 가운데 운명의 87년은 말없이 다가왔다.

6월항쟁과 노동자

나는 인천에서 87년을 맞았다. 수많은 청년 엘리트들이 각고의 세월동안 서로 각개약진하며 또는 단체를 결성하며, 대한민국 전역에서 와신상담(臥薪嘗膽) 마음을 다지며, 저 낮은 곳을 향해 살면서 자신의 지역에서 87년을 맞았듯, 나도 광주항쟁으로부터 7년이 지난 87년을 인천에서 맞았다.

그 세월동안 많은 사람들이 운동을 포기하고 일상으로 돌아갔지만 더 많은 사람이 새로 대열에 들어왔다. 80년 이대에서 경찰과 군인에 의해 강제해산되고 체포된 전국대학생대표자회의는 7년의 모색과 성장을 거치며 87년 6월항쟁을 계기로 전국대학생대표자협의회로 강력

---

2 1986년 5월 3일 인천 신민당 개헌 현판식에서 청년 학생 노동자들이 경찰과 격렬하게 충돌한 사건. 이 일을 계기로 서울노동운동연합(대표 민종덕), 인천지역노동자연맹(대표 양승조), 전태일기념사업회(대표 문익환), 청계피복노조(대표 황만호), 한국노동자복지협의회(대표 방용석) 등 14개 노동운동단체가 정부로부터 해산명령을 받았다. 그 단체들은 지하화했다.

하게 다시 태어나며 민주화 운동의 선봉에 섰다.

그리고 무엇보다 사무직을 포함한 노동자들이 점차 조직화하기 시작하면서 시민들의 합류가 늘어났다. '아무리 노력해도 대중은 자기 이해에만 충실할 뿐'이라며 체념하기도 했던 바로 그 대중이 우리가 모르는 사이 우리 앞에 달려가고 있었다.

1987년 1월, 서울대 학생 박종철 군이 사망했다. 나도 80년 합동수사본부에서 물고문을 지긋지긋하게 경험했다. 박종철 군 사망 소식은 나에게 본능적인 증오와 격분을 일으켰다. 더구나 수사관이 '탁'하고 책상을 치고 '억'하고 쓰러졌다는 경찰 발표는 웃지 못할 기막힌 희극이었다. 축소·은폐를 거듭하던 경찰은 5월 18일 천주교정의구현전국사제단 김승훈 신부의 폭로로 독재정권의 하수인으로서의 본질을 세상에 드러냈다.

광주항쟁이 시작된 역사적인 날인 5월 18일 당시 통일민주당과 공개운동단체인 민통련이 상부의 연대전선으로서 '민주헌법쟁취 국민운동본부'를 결성했다. 거듭되는 집회와 시위는 "독재 타도" "호헌 철폐"로 집약됐다. 6월 9일 경찰이 쏜 최루탄에 맞아 연세대 학생 이한열 군이 사망했다. 시민들은 더 이상 참지 않았다. 들불처럼 활활 타올랐다. 6월 10일 학생 시민들은 시청 앞 광장을 메웠다.

나는 그날 시청 앞 광장에 서서 지금부터 7년 전 80년 5월 15일 서울역 시위 때를 회상했다. 그때 나는 시청 앞에서 경찰과 대치하면서 언젠가 이곳이 민주주의를 위한 최후의 격전장이 될 것으로 확신했다. 80년 이루지 못한 그날이 바로 오늘이라는 생각이 들었다. 비로소 나는 가슴이 확 트이는 것을 느꼈다. 내 가슴을, 내 심장을 마구 때리는 대중의 바다 속에 나는 둥둥 떠 다녔다. 도처에서 충돌하고 도처에서 분노했다. 남녀노소 구별도 없었다. 위대한 투쟁이었다.

나는 한 명의 노동자로 6월 항쟁에 참여했다.

서울과 인천을 오가며 밥 먹을 시간도 없이 뛰어다녔다. 인천에서는 거의 매일 도로를 점령하고 바리케이드를 쳤다. 감옥에서 읽은 레미제라블의 바리케이드를 생각하기도 했다. 공단 가까운 쪽에 쳐진 바리케이드에 있던 나는 퇴근길 노동자를 비롯한 행인들에게 유인물을 나눠주며 참여를 독려했다. '왜 투쟁에 나서야 하는가' 설명을 담은 유인물이었다.

노동자들은 처음에는 참여를 꺼리고 두려워했다. 노동자들은 "독재타도"와 "호헌 철폐"가 노동자와 무슨 연관이 있는지 명료하게 이해하지 못했다. 그러나 사무직노동자들이 투쟁에 참여하면서 양상은 달라졌다. 사무직(넥타이부대)부터 참여하기 시작한 항쟁이 점차 육체노동자로 폭을 넓혀갔다.

서울 거리시위에서 나는 자주 세운상가 쪽으로 진출했다. 그곳에는 당시 사무기 장사를 하던 김관회라는 내 친구가 있었다. 그 집 직원들은 관회의 영향을 받아 시위대에 적극적인 지지를 표명했다. 경찰체포조에 쫓기게 되면 그 점포로 들어가 피신하곤 했다.

한 번은 종로 쪽에서 시위대와 함께 뛰다가 전투경찰에 포위됐다. 나는 유인물을 주머니에 가득 담고 있었기에 체포돼서는 안 됐다. 전투경찰에 포위되자 시민과 뒤섞인 시위대가 당황해 우왕좌왕하다 넘어졌다. 몇 명이 넘어지고 그 위로 또 넘어지고 약 50명 정도가 뒤엉킨 채 넘어졌고 전경의 방패와 곤봉이 다가왔다.

나는 옆에 넘어진 할머니를 보았다. 최루탄의 매운 연기 때문에 기침을 심하게 하며 거의 실신 상태였다. 나는 침착하게 그 할머니를 일으켜 세우고 두 팔로 안아 들고 다가오는 전경의 정면으로 갔다. 방독면을 쓰고 곤봉을 들고 있던 그 전경은 어려 보였고 겁먹고 있었다. 나는 할머니를 흔들며 그 전경에게 빨리 병원에 가야한다고 말했다. 전경은 아무 말 없이 길을 비켜주었다.

6월 29일 국민의 시위에 밀린 정부는 대통령직선제를 골자로 한 이른바 6·29 선언[3]을 발표했다.

6·29 선언으로 제도정치권과 재야상층부는 대통령직선제 개헌 준비에 들어갔다. 그들에게는 그것 이상으로 중요한 일이 없었다.

그러나 노동자는 달랐다. 그들에게는 당장의 생존과 생활상의 긴박한 요구 그리고 이것을 보장할 제도개선이 없는 6·29 선언은 큰 의미가 없었다. 노동자들은 6월 항쟁과 6·29 선언으로 넓어진 공간 속에 곧바로 들어가 남에게 의지하지 않고 그들의 요구를 스스로 조직했다. 나는 당연히 후자를 지지하며 이들의 요구를 지원하기 시작했다. 노동자들은 파도처럼 움직였다.[4]

1987년 7~9월 노동자의 노조결성과 파업 물결은 곧바로 정부의 대대적 탄압과 공권력 동원으로 이어졌다. 노동관계법이 정비되지 못한 상황에서 노동 3권을 보장받지 못했기에, 국가 공권력이 노동조합의

---

3 6월항쟁으로 궁지에 몰린 민정당 노태우 대통령 후보는 87년 6월 29일 대통령직선제 수용과 김대중 씨 사면·복권을 골자로 한 특별선언을 발표했다. 이 선언으로 대통령직선제가 이뤄지게 됐고 6월항쟁은 새로운 국면을 맞게 됐다.

4 통계로만 보더라도 6·29선언에서 10월말까지 3,311건의 노동쟁의가 발생했고 대부분이 파업으로 이어졌다. 하루 평균 44건의 파업이 벌어진 셈이다. 파업사업장에 경찰병력이 대거 투입되고 해고, 구속 등 정부의 대대적인 탄압이 자행됐음에도, 파업 추세는 89년까지 지속돼 노조결성과 노조민주화 바람을 이어갔다. 그렇게 해서 86년 2,675개 노조, 103만 6천여 명의 노조원은 89년에 이르러 7,883개 노조, 193만 2천여 명으로 증가했다. 이들은 87년 12월 마산·창원지역을 필두로 지역별노동조합협의회를, 전국사무금융노동조합연맹을 필두로 업종별노동조합협의회를 만들어갔다. 이들은 여러 과정을 거치며 90년 1월 전국노동조합협의회(전노협)를 결성했다. 전노협은 95년 전국민주노동조합총연맹(민주노총)이 탄생될 때까지 존속했다.

노동관계법 위반을 내세워 사업장 내에 개입한 것이다. 구속과 수배, 해고가 일반화됐다. 나는 노동법 개정이 매우 긴요하다고 생각했다. 이를 외면하는 6월 항쟁의 일부 세력에 대해 깊은 회의를 느꼈다. 그들은 87년 6월 항쟁의 민주주의가 거기서 멈추기를 바랐다.

그러던 중 1987년 12월 16일 국민의 힘으로 쟁취한 직선제는 후보단일화에 실패, 노동자의 표를 집결시키지 못했다. 결국 28%와 27%를 나눠 가진 김영삼 후보와 김대중 후보를 누르고 36.6%의 득표밖에 못 얻은 민정당 노태우 후보가 대통령에 당선됐다. 이는 민주화운동세력에게 절망과 암운을 던졌다.

더 낮은 곳을 향하여

후보단일화 실패, 그리고 6월 항쟁 이후 성장하고 있던 새로운 세력에 대한 이해 부족 등으로 노동자·시민의 역동적 지지를 얻어내지 못해 독재정권을 바꾸는 데 실패했다. 1988년이 되자 나는 활동에 변화를 줘야겠다고 느꼈다. 이 고민을 실천하기로 결심했다. 지금 성장하는 민주노조운동은 노동자 출신들이 이끌고 가는 게 당연했다. 학생출신들의 역할변화가 필요하며, 그것은 노동조합운동의 정치적 환경을 개선하는 일이라는 결론에 도달했다.

그것은 내 활동방향이 '정치' 또는 '정치적 활동'으로 전환된다는 걸 의미했다. 나는 몇 사람과 상의했다. 특히 안산지역에서 선도적으로 일하고 있던 전성(변호사)의 권고로 전국노동운동단체협의회(전국노운협)에 들어가 일하기로 결정했다.[5]

5 전국노운협은 전국 민주헌법쟁취국민운동본부가 결성되자 이에 조응해 전국의 노동단체들이 결성한 '민주헌법쟁취전국노동자공동대책위원회'

1988년 8월 노동운동단체 대표들은 지역별・업종별 노동조합 대표들과 함께 전국 노동법 개정 투쟁본부를 결성했다. 누가 나서서 노동법을 민주적으로 개정해주지 않는 이상, 노동조합과 노동운동단체가 함께 노동법 개정운동에 나선 것이다. 나는 전력을 다했다. 거의 밤을 새웠다. 전국노운협 사무실과 노동조합 사무실을 들락거리며 의견을 조율했다.

노동법 개정 서명운동을 범국민적으로 전개하던 전국노운협은 88년을 마무리하는 노동자 대집회와 가두행진을 계획했다. 집회 명칭은 "전태일 정신 계승 및 노동악법 개정 전국노동자대회"로 결정됐다.

11월 12일 나는 전국노운협에서 함께 일하는 후배 장하운과 함께 집회장소인 연세대로 들어가 학생회 사무실을 임시본부로 삼고 전야제 및 13일의 집회 및 시위를 준비했다. 우리는 연세대 집회뿐만 아니라 여의도 국회의사당 앞까지 평화행진도 준비했다. 나는 경찰과 협의해 집회 및 행진을 허락받았지만 충돌의 위험은 상존했다. 또 경찰의 태도변화에도 대비했다.

11월 13일 전국에서 올라온 노동자와 업종별 노동조합은 각기 대오를 지어 입장했다. 당시 가장 활발한 운동을 전개하던 울산 현대그룹 노동조합이 입장할 때 대회장은 들끓어 올랐다. 약 5만 이상의 노동자들이 참석한 것으로 집계됐다. 제 3자 개입금지와 복수노조금지, 노조

를 발전시켜 결성한 단체로서, 당시 정치적 노동운동의 중심역할을 하고 있었다. 나는 당시 전국노운협이야말로 지금 당면한 노동법 개정운동을 선도적으로 할 수 있고, 해야 하는 가장 적절한 조직으로 보았다. 나는 전국노운협에서 91년까지 신철영, 최한배, 인태영 등과 함께 일했다. 89년 서울 등 12개 지역조직과 전국노운협 및 전국농민운동연합(전농) 등 8개 부문이 중심이 돼 결성한 연대전선 전국민족민주운동연합(전민연)에서도 상임집행위원으로 일했다.

정치활동금지를 규탄하고 파업권의 완전한 보장을 요구하는 연설과 노조탄압 사례발표 등을 듣고 평화행진을 시작했다. 연세대 교문을 나와 마포대교 쪽으로 행진했다. 마포대교를 가득 메운 노동자들이 자신의 요구를 내걸고 여의도 국회의사당을 향해 당당히 걸어가는 모습을 보았다.

그 행진이야말로 노동자가 민주사회의 당당한 성원이 돼야 함을 대내외에 선포한 것이라고 생각했다. 아마 우리 현대사에서 그 행진은 노동자 단일 행진으로서는 최초, 최대 규모였을 것이다. 노동운동사에 길이 남을 한 장면이었다. 행진은 순조로웠다. 여의도 국회의사당 앞에서 경찰과 약간의 마찰이 있었지만, 노동자들은 '우리도 할 수 있다'는 결의와 자신감을 가지고 행진을 마쳤다.

이날 집회 성공은 그 후 노동법 개정운동에 상당한 영향을 미쳤다. 11월 노동자 집회는 이후 노동운동의 연례행사로 정착했다.

1989년 장기파업 중이던 현대중공업에 공권력이 투입됐다. 나는 곧바로 현장을 방문했다. 중무장한 경찰들이 수배된 노동자를 찾기 위해 노동자숙소를 수색하는 것을 봤다. 마치 광주항쟁 때 공수부대처럼 느껴졌다. 서울에 돌아와 전민련 사무실을 돌며 지원을 호소했다. 당시 수배로 도피중이던 전대협 임종석 회장을 찾아가 학생들의 울산 지원을 호소했던 기억이 있다.

30대를 노동운동에 투신하면서 많은 것을 보고 들었다. 참 고통스런 기억도 많이 갖고 있다. 검증되지 않은 논리, 또는 고전적 혁명이론이 등장하는 것도 보았다. 분파의 폐해와 분파의 여러 주장이 노동자의 강력한 대중운동 속에서 해소되는 것도 보았으며 배반도 겪었다. 그러나 이 긴 기간 내 가장 소중한 인생의 시기를 노동자와 함께하려 했던 것을 후회하지 않는다. 노동자의 인권과 민주주의가 보장되지 않고서는 참된 민주주의는 없다는 그때의 생각에 조금도 변화가 없다.

결국 노동자들은 그들의 힘으로 노동관계법을 민주적으로 바꿔가고 있다. 지금은 그들만의 독자 조직을 갖게 됐고 그들을 주되게 지원하는 정당도 생겼지만 당시에는 그렇지 않았다. 설사 그렇게 발전하지 않았더라도 그때 노동자와 함께하며 더 낮은 곳으로 내려가려 했던 건 내가 일생을 그렇게 살 수 있다고 믿었기 때문이다. 그런 믿음을 갖고 그때 가장 아파하던 노동자들과 함께하며 '저 낮은 곳으로', 그리고 '더 낮은 곳으로' 가려 했던 수많은 활동가에 대해, 특히 인간으로서의 자세에 대해 신뢰했고 지금도 신뢰한다.

지금 그들은 대부분 진보적 정당에 가 있고 민주당에도 있으며 심지어는 한나라당에도 들어가 있다. 어디에 있든 그들은 그 시대에 가장 힘들고 어려운 사람 곁에 서고자 했던 그때의 정신과 자세를 잊지 않고 있을 것이라 믿는다. 사상과 이념은 변했어도, 그때나 지금이나 정도의 차이는 있을지언정, 어려운 사람은 변하지 않고 여전히 존재한다.

나는 이 시기에 가장 확실한 법칙을 하나 배웠다. 좌익의 논리도 우익의 논리도 아니고 '바람의 법칙'이다. 어느 시인의 비유처럼 민초들은 바람이 불면 바람보다 먼저 눕지만 바람이 가기 전에 먼저 일어난다는 것이다. 영원할 것 같던 유신체제도 8년 만에 무너졌고, 80년 광주항쟁 이후 들어선 군사독재정권도 7년 만에 스러졌다. 누워있던 민초들은 바람처럼 가는 군사독재보다 먼저 일어나 군사독재의 뒷덜미를 붙잡았다.

87년 대선패배라는 어두운 정세에도 불구하고 88년 실시된 총선에서는 의정사상 처음 여소야대 국회가 됐다. 노태우의 민정당이 125석, 김대중의 평민당이 71석, 김영삼의 통일민주당이 59석, 김종필의 신민주공화당이 35석이었다. 명백한 민정당의 패배였다.

1989년에는 노동자들의 노동법개정 운동의 영향으로 노동법 개정안이 국회를 통과했는데 노태우 대통령이 거부권을 행사해 무산됐다. 이런 상황은 대통령선거에서 패배한 뒤 상심하고 있던 재야에게 어느 정도 위안이 됐다. 국회에서라도 민정당을 견제하고 노동법 등 반민주악법을 고쳐나갈 수 있다는 작은 희망을 심어주었기 때문이다. 당시 국회에서 노무현, 이상수, 이해찬, 이인제 등의 국회의원이 노동자를 위해 많은 활동을 펼쳤다. 5공 청문회 때는 국민의 관심을 집중시키며 청문회 스타로 불리기도 했다.

89년을 보내고 새해를 맞은 나는 1월 21일자 신문을 보고 깜짝 놀랐다. 민정 · 민주 · 공화 3당이 합당을 한다고 선언했기 때문이다. 국민이 만들어준 여소야대가 인위적으로 여대야소로 바뀐 것이다. 이 일은 87년 6월 항쟁 이후 노동자를 비롯한 국민이 만들어낸 합법적인 공간에서 민주 진영이 명백히 후퇴한 것을 의미했다.

오랜 고난 끝에 얻은 80년 서울의 봄이 전두환 등의 신군부 쿠데타로 무산됐듯 87년 6월 항쟁 이래 우여곡절 끝에 얻은 여소야대는 이렇게 다시 무산됐다.

집권세력의 권력욕은 끝이 없었고 교활했으며 수단과 방법을 가리지 않았다.

제
2
부

청년 정치인

1 정치 입문

범야권 통합을 통한 민주정부 수립의 꿈

1990년 벽두에 일어난 3당합당은 내 마음속에서 잠자고 있던 어떤 본능을 깨웠다. 이래서는 절대 안 된다고, 여기까지 온 우리 역사를 다시 되돌려서는 안 된다고 생각했다. 어떻게 군사독재로 돌아가 다시 시작할 수 있겠는가. 더구나 민주화의 희망이 생기기만 하면 어떤 간섭이나 배반이 일어나 원점으로 돌아가기를 반복했던 80년대의 상황을, 90년대에도 반복할 수는 없다고 생각했다.

내가 80년대 절망적 환경 속에서도 희망의 끈을 놓지 않은 이유는 내가 해야 할 일이 있었고, 그 일이 정의롭고 올바르다는 믿음이 있었기 때문이다. 솔직히 고백하면 그때는 내가 성공하지 못해도 일생을 그렇게 사는 것은 의미 있는 일이라고 생각했다. 그리고 좋은 날이 쉽게 온다고 생각지도 않았다.

그러나 87년 6월 항쟁은 정의에 대한 내 믿음에 주는 국민의 놀라운 응답이었고 성공을 확신하지 못하는 나에게 주는 가르침이었다. 나는 6월 항쟁 이후 노동법 개정운동에 전력하면서, 먼 미래의 일로 치부해온 권력의 문제를 다시 생각하기 시작했다. 민주정부 수립이 조만간 있을 수 있고, 이것을 준비하는 일이 민주적인 법이나 제도를 이루는 첩경이 된다는 생각이었다. 그전과는 달라진 인식이었다. 나는 그동안 너무 장기론적인 사고에 빠져 있었다.

그런데 그 놀라운 항쟁의 제도적·정치적 결과가 3당 합당으로 완전히 뒤틀렸다. 3당 합당은 단순히 김영삼의 정치적 야욕을 실현시키기 위한 민정·민주·공화의 합당이 아니었다. 그것은 80년대 내내 고난 속에서 키워온 민주의 끈질긴 힘을 반대로 틀어버린 배반행위였다.

더구나 3당 합당은 당시 야당성이 가장 강한 호남지역을 고립시켜 포위공격하는 양상을 보이면서 민주세력에 대한 배반행위에 더해 지역분열을 조장하는 범죄행위였다. 그것은 80년 광주항쟁 당시 계엄군이 호남과 광주를 봉쇄·포위해 광주를 고립·고사시킨 전술과 하나도 다를 바 없었다. 3당 합당 세력은 총만 안 든 계엄군이었다.

3당 합당 후 나는 87년 6월 항쟁 이래로 품기 시작한 꿈, 즉 이 상황을 잘 발전시켜 군사독재를 조기에 끝내고 민주정부를 수립할 수 있다는 꿈이 좌절될까봐 조바심쳤다. 나는 3당 합당에 대항하는 대안을 찾아야 했다.

노동정세도 변하고 있었다. 초기에 나는 현장중심주의에서 벗어나 노동법 개정 등의 제도개선 운동이 더 시급하고 필요한 것으로 인식하고 그 방향으로 나아갔다. 이제 여기서 더 나아가 그동안 별 관심을 두지 않았던 제도정치 전반에 대해 깊은 관심을 갖게 됐다.

전민련 지도부를 비롯한 당시 재야는 정당과 정치세력화 문제에 대해 각기 다른 의견을 가졌다. 내가 속한 노동운동단체에서는 민중의 독자적 정치세력화에 우선을 두는 사람들이 더 많았다.

나는 독자적 정치세력화의 경우 민주주의가 활짝 전개돼야 가능한 일이라고 생각하며 야권통합을 통한 범민주 수권정당 창당에 우선을 두었다. 또 우리의 잘못으로 선거를 통해 과거 독재정권에게 다시 권력을 주게 되면 우리나라의 민주주의 희망은 영원히 사라질 것이라 생각했다. 어떻게 하든 87년 6월 항쟁과 그 이후 각계각층의 민주화 운동의 성과를 온당하게 지켜나가는 것이 소중하며, 그렇게 하기 위해 정권교체를 이루고 민주정부를 세우는 것이 우선적으로 필요하다고 여겼다. 또한 87년 대선에서 정권교체에 실패한 야권으로서 국민에게 정권교체를 이룰 수 있다는 희망을 주어야 했고, 그 해답은 야권통합을 통한 믿음직한 범민주 수권정당의 창당이라고 생각했다.

당시 재야가 이 문제에 대해 꼭 일치한 것도, 그렇다고 꼭 대립한 것도 아니었다. 서로 의견이 달랐지만 범민주 수권정당의 창당을 존중하기도 했다고 나는 생각한다.

김대중 평민당 총재와의 첫 만남

생각이 이렇게 정리되자 나는 바로 행동에 착수했다. 우선 야권연대, 더 나아가 야권통합에 찬성하는 사람들을 모아 준비에 들어갔다. 당시 김근태 선배는 적극적인 태도로 이 문제에 대한 이론 정리 및 실천에 나섰지만 다시 구속 수감되고 말았다. 김 선배의 구속 수감은 나에게 더 큰 책임을 요구했다. 김 선배의 요구이기도 했다.

나는 문제의 핵심이 어디에 있는지 먼저 파악했다. 핵심은 김대중 당시 평민당 총재였다. 당시 야권을 통틀어 가장 큰 영향을 가진 김대중 총재가 야권통합에 어떤 생각을 갖고 있는지 알아야 했다. 김 총재가 반대한다면 이 일은 시작부터 난관에 봉착할 것이 분명했다.

나는 3당 합당이 얼마쯤 지난 시점에 김 총재에게 면담을 요청했다. 그리고 난생 처음으로 동교동 자택 지하사무실에서 김대중 당시 평민당 총재를 만났다.

나는 지난 80년 광주항쟁 이후 '김대중 내란음모' 수사 때 고문받던 생각이 떠올라 그때의 기억을 김 총재에게 우선 전했다. 그리고 '김대중 내란음모' 조작에 끝까지 동의하지 않은 것을 자랑스럽게 생각한다고 말했다.

나는 3당 합당 같은 사기극에 말려 정권교체를 이루지 못한다면 국민들은 희망을 잃을 것이라고 말했다. 성장하고 있는 국민의 요구에 화답하려면 정권교체를 이뤄야 하고, 정권교체를 이루려면 새로 성장하고 있는 범민주세력을 하나로 담을 그릇, 즉 범민주 수권정당이 필요하다고 역설했다. 이를 위해 범야권에서 가장 중요한 위치에 있는 김대중 총재의 결단이 가장 절실하다고 말했다.

내 말을 경청하던 김 총재는 다음과 같은 요지로 말했다.

> "신 동지의 생각은 옳으나 현실 정치는 그렇게 간단하지 않습니다. 특히 우리나라 정보기관의 공작은 신 동지의 생각보다 더 교활합니다. 야권통합을 하지 못하도록 이미 공작하고 있고, 또 할 것입니다. 나는 그것을 잘 알고 있습니다. 그렇기 때문에 되지 않을 일을 시작해 국민에게 다시 실망을 준다면 시작하지 않는 것보다 못합니다."

나는 실망했다. 오랜 공작정치에 시달리며 당시 정보부의 음모와 공작으로 몇 번의 죽을 고비를 넘긴 정치인으로서 신중함의 표현이라고 생각하기도 했지만, 너무 실망했다.

나는 "야권통합 없이 선거를 치르면 패배가 분명하며, 다른 대안이 있다면 모르겠지만, 그렇지 않다면 단 1%의 가능성에라도 매달려보는 게 앉아서 죽는 것보다는 낫다"고 말하고 면담을 마쳤다.

동교동에서의 첫 만남으로 의견일치를 본 것은 아니었지만 그렇다고 김 총재가 거절한 것으로 보지도 않았다. 나는 대선에서 확실히 승리할 대안이 없는 한, 그리고 김대중 총재가 출마를 포기하지 않는 한 결국 야권통합에 주도적으로 나설 것이라고 생각했다.

당시 야권통합운동에는 김영삼의 3당 합당을 거부한 이기택, 노무현 등 민주당 잔류파 정치인과 이우정 씨 등 일부 재야인사들이 참여하고 있었고 김근태 등 상당수 재야인사들이 이를 적극 지원하고 있었다. 나는 야권통합을 추진하던 인사들의 모임에 나가 김대중 총재와의 면담 결과를 설명했다

면담 1주일 후 예측대로 최재승 보좌관으로부터 연락이 왔다. 나는 다시 동교동으로 가 김대중 총재를 면담했다. 김 총재는, "좋소, 한 번 해봅시다"라고 단호하게 말했다. 그리고 한마디를 추가했다.

"신 동지가 추진해 보세요."

나는 그때 이 말이 주는 이상한 의미 때문에 다시 되물었다.

"제가요?"

김 총재는 그렇다고 말했다. 이 말은 나에게 또 하나의 운명이 됐다. 나는 범민주 수권정당의 창당을 적극 도울 생각이었지만 내가 중심이 돼 추진할 생각은 안 했다. 나이가 어리고 제도정당의 경험도 없어서였다.

87년 6월 항쟁 이후 각계각층이 민주주의의 영역을 넓혀가는 것을 보며 현실 정치에 대한 내 인식이 달라진 것은 사실이다. 또 운동과 정치를 연결시킬 필요성에 대해 깊게 느끼고 있었다. 하지만 내가 현실 정치에 직접 참여하는 것은 전혀 다른 수준의 문제였다. 그러나 나는 야권통합이 우선이고 내 문제는 그 다음이라고 정리했다.

주변 분위기는 그다지 긍정적이지 않았다. 참여하는 것은 좋지만 정당 창당의 중심에 서는 것엔 불안감을 피력했다. '정당은 상당히 나쁜 것, 정상적인 사람은 할 수 없는 것'으로 인식하던 당시 내 주변 분위기

를 고려하면, 이는 나에 대한 애정의 표현이었을 것으로 생각한다.

나는 내가 나서서 정당 건설을 중심적으로 추진해 달라는 김대중 총재의 말에 다소 당황한 것은 사실이지만, 그보다는 야권통합을 거절하던 김 총재가 야권통합을 받아들였다는 사실에 우선 기뻤다. 그것도 내가 긴 시간 설명한 것이어서 더 보람 있게 여겼다. 따라서 내 문제는 사실상 부차적이 되었던 것 같다. 나는 그렇게 해서 야권통합에 나서게 됐다.

1차 통합 신민주연합당

어느 날 김대중 총재의 보좌관으로 있는 최재승 보좌관에게 김 총재가 나에게 야권통합을 맡긴 것에 대해 어떻게 생각하는지 물었다. 최 보좌관은 실제 김 총재는 어떤 제안이 좋다고 생각하면 제안자에게 맡기기도 한다고 말했다. 그것은 좋은 일이고 김 총재의 적극 지지 의사를 밝히는 것이라고 설명해주었다.

나는 이제까지와는 전혀 다른 일을 하게 됐다. 그것은 80년 서울의 봄과 광주항쟁, 87년 6월 항쟁과 그 이후의 민주화 운동을 성과 있게 담아내기 위해서는 정권교체를 통한 민주정부 수립이 우선 필요하다는 내 신념 때문에 생긴 일이다. 그래서 기꺼이 맡게 된 일이다. 하지만 김대중 총재의 말대로, 현실 정치는 이상과 너무 달랐다.

우선 지역감정의 문제가 나를 괴롭혔다. 재야에 있을 때는 몰랐던 여러 가지 문제가 부각됐다. 호남지역 인사의 무조건적 승인도 그렇지만 비호남인사들의 무조건적 적대감도 이해하기 힘들었다.

우리 정치는 병들어 있었고 현실 정치는 스스로 치유할 능력이 없어 보였다. 사람이 어떠한가가 아니고 그 출신지역이 어디인가가 왜 정치의 근거가 된단 말인가. 그래서 무슨 정치발전이 있단 말인가.

언젠가 김대중 총재도 "지역 문제는 독재정권이 권력을 유지하기 위해 조장한 역사적 장해물"이라며, "나도 유세 때 우리 지지자들이 '내 고향이 영광이요' 하고 말하면 왜 저런 말을 할까 당황스러웠던 적이 많다"고 말하기도 했다.

그러한 생소한 경험을 겪으면서도 나는 박우섭과 지금은 고인이 된 황인하 등과 함께 야권통합을 위해 노력했다. 통합의 3주체는 김대중 총재의 평민당, 재야세력, 이기택의 작은 민주당이었다. 평민당과 재야는 이견을 좁혀갔지만, 작은 민주당과는 이견이 있어 처음부터 대화가 통하지 않았다. 재야에서는 나와 박종화, 이우정, 김말룡, 박우섭, 황인하 등이 영역별로 주요 인사를 만나 모아 나갔다.

당시 재야는 주로 대의에 입각해 통합운동에 참여했으므로 지분논쟁이나 지도체계 논쟁에 구속되지 않고 통합의 힘을 모아갈 수 있었다. 당시에는 통합운동에는 동참하지만 정당에는 참여하지 않겠다는 사람들이 많아 지분 논의는 아예 되지도 않았던 것으로 기억한다. 예를 들면 박종화 교수는 통합과정에는 참여했지만 나와 김대중 총재의 거듭된 권유에도 정치엔 참여하지 않았다.

1991년 6월 전국 시도지방의회 의원선거[1]를 앞두고 통합은 시급했지만 좀더 시간이 필요했다. 6월 지방선거도 중요했지만 더 큰 것은 92년 총선과 대선이었다. 나는 시간상 평민당과 재야가 1차로 통합하고 지방선거 후 작은 민주당과 2차로 통합하자는 평민당 제안에 동의했

---

1 1991년 6월의 전국시도지방의회의원선거는 집권당인 민자당 반대로 단체장은 제외되고 실시된 반쪽 선거였다. 독재정권은 가능하면 지방자치를 미루려고 했고, 실시하더라도 부분적으로 하려 했다. 이후 민주당의 끈질긴 요구와 농성 끝에 단체장을 포함한 명실상부한 지방자치단체장 및 의회의원 선거가 1995년 이뤄졌다.

다. 나는 범민주 수권정당 창당준비위원회 기획실장을 맡아 실무를 총괄했다. 당명은 모든 민주세력의 연합을 추구한다는 의미에서 '신민주연합당'으로 정하고 창당에 박차를 가했다.

창당을 앞두고 나는 정당에 직접 참여해야 하는지 결정해야 했다. 당시 야권통합 운동에 참여한 재야인사는 많았지만 일부만 정당에 참여하고 많은 이들은 밖에서 돕는 방식을 택했다.

창당을 눈앞에 둔 어느 날 김대중 총재는 앞으로 어떻게 할 것인지 내게 물었다. 나는 통합과 창당이 끝나면 다시 현장으로 돌아가 노동자 등 어려운 사람들과 함께 하겠다고 답했다. 김 총재는 그것도 훌륭히 살아가는 방법이 되겠지만, 제대로 된 사람이 현실 정치에 참여하면 자신이 진심으로 하려는 일을 훨씬 더 효과적으로 할 수 있다는 요지의 말을 했다.

그로부터 얼마 후 신민주연합당의 골격을 가다듬는 자리에서 김 총재는 다시 나에게 정치 참여를 권유했다.

"신 동지, 같이 좋은 정치 한번 해봅시다."

이 말이 주는 함축은 많았다.

내가 야권통합을 통한 정당창당 문제를 김대중 총재에게 먼저 꺼낸 이상, 또 김 총재가 이 제안을 흔쾌히 받아들인 이상 이 과정을 끝까지 책임지는 것이 좋겠다고 생각했다. 그리고 어쩌면 지금까지 내가 현실 정치에 대해 지나치게 부정적인 것은 아닌가 하는 생각도 들었다. 무엇보다 김 총재의 말처럼 지금의 상황에서는 정치를 통해 사회적 약자를 돕고 권익을 보호하는 일이 가능할 뿐만 아니라 더 효과적일 것이라는 생각도 들었다.

특히 다음 대선에서 수평적 정권교체를 통한 민주정부 수립이야말로 지금 내가 해야 할 가장 중요한 일이 아닌가 하는 생각에 이르자 나는 벗어날 수 없는, 어쩌면 벗어나면 안 되는 정권교체라는 큰 힘 앞에서 있는 느낌이 강하게 들었다. 어쩌면 야권통합 하자고 김 총재를 찾아간 날부터 내 운명은 그렇게 정해졌을지도 모르겠다.

그날 나는 월야에 계신 아버지를 뵙고 하룻밤을 자고 돌아왔다. 아버지도 언론을 통해 조금은 알고 있었지만 정당에 대한 이야기는 한마디도 하지 않았고 나도 그랬다. 그러나 아버지는 아들이 왜 내려왔는지 알고 있었다. 말은 안 했지만 늘 그랬듯 '소신껏 하라'는 표정 이외에는 아버지가 짓고 있는 농사 이야기만 길게 하셨다.

다음날 나는 정당 참여를 주저 없이 결정했다, 그리고 나는 그 사실을 김대중 총재에게 알렸다. 내가 몸담았던 전국노운협과 전민련 등에도 정당참여 의사를 밝혔다.

창당을 앞두고 이우정 신민주연합당 준비위원장은 창당에 참여한 재야를 대표해 "기존 정당의 당리당략과 기득권을 떨쳐버리고 오로지 국민의 숙원인 민주적 민간정부로의 정권교체를 위해 혼신의 노력을 다할 것"이라고 선언하며, 자신을 포함한 재야의 정치 참여가 오로지 민주정부 수립에 있음을 분명히 했다.

1991년 4월 9일 김대중 총재의 평민당과 이우정 창당준비위원장의 신민주연합당 준비위원회는 통합해 신민주연합당을 창당했다. 이것은 야권통합의 1차 단계를 구축한 것이었다.

나는 36세에 신민주연합당의 당무위원으로 첫 당직을 맡게 되었다.

2차 통합민주당

1991년 6월 지방선거를 거친 뒤 예상대로 신민주연합당은 그해 9월 다시 작은 민주당과 통합했다. 김대중, 이기택 2인은 공동대표를 맡았다. 이제 민주정부 수립의 기초토대가 구축된 것이며 3당 합당의 민자당과 맞설 수 있는 근간이 형성됐다.

총선을 앞두고 김대중 대표는 나에게 비서실 차장을 제안했다. 나는 좋은 자리고 과분한 자리이지만 총선에 출마해 당선되면 비서실 차장을 맡겠다고 말했다. 김 대표는 크게 웃으며 "신 동지 고향이 함평이냐"고 물었다. 나는 "그렇다. 하지만 노란 깃발만 들면 무조건 호남에서는 당선된다고 하는데, 젊은 사람이 할 일이 없어 고향인 함평에 내려가 출마하겠느냐"고 말했다. 김 대표는 더욱 크게 웃으며 "모두들 호남으로만 출마하려고 하는데 신 동지는 다르다"고 말했다.

사실 그때 함평에는 김인곤 의원이 있었는데 나에게 여러 번 전화해 "나는 힘도 없고 … 신계륜 씨 같은 분이 함평 오겠다면 나는 끝장입니다"라고 하기에 나는 "그럴 일 없습니다. 저는 고향으로는 가지 않겠습니다"라고 답한 바 있다. 지금은 고인이 되었지만 당시 김 의원은 함평에 내가 공천 신청하지 않은 것을 무척 고맙게 생각하기도 했다.

야권통합 과정을 통해 본 김 대표는 참 섬세했다. 그는 모든 문안을 자신이 직접 꼼꼼히 검토했으며 마음에 들지 않으면 직접 수정하고 첨삭했다. 거의 모든 일에 대해 자세히 보고받고 보고서에서 이해가 안 되는 일이 있거나 문장이 있으면 전화해서 묻기도 했다. 그는 언제나 머릿속에 하나의 완성된 논리체계를 갖고 있었기에 그와 다른 개념에 대해서는 쉽게 받아들이지 않았다. 그러나 정확하게 정리하고 반복해서 주장하면 고통스럽지만 받아들였다. 그리고 그런 경험을 여러 차례 쌓아가면 신뢰를 보여주는 그런 분이었다. 쉽게 말해 어설피 말하면 안 되지만 정확하게 새로운 사실을 이야기하면 받아들이는 그런 분이었다.

고향에서의 불출마라는 명확한 나의 의사표시는 김 대표의 마음에 새로운 청년의 이미지를 심어줬는지 모른다. 나는 민주정부 수립이라는 정치입문의 목표를 분명히 갖고 있었기 때문에 대통령 당선에 전력을 경주하던 김 대표의 목표와 일치했을지 모른다. 그러므로 두 사람 다 같은 목표 아래 각기 다른 작은 목표와 개별가치들을 하나하나 정리하고 복무시킬 수 있었다고 생각했다.

1991년 9월 통합으로 탄생한 민주당은 어느 정도 위용을 갖추었다. 일단 3당 합당으로 탄생한 거대 민자당에 반대하는 대부분의 정치세력이 결집했다는 내 평가와 마찬가지로 언론도 그렇게 보도했다.

민주정부 수립이라는 목표를 가슴에 안고 나는 정당인으로서 새로운 업무영역을 만들어갔다. 동시에 수없이 벌어지는 부당노동행위와 노조탄압 등의 현장을 뛰어다니는 데 노력했다. 현장상황을 잘 알고 있는 나는 이곳저곳을 찾아다니며 노동운동의 여러 요소와 정치를 연결시켰다. 김 총재의 말대로 노동문제는 현장에서보다 오히려 정당에서 해야 할 일이 많았다. 실제 이 시기 참된 연대에 목말라하던 노동 쪽이나 상황을 잘 몰라 도움을 주지 못했던 정치 쪽 모두에게 나는 연결고리가 됐다.

나는 이 무렵 이우정 신민주연합당 준비위원장과 많은 시간을 보냈다. 이 위원장은 캐나다 토론토에서 신학을 공부한, 고결한 품성과 인격을 갖춘 학자이자 종교인이었다. 당시 신민주연합당과 평민당 인사들뿐 아니라 재야로부터 폭넓은 신뢰와 존경을 받았다. 그리고 무엇보다도 이 위원장은 진심으로 김대중 총재를 존경했다. 정치적 동기가 아니라 인간적으로 마음에서 우러나오는 존경이었기에 김대중 총재를 싫어하는 사람도 이우정 위원장의 그런 존경을 탓하지 않았다.

이 위원장과 같은 분이 있었기 때문에 오로지 대의에 입각한 통합을 이룰 수 있었다. 이 위원장은 평생 결혼하지 않고 혼자 살았다. 오로지 우리나라의 인권신장과 민주주의를 위해 헌신하셨고 마지막에는 민주정부 수립을 위한 일에 가장 헌신적으로 임했다.

14대 국회 민주당 최연소 국회의원

1991년 연말이 다가오자 92년 총선 준비를 위해 당도 개인도 매우 바빠졌다. 그 무렵 나는 김대중 대표와 국회의원 출마를 의논했다. 김 대표는 어디에 출마하길 원하는지 물었다. 나는 서울에서 출마하기를 원하며 노동자가 밀집해 있는 구로공단이 있는 구로(을) 지역이 좋겠다고 했다.

나는 지인들과 이 문제를 논의했더니 허인회, 이인영 등 몇몇 후배가 "구로는 고대로부터 너무 멀어 고대생의 지원을 받는 데 불리하다"는 의견을 내놓았다. 일단 당선돼야 노동자를 돕든 누구를 돕든 할 수 있는 것은 아닌가 지적이었다.

얼마간 생각한 나는 김대중 대표를 찾아가 "구로가 아니라 성북이 더 좋겠다"고 말했다. 김 대표는 빙그레 웃으며 이견을 내놓지 않았다.

최재승 보좌관은 이 말을 듣고 "김 총재 앞에서 공천지역을 갑자기 제멋대로 바꾼 사람은 신계륜밖에 없다"고 말하기도 했다.

그렇게 해서 민주당 서울 성북(을) 지역구가 내 정치입문 첫 선거구로 결정됐다.

김 대표의 이 같은 공천방식에 대해 양론이 있을 수 있다. 이른바 지역구 당원의 의사에 따르지 않고 중앙당, 특히 당대표의 일방적인 의사에 따라 공천이 결정되는 것이 옳은가 하는 의문이 그것이다. 우리 정당사에서 해묵은 논쟁이고 지금도 형태를 달리하며 계속되고 있는 논쟁이다.

하지만 분명한 것은 김대중 대표의 그런 결정이 없었으면 나는 지역구 당원들을 통해서는 전혀 공천권에 접근할 수 없었다. 당시 조사한 바로는 내 인지도는 4~5%에 불과했다. 무명 신인을 공천하는 데 있어 당시 김대중 대표는 자신의 권위를 이용했다. 이것은 노화된 당에 새로운 세대를 수혈하는 수단으로서 자신의 권위를 이용했다고 나는 생각했다.

이후에도 김 대표는 공천에 있어서 기성과 신진의 균형과 조화를 위해 노력했고, 그 결과 상당수 젊은 세대들이 이런 과정을 통해 정치에 입문했다는 사실을 나는 잘 알고 있다.

나는 1992년 2월 17일 6년 넘게 살아온 인천시 서구 가좌동 한마음아파트를 떠나 서울 성북구 장위동의 한 연립주택으로 이사했다.[2] 황금 같은 내 30대 대부분을 보낸 분노와 좌절의 인천 시절은 새로운 출발과 함께 내 인생의 뒤안길로 물러났다.

웃음을 잃었던 시절, 그러나 많은 선배 동료 후배들과 애환을 함께 했던 시절,

차비가 없어 전철역에서 걸어서 집에 오는 일이 많았던 시절,

큰 아이를 탁아소에 맡기다 이것도 불가능해 시골 부모님 집에 맡기고 가슴 태웠던 시절,

---

2 나는 그날 장위동 233-44번지 삼일하이츠 빌라 301호를 전세 3,000만 원에 얻었다. 여기서 92년 총선을 치른 후 93년 3월 다시 장위성당 맞은편 창경그린빌라 202호로 이사해 99년 1월까지 살았다. 99년 1월부터는 종암동 에스케이아파트에 살고 있다.

쓴 소주를 큰 잔에 부어 주린 배에 단숨에 삼켜 넣고 식도를 따라 흐르는 짜릿한 통증을 즐기던 자학(自虐)의 시절,

그래도 노동자, 어려운 이웃들과 함께하려 노력하며 이른바 '저 낮은 곳을 향하여' 한없이 내려가고자 했던 순수한 열정을 불꽃처럼 간직했던 시절,

소화되지 않는 무수한 논쟁과 분파로 동료에게 상처주고 상처받기도 했던 시절,

그리고 무엇보다 한마음아파트 6년 세월이 남긴 정형화된 삶의 흔적을 뒤로한 채 나는 새로운 도전과 변화를 위해 새로운 지역구가 된 서울 성북구로 이사했다.

이 변화가 얼마나 큰 것이었는지, 나는 서울로 이사하고 나서도 몇 번이고 남몰래 한마음아파트를 찾아 배회하곤 했다. 인천에 서려 있는 내 흔적이 그만큼 강한 것은 80년 서울의 봄과 광주항쟁에 대한 거듭되는 다짐과 맹세의 의기가 오뉴월의 날선 서리처럼 남아있기 때문이었으리라.[3]

전세로 얻은 장위동 233-44 삼일하이츠빌라 301호에 이삿짐을 부린 그날 성북구에 눈이 조금 내렸다. 나는 이사 전세자금 일부를 못 구해 이삿짐을 집안으로 들이지 못해 발을 동동 굴렀다. 추위에 떠는 아이 때문에 거의 인내심이 한계에 도달했다. 나중에 겨우 돈을 빌려 이삿짐을 방안으로 옮겼던 기억 때문에 마침 그때 내린 야비한 눈을 잊지 못한다.

---

3 그러나 여기에서는 인천 시절의 구체적인 생활과 활동에 대한 상세한 서술은 피하고자 한다. 이 글은 자서전이 아니고 또 그 시절의 기록은 인천이라는 지역의 현장활동 기록이어서 이 글의 전체 경향과 맞지 않기 때문이다. 필요하다면 다른 형식으로 정리할 계획이다.

나는 과거 고대 학생시절 월곡동과 장위동에 자주 왔었다. 주민실태 조사나 야학준비였다. 특히 월곡동 달동네는 도시빈민에 대한 관심이 집중됐던 곳이다. 급속한 산업화 도시화가 만든 도시빈민 문제에 대해 알고 싶었고, 해결하고 싶었고, 함께하고 싶었다. 당시 월곡동에는 화장실인지 대문인지 모를 작은 문들이 닥지닥지 붙은 집들이 대부분이었다. 말 그대로 성냥갑 같았다. 사람들은 단돈 1원이라도 벌기 위해 무슨 일이든 가리지 않고 열심히 일했다. 그렇게 해서 이 지긋지긋한 곳을 벗어나려 했지만 쉽지 않았다. 대부분 그냥 그렇게 살아갔다.

월곡동 산동네 한가운데 동월교회가 있었고 허병섭, 오영식 목사를 비롯해 이철용, 강충원, 강설원 등이 이들과 애환을 함께 하며 도시빈민의 목소리를 대변하고 있었다. 나는 그와 같이 할 일 많은 지역에서 정치에 입문한 것을 진심으로 영광스럽게 생각했다.

1992년 총선을 앞두고 중앙당으로부터 조직책으로 임명받았다. 그 첫 번째 임무로 민주당 성북(을) 지구당 개편대회를 열어 대의원들로부터 지구당위원장으로 추인받는 절차를 차질 없이 준비했다.

'도대체 30대 조직책이 어떻게 생겼을까' 궁금해 하던 당원들은 우선 내 얼굴을 보더니 실망 반 기대 반이었던 것 같다. 실망은 너무 어려 보인다는 데서, 기대는 덩치 크고 밉지 않게 생긴 사람이라는 데서 비롯한 것 같았다. 당시 민자당 사람들은 나를 보더니 "머리에 뿔난 운동권인지 알았는데 실제 보니 잘 생겼네"라며 놀리기도 했다.

나는 여러 유형의 당원들과 협력하고 충돌하면서 면밀하게 개편대회를 준비했다. 당시만 해도 정보기관이 야당의 개편대회에 개입하고 방해하는 경우가 있어 특별히 신경을 썼다. 개편대회는 1992년 2월 27일 드림랜드(현 북서울 꿈의 숲)에서 열렸다.

나의 첫 정당 행사인 개편대회에는 수천 명의 인파가 몰려 개편대회를 축하했고, 고대 학생들은 농악대의 길놀이, 문화공연 등으로 행사장 분위기를 고무시켰다. 나는 "지나가는 나그네가 아니며 여기 성북에 뼈를 묻겠다는 각오로 성북과 영욕을 함께하겠다"는 강한 의지를 표명했다. 또 "출세가 아니라 민주주의와 정권교체 그리고 어렵고 소외된 사람들과 함께하기 위해 출마했다"고 말했다.

나는 개편대회에서 정식으로 민주당 성북(을) 지구당 위원장으로 선출돼 공식 활동에 들어갔다. 4월 24일 선거를 눈앞에 두고 무명 신인이 이 지역 총선에 출마하게 된 것이다.

지구당위원장을 맡고 제일 힘들었던 것 중 하나가 결혼식 주례를 서달라는 부탁을 거절하는 일이었다. 하루는 간부들이 이 문제를 놓고 회의를 했다. 결론은 신계륜 위원장이 주례를 서야 한다는 것이었다. 나는 설 수 없다고 버텼다. 간부들도 물러서지 않았다. 그리고 구체적으로 모 당원의 자녀 결혼식에 주례를 서 달라고 강권했다.

지구당위원장이 되고 첫 주례를 서던 날, 나는 미리 여러 군데 예식장에 가서 주례의 말과 행동에 대해 메모하고 나름의 준비를 거쳐 주례석에 섰다. 조금 떨렸지만 심호흡을 몇 번 하고 배에 힘을 주고 스스로에게 '1만 명 학생들 앞에서도 사자후(獅子吼)를 토했는데, 뭘 …' 하며 스스로를 달랬다.

준비한 대로 신랑 신부 맞절과 혼인서약, 성혼선언문의 낭독은 잘 끝났다. 주례사를 막 시작하려는 순간 하객 중 한 여성의 말이 내 자제력을 송두리째 빼앗아 버리고 말았다.

"저게 신랑이냐, 주례냐?"

순간 나는 모든 것을 잊어버리고 아무것도 보이지 않았다. 땀을 뻘뻘 흘리며 뭐라고 말했는지 하나도 생각나지 않을 정도로 당황해 하며 결혼식을 끝냈다. 내 첫 주례는 그렇게 내 기억 속에 깊게 남아있다.

돈 없는 선거운동은 참으로 힘들었다. 당원들은 열성이 있었지만 그래도 일을 팽개치고 선거운동 하려면 최소한의 비용이 필요했다. 간단히 말해 차비와 식사비는 있어야 했다. 그것도 충당하지 못하는 나는 일하는 당원들에게 너무도 미안했지만 당시 다른 방법이 없었다. 내 선거운동의 기둥은 당원과 학생 자원봉사자들이었다. 고대 총학생회장 출신 후배인 허인회, 이인영 등이 앞장서서 고대 학생을 중심으로 자원봉사대를 조직했다. 김영배(현 성북구청장)도 그대를 중심으로 한 서울지역 학생들의 자원봉사단을 조직했다. 이 자원봉사단은 하루에 수백 명이 참여하는 규모로 발전했다. 합동연설회 등 집회가 있을 때는 1천여 명이 집회에 참석해 자원봉사를 펼쳤다. 허인회는 당시 자원봉사단장 활동을 하며 조금이라도 이상한 징후가 발견되면 가차 없이 호루라기를 불어 근처 대학생을 모으는 바람에 민자당 운동원들에게 공포의 대상이었다.

92년 총선 당시 최대 규모의 자원봉사단으로 커진 성북(을)지역 자원봉사단은 모범적인 활동으로 많은 일화를 남겼다. 신념으로 가득 찬 우수한 학생들의 자원봉사였기에 가능했다.

그들은 아침 일찍 당 간부집을 찾아가 잠을 깨우고 선거운동에 함께 가자고 재촉했으며, 사무실에 들어와 라면을 끓여 먹으며 점심식사 비용을 받지 않았다. 처음에는 경계하던 당원들도 아들 또래 학생들의 헌신적인 모습에 감화를 받아 그전까지 있었던 약간의 식사비 등을 반납하고 학생들과 함께하는 놀라운 일이 곳곳에서 벌어졌다. 그것은 극심한 재정난으로 고통을 겪던 내게 청량한 희망을 안겨줬다.

선거를 해본 사람이라면 알겠지만 돈 문제 때문에 골치를 앓는다. 지금도 그렇지만 당시는 음성적 선거자금이 무더기로 들어가는 상황이라 현실과 이상의 괴리 사이에서 많이 갈등하고 고민했다. 학생들의 순수한 봉사활동으로 민자당을 맞서게 되기까지는, 돈을 요구하는 일부 간부의 행태가 너무 환멸스러워 어느 날 밤 차를 타고 동해안 대포

항으로 도망간 적도 있었다. 나름대로의 항의였지만 다음날 간부들의 호소에 못 이겨 바로 돌아오기는 했다. 그 다음부터 그런 요구는 대부분 없어졌다.

당원들의 변화에 학생들의 대규모 자원봉사가 더해져 성북구 거리 어디에서 민자당 운동원이나 고용된 깡패들과 맞서도 물러서지 않을 물리력도 갖추게 됐다.

실제 충돌은 여러 차례 있었다. 충돌이라기보다 민자당이 부정을 저지르다 당원과 학생에게 들키는 일이 다반사였다. 당시 경찰은 아무런 도움이 되지 않았다. 한 번은 월곡동 자산약국 앞에서 불법 흑색선전물을 뿌리던 민자당 고용깡패들이 학생과 당원에게 포위됐다. 그 과정에서 싸움이 벌어졌지만 수적으로 압도당한 깡패들은 몰리기 시작했다. 그들은 화랑로로 나와 도망가고 학생들은 뒤쫓았다. 그들은 석관동에 이르러 안기부 건물 속으로 들어가 문을 잠갔다. 당원과 학생들은 그냥 돌아올 수밖에 없었다. 한 학생은 그들이 휘두른 삽에 머리를 맞아 병원에 실려 가기도 했다.

우리는 그 불법유인물을 신고했지만 어이없게도 누가 뿌렸는지 모른다는 이유로 없던 일이 됐다. 그들이 안기부 건물로 들어간 것으로 볼 때 중앙당 차원의 공작조가 아니었을까 생각했다.

또 다른 예는 합동유세가 열렸던 숭인초등학교 운동장에서 일어났다. 민자당과 민주당 지지자 3천여 명이 운집한 가운데 나를 응원하는 고대 학생 5백 명 정도가 별도로 관중 중앙에 앉아 있었다. 순서에 따라 연설을 시작하기 전 국민당 이필선 후보가 민자당 강성재 후보를 가로막더니 "새까만 후배가 건방지다"며 갑자기 강 후보의 빰을 사정없이 갈겼다. 그냥 '찰싹' 정도가 아니라 '퍽' 하는 소리가 나는 것으로 볼 때 마음먹고 갈긴 것이다. 앉아 있는 나를 사이에 두고 두 후보의 수행원들 간 집단싸움이 벌어졌다. 내 머리 위로 주먹이 오가고 이단옆차기가 날아드는 등 아수라장이 됐다. 한참을 싸우다 선관위 직원들의 제지로 겨우 싸움이 중단됐다.

얼마간 냉각의 시간을 보낸 뒤 마침 한나라당 강성재 후보부터 연설이 시작됐다. 강 후보 비서가 연단 뒤로 우황청심환을 건네는 것을 나는 보았다. 그러나 갑자기 뺨을 얻어맞은 강 후보는 화를 못 참겠는지 제대로 연설을 하지 못했다.

그날 저녁 뉴스에서 나는 연단에서 벌어진 난투극과 어이없어 하는 내 표정을 봤다. 그 장면은 여러 차례 방송됐다.

나중에 안 일이지만 민자당 강성재 후보가 다소 다혈질이기 때문에 이필선 후보가 강 후보의 연설을 망치려 일부러 뺨을 때렸다는 해석이 우세했다. 13대 선거에서도 당시 성북(을)에 출마했던 민주당 조윤형 후보가 강 후보의 뺨을 연설 전에 때린 적이 있었기 때문이다.

이런 아수라장이 92년 총선에서 일어났고 나는 이 과정을 거치며 현실정치인으로 점차 내 자신을 변모시키며 위험천만한 정치에 성공적으로 입문하고 있었다.

선거과정에는 장하운, 이두엽 등 80년 고대총학생회 간부들이 참모로 활동했고, 당시 유학중이던 장하원 등이 홍보를 도왔으며 고남석 등 노동운동을 함께하던 분들도 지원에 동참했다.

그러나 무엇보다도 허인회 등이 이끈 고대 학생자원봉사자들은 선거 자원봉사의 전형을 만들며 민주화운동의 새로운 형태를 창출했다는 평가를 받았다.

1992년 3월 24일 제 14대 총선 투표가 순조롭게 이뤄졌다. 개표결과 내가 8년 동안이나 이 지역에서 일해온 민자당 강성재 후보를 7,936표차로 이긴 것으로 집계됐다.[4]

이렇게 나는 제 14대 국회 민주당 최연소 국회의원으로 당선돼 정식으로 정치에 입문했다. 나로서는 대단한 영광이었다. 그 영광을 이 땅의 서민에게 되돌리겠다고 다짐하며 당선인사를 했다. 월곡산 아래 돌산공터에서 벌어진 축하잔치에는 수천 명이 몰려와 축하해줬다.

전국적으로 보면 제 14대 총선에서 민자당 148석, 민주당은 97석, 통일국민당 31석, 정치개혁당 1석을 차지했다. 비례대표로 국회의원이 된 김대중 의원과 국회에서 같이 일했다. 김 의원은 당시 국회의 왼쪽(연단에서 바라볼 때) 맨끝에 앉아 열심히 출석했다. 출석하지 않은 의원을 점검했고 의원들의 발언을 주의 깊게 경청하는 등 민주당 의원들을 긴장시켰다. 때때로 나를 뒷자리로 불러 노동이나 청년관계 일을 물어보고 메모했으며 때때로 일을 지시하기도 했다.

나는 상임위원회로 노동위원회를 택했다. 지원자가 많지 않아 경쟁할 필요가 없었다. 오히려 민주당 몫의 정원을 채우지 못해 애를 먹었다. 노동문제는 내가 해야 할 일이라고 생각했다. 지금도 그렇지만 당시에도 정치권은 노동문제를 피상적으로 파악했다. 국가적인 문제로 받아들이지 않았다. 오늘날 비정규직 문제가 이토록 악화된 것도 결국 이를 피상적으로 접근한 정치권 책임이라고 할 수 있다. 나는 14대 국회 내내 불법 근로자 공급사업과 불법 근로자파견을 폭로하고 고발했다. 합법파견에 대해서도 그 위험성을 지속적으로 경고했다.

13대 국회 노동위에서 열심히 활동하던 노무현 의원은 부산에서 낙선했고, 이해찬 의원은 14대 국회에서 1년 정도 노동위에서 활동했다. 나는 민주당 비례대표인 김말룡 의원과 함께 14대 국회 4년 동안 노동위원회에서 일했다.[5]

---

4 민자당 강성재는 44,999표, 민주당 신계륜은 52,935표, 빽을 때린 국민당 이필선은 25,661표를 얻었다.

5 14대 국회 초반에는 노동위원회였으나 워낙 인기가 없자 환경위원회를 합해 환경노동위원회로 명칭을 변경했다. 나는 15대 국회에서 낙선하고

상임위인 노동위원회에 열중하면서도 연말 대선 준비에 착수했다. 92년 대선은 내가 애초 주장한 대로 야권통합의 최종결정판이 돼야 했다. 나는 민주정부 수립의 과제를 머릿속에 단단히 박아 넣었다.

다시 16대 국회에 들어와서도 4년 내내 환경노동위를 자원했다. 모두 8년을 노동위원회(이후 환경노동위원회로 변경)에서 일한 유일한 의원이 됐다. 17대 국회에서는 통일외교통상위원회로 자리를 옮겼다.

2 절망과 희망 사이

1992년 시작된 나의 정치일정은 반은 재야, 반은 현실정치였다. 시간과 공간 모두 그렇게 양분됐다. 나는 재야, 특히 노동운동 부문에서 많은 정책을 제안했다. 부당노동행위 사례 등 개별 사안도 제기했다. 노동자의 의사를 국정에 성실히 반영하려 했고 그럴수록 노동관련 업무는 늘어 갔다. 당시 수첩을 보면 대부분의 약속이 노동자와 관련됐다. 경영 쪽과 관련된 것은 거의 없었다. 편향됐지만 당시 내 관점과 활동 중심을 보여주는 지표였다.

현실의 벽은 크고 강했다. 더구나 제도적 뒷받침이 없는 노동, 빈민, 서민, 여성, 장애인 등의 이해를 대변한다는 것은 힘들었다. 동료 의원들의 인식 부족과 그로 인한 다툼은 나를 지치게 했다. 나는 홀로 선 기분이었지만 견디고 노력하며 12월 대선을 준비했다.

나는 김대중 후보를 다방면에서 도왔다. 특히 청년·노동 분야에서 전문적으로 조언했다. 기억에 거의 하루에 한 번꼴로 직접 만나거나 문서로 상황을 전달했다.

내 믿음과 달리, 우리 지역구의 압도적인 승리와도 달리 연말 대선에서 통합민주당 김대중 후보는 804만 1,284표(33.8%)를 얻어 997만

7, 332(42%)를 얻은 3당 합당의 민자당 김영삼 후보에게 193만 표 차로 낙선하고 말았다. 통일국민당 정주영 후보는 388만 67표(16%)를 얻는 데 그쳤다. 우리의 노력에도 불구하고 3당 합당의 지역주의와 지역연합은 거대한 위력을 발휘했고 김대중 후보와 민주당은 결국 호남 고립을 벗어나지 못했다.

92년 대선 실패는 내가 큰맘 먹고 들어선 현실 정치의 길에 짙은 어두움을 깔았다. '역시 안 되는 일에 내가 나선 것'이라는 인식이 점차 강하게 들었다. 87년 6월 항쟁이 민주주의에 대한 인식을 국민 모두에게 심어주었다고 굳게 믿었건만 패배했다. 92년 대선 패배는 깊게 팬 지역감정의 문제를 온 천하에 보여주었을 뿐이었다. 초원복집 사건에서 드러난 지도층의 도덕적 해이와 망국적 불감증은 지역감정이 장차 이 나라의 정치뿐만 아니라 전 사회의 모든 면에서 민주주의의 진전을 막을 암초(暗礁)임을 보여줬다.

1993년 어느 날, 갓 태어난 둘째 아들 지수를 안고 정치은퇴를 선언하고 영국으로 일시 출국하려던 김대중 후보를 만나기 위해 동교동을 찾았다. 나는 막 대문을 나서려던 김 후보를 만났다. 나는 영국에 잘 다녀오시라고 말하며 얼마 전에 태어난 둘째 아들을 소개했다. 김 후보는 내 품에 안겨있던 둘째 아들 손에 현금 2만 원인가를 쥐어 주며 건강하게 잘 자라 아버지의 훌륭한 뜻을 잘 이어가라고 말했다.

영국으로 가기 전이어서 그런 걸까. 나는 그날따라 아버지의 뜻을 이어가라고 아들에게 한 말이 마음에 오래도록 남았다.

그래도 절망하지 않으려 노력했다. 이 정치판에도 희망이 있다는 것을 보여주기 위해 오히려 더 노력해야 된다고 생각했다. 나는 대선 실패의 상처를 숨기기 위해 당 활동에는 거의 참여하지 않고 국회 상임위에서 정열을 불태우며 절망을 잊으려 노력했다.

청년 국회의원의 첫 대정부질문

1993년 생애 처음으로 국회 대정부 질의를 했다. 11월 3일 대정부질문은 당시 내 모습을 집약해서 담고 있기에 인용한다.

> "우리 민족의 당면한 과제는 부정적 과거 청산, 특히 군사독재 시절의 법과 제도, 부정부패, 지역차별, 인권탄압 그리고 기타 관행이나 가치관 등을 하루빨리 청산하는 것이다. 또 낡은 냉전의 틀 속에서 억제됐던 민족의 자주성을 한껏 고양시키고 민족통일의 큰길을 하루 빨리 열어나가야 한다. 이것이 돼야 비로소 21세기 새로운 국가 경쟁시대에 이길 수 있는, 생존할 수 있는 준비를 갖췄다고 말할 수 있다. 그런 의미에서 과거 청산은 지하의 뿌리이고 개혁은 지상의 나무요, 열매다.
>
> 그리고 이른바 '김대중 내란음모 사건'은 공권력을 빙자한 악명 높은 범죄다. 합동수사본부의 고문이 있었음을 인정하라. 그 실무책임자는 보안사 및 치안본부 간부, 고문 기술자이며 총책임자는 전두환 노태우 두 전직 대통령임을 인정해야 한다(그때 민자당 의원석에서 야유가 들렸다). 이 수사과정에서 전혀 근거가 없는 용공조작이 있었고 그 용공조작이 87년, 92년 대선에 결정적인 영향을 미칠 정도로 국민정서를 왜곡시켰으며 지금도 그 영향이 미치고 있다(다시 민자당 의원석에서 더 큰 야유가 있었다). 이제 이 사건에 종지부를 찍지 않고는 개혁의 전진은 한 발자국도 있을 수 없다. 30만 명이 희생된 것으로 알려진 칠레에서는 아윌린 대통령이 취임하자마자 진실과 화해를 위한 국가위원회를 구성하고 무려 3천여 건에 이르는 사례를 정밀 진상조사해 9개월 만에 1천 페이지가 넘는 보고서를 작성한 사례가 있다. 우리도 독재정권 때의 억울한 사건에 대한 조속한 진상조사를 해야 한다.[1]

1 이 요구는 전혀 받아들여지지 않았다. 그로부터 10년 후 내가 노무현 대

도시의 가장 큰 인구를 구성하고 정직하게 살아가는 육체노동자와 사무직노동자, 하위 공무원들, 영세상공인들, 중소상공인들과 그 가족의 고통이 극심하다. 서민들은 오랫동안 자신의 권리를 누리지 못하면서도 꿋꿋이 일해 왔다. 87년 6월 항쟁에서 주역으로 나선 그들은 우리 사회의 가장 건강한 민주역량이다. 과거청산과 개혁의 차원에서 그들에게 정당한 민주적 권리를 보장해야 한다.

92년 한 해 동안만 10만 9,864명이 죽거나 다쳤다. 산재왕국이라고 부를 수 있다. 6공 들어와서만 3,619명의 해고노동자가 발생했다. 해고노동자를 복직시켜야 한다. 특히 정부 산하기관과 투자기관, 출연기관 해고자들부터 우선적으로 복직을 추진해야 한다. 지하철노동자 배일도 씨의 아버지가 아들의 복직이 실현되지 않자 농약을 먹고 자살한 일도 있었다. 법원의 부당해고 판정을 받고도 복직시키지 않는 사업장이 많다. 즉각 복직을 추진하라.

과거 군사정권의 국가재건최고회의, 비상국무회의, 국가보위입법회의 등에서 변칙적으로 개악돼 지금은 말 그대로 야만의 상태에 빠진 집단적 노사관계법의 개정이 시급하다. 제 3자 개입금지 조항을 폐지해야 한다. 또 보사부 예규 629조 지역의료보험운영규정 자체가 근로기준법을 다수 위반하고 있다. 지역의료보험조합 74개 2,205명이 각종 수당 등 체불임금 청구소송을 제기해 부분적으로 승소판결을 받고 있는 현실이다. 개탄스러운 현실이다. 아울러 국가 및 지방자치단체에 근무하는 일용직고용자에 대해 각종 법정수당 지급여부를 실태파악하라.

재개발이 서민을 보호하기보다 추방하고 있다. 기존 주민의 입주율이 아주 낮다. 영세지주들의 입주를 돕기 위한 가입주단지를 조성하라. 주민끼리의 문제로 방치하지 말고 정부의 적극적인 지원, 재개발 지역의 투기요소 차단, 국공유지 점유자들에게 불하대금 20년 이상 장기저리 불하, 무주

통령 당선자 비서실장으로 있을 때 계획을 세워 노무현 정부가 들어서자 '과거사진상규명위원회'로 결실을 맺었다. 과거 정치사건의 진상을 규명하는 데 큰 기여를 했다.

택자에 대한 장기저리 융자, 영구임대 아파트의 건립 등을 실현해야 한다.[2]

한국전쟁 이후 참담했던 폐허 속에서 허리띠를 졸라매고 보릿고개를 넘기면서 그야말로 건설의 역군으로 한강의 기적을 일으켰던 장본인이 바로 지금의 노인이다. 국가적 지원은 당연하다. 또 애를 맡길 곳이 없어 직장을 못 나가는 여성을 위해 탁아시설을 대폭 확대해야 한다. 보육대행자가 있는 아동을 제외하고도 108만 명이 보육대상자다. 그런데 보육현황은 5만 명에 그치고 있어 100만 명이 방치되고 있다. 연차별 확대계획을 발표하라.

고용보험준비가 부실하다. 고용보험준비 예산을 대폭 확대해야 한다. 김영삼 정부 들어서도 과거 군사독재정부의 예산 패턴을 그대로 따라가고 있다. 과거 군사독재정권의 가치관이 그대로 보존, 강화, 확대되고 있다. 지난 30여 년의 군사독재 기간 동안 우리 서민은 참을 만큼 참고 인내할 만큼 인내했지만 새 정부 하에서도 소외당하면서 절망에 빠져 있다."

그리고 나는 다음과 같은 말로 대정부질문을 마무리했다.

"본 의원은 이 땅의 가난한 서민의 간절한 소망을 대변하면서 대통령 자신과 정부의 각성을 촉구하는 의미로 대통령 취임사에서 다음의 구절을 인용하겠습니다.

'오늘을 맞기 위해 30년의 세월을 기다려야 했습니다. 오늘 탄생하는 정부는 민주주의에 대한 불타는 열망과 거룩한 희생으로 이루어졌습니다. 우리 사회는 그늘 속에 살아온 사람들이 너무 많습니다. 그들은 위로받아야 합니다. 많이 가진 사람은 더 많이 양보해야 합니다. 힘 있는 사람은 더 큰 것을 양보해야 합니다.'

총리! 지금 위로하십시오! 우리 주변의 가난한 서민이 바로 그들입니다. 그들에게 더 많은 양보해야 합니다."

---

2 이 제안 중 일부는 현재 반영됐지만 정부의 지원, 가입주단지의 조성 등 중요문제는 아직도 실현되지 않고 있다.

나는 1994년에도 본회의장 대정부 질문을 통해 노동관계법 개정을 요구했다. 지금은 많은 부분에서 개정이 이뤄졌고 진행중인 것도 있다. 하지만 이는 아주 많은 사람들의 희생과 노력으로 이루어진 것임을 우리는 명심해야 한다. 1994년 당시 미국의 라이시 노동장관이 제네바 ILO총회에서 제시한 '절대 준수해야 할 3가지 노동조건'을 아직도 기억한다. 아동노동금지와 강제노동금지, 결사의 자유 보장 등 3가지다. 우리 사회에 아동노동이나 강제노동은 없다고 말할 수 있지만 당시나 지금이나 결사의 자유에 대한 침해는 여전히 지적받고 있다. 결사의 자유는 라이시 장관의 말처럼 아주 기본적인 가치 영역에 속하는 것이다. 당시 우리나라는 복수노조금지, 교사 등 공무원의 단결권 제한, 제 3자 개입금지, 노동조합의 정치활동 금지 등의 법을 완강하게 유지해 세계적 비난을 받고 있었다.

1994년 ILO는 기본적인 노동조건조차 충족시키지 못하는 나라에 대해 무역 제재를 가할 뿐 아니라 원조 차관도 중단해야 한다는 내용을 논의했다. 94년 OECD각료회의도 무역·고용 및 국제적으로 인정된 노동기준을 논의하기 시작했다. 우리나라가 제재대상으로 여러 차례 거론된 이유는, 부끄럽게도 노동자의 결사의 자유에 대한 후진적인 태도 때문이었다. 지금도 이 문제는 발전적으로 정리되지 않았다.

나는 산업연수생이라는 이름으로 국내에 들어와 일하고 있던 외국인노동자의 실태를 조사하기도 했다. 당시 대다수 산업연수생은 연변동포였다. 김삼수(서울산업대 경제학과) 교수와 함께 연변동포가 우리나라 중소기업중앙회를 통해 입국해 일하는 경위와 실태를 조사해 《외국인노동자문제 실태보고서》라는 백서를 발간했다. 94년 국회 환경노동위원회 국정감사 마지막 날 보고된 이 백서는 외국인노동자가 본국에서 송출될 때부터 내야 하는 비공개 비용을 밝히는 등 불법체류의 근본원인을 담고 있다. 이 보고서는 지금도 외국인노동자 문제를 밝히는 데 중요한 단초를 제공하고 있다.

1등 국회의원의 쓰라린 낙선

나는 92년 대선 패배의 상처를 좀처럼 극복하지 못했다. 노동위원회(후에 환경노동위원회)에 전념하면서 조금씩 상처를 회복했다. 나와 함께하는 사람들이 조금씩 늘어나 내 회복을 도왔다. 그러나 사실을 말하면, 당시 나는 끊임없이 동요하며 정치를 계속할지 끝까지 고민했다. 그런 가운데 새로운 정치에 대한 실험을 중단하지는 않았다.

대표적인 사례가 1993년 봄 여의도 국회의사당 지하식당에서 열린 공개후원의 밤이었다. 당시 환경노동위원회에서 노동자의 주장을 대변하고 환경오염의 주범으로 기업을 꼽는 나에게 정치자금이 들어올 리 만무했다. 나는 법으로 허용된 후원회를 조직해 후원금을 공개모금하기로 결정했다. 지금이야 자연스럽지만 당시엔 정상적인 일이 아니었다. 당시 여당은 대통령이 기업으로부터 막대한 정치자금을 받아 대선, 총선 등의 선거자금으로 물 쓰듯 했다. 여당의원들은 비공개 모임이나 친분 있는 인사들로부터 충분한 정치자금을 받고 있었다.

야당은 사정이 너무 달랐다. 정치자금을 제공할 재력가나 기업이 없었다. 설사 있더라도 공개하지 말아 달라고 사정했다. 정치자금 제공 사실이 알려지면 세무조사를 받고 파산할 것이 분명했기 때문이다. 예컨대 어떤 재력가가 김대중 후보를 충심으로 좋아해 정치자금을 냈다고 해도 그는 그 사실을 숨길 수밖에 없었다. 이것이 곧 야당 정치자금 비공개, 결국 음성정치자금의 역사다. 물론 여당도 그 막대한 정치자금의 출처와 사용처를 밝히지 않았지만 야당과는 전혀 다른 이유였다.

그런 상황에서 공개적 후원행사를 통해 모금한다는 것은 당시 형편으로는, 특히 야당의원으로서는 정상적인 일이 아니었다. 그러나 명색이 새로운 정치를 한다는 30대 국회의원이 기존 관행을 따를 수는 없었다.

나는 소액 다수주의, 정치자금의 최소화, 정치자금의 공개화 등 3대 원칙을 표방하고 1993년 3월 27일 후원회를 결성했다. 회장은 장하성 교수가 맡았다. 4월 10일 국회 본회의장 지하식당에서 후원의 밤 행사를 갖기로 했다. '혼자 잘난 체한다'는 동료의원들의 시선은 아랑곳하지 않았다. 나는 이 방법이 장차 정치자금을 투명하게 하는 길이 될 것으로 믿었다. 행사장에는 나를 좋아하는 젊은이들과 지역 당원들을 중심으로 1천여 명이 참석했고 총 3천여만 원의 후원금이 접수됐다.

나는 이 자리에서 월별 정치자금을 수입과 지출별로 공개하고 세비와 사용내역도 밝혔다. 사상 처음으로 간주되는 정치자금 공개는 당시 정가에 작은 충격을 주었다. 〈동아일보〉를 비롯한 신문도 그 사실을 보도했다.

달갑지 않게 여기던 동료의원들도 격려로 돌아섰다. 형식적으로 운영되던 후원회 관행에 일대 개혁의 바람을 불러왔다. 나는 그 후 후원회가 정치자금 모금의 실질적인 중심으로 자리 잡는 것을 지켜봤다. 1993년 과감한 공개적 후원행사가 그 같은 변화를 이끄는 데 도움이 됐다고 생각한다.

나는 1995년 언론사상 처음으로 〈중앙일보〉가 실시한 국회의원 평가에서 베스트 20인에 선정됐다. 해당상임위에서는 발언, 문제제기, 대안제시, 해당공무원 평가 , 종합평가 등 5부문에서 모두 1위를 차지한 유일한 국회의원으로 평가됐다. 또 1995년 〈시사저널〉 선정 베스트 11인으로 뽑혔으며 같은 해 정치전공 소장학자, 연구자, 정치부기자 100명이 선정한 12인의 개혁정치 뉴 리더로 선정됐다. 1996년 나라정책연구원 평가에서는 전체 국회의원 중 베스트 5가 되기도 했다. 공무원들은 특히 "다른 야당의원이라면 그냥 넘어갈 일도, 신계륜 의원은 칼날 같은 지적을 하기에 모두 숨을 죽인다"고 높게 평가했다.

그럼에도 불구하고 나는 1996년 4월 11일, 제 15대 총선에서 패배했다. 중앙에서의 활동과 지역 유권자의 평가는 달랐던 것이다. 성북은 냉정했다. 중앙무대에서 아무리 좋은 활동을 해도 지역을 소홀히 하면 안 된다는 냉엄한 교훈을 얻었다.

1996년 총선에서 패배한 뒤 어느 날 갑자기 어느 국감장에서 있었던 일이 떠올랐다. 국정감사로 부산시청에 갔을 때 점심을 먹고 나서 본청으로 돌아가려는데 건장한 정문 수위가 나를 제지했다. 국회의원 비서로 안 모양이었다. 그는 비서진이 출입하는 문은 왼쪽에 있다고 했다. 달리 설명할 길이 없어 그냥 왼쪽으로 난 작은 문을 통해 청사로 들어갔다.

그 당시 왜 그 생각이 떠올랐는지는 모른다. 아마 처음 현실정치 참여 제안을 받고 '나에게 안 맞는 옷을 입으려는 건 아닐까' 하던 느낌이 그때 부산시청 정문 앞에서 강하게 되살아난 게 아닌가 싶다.

1995년 김대중 후보의 정계복귀와 함께 창당된 새정치국민회의 소속으로 치른 총선이라는 점을 고려하더라도 내가 입은 정치라는 옷이 정말 나에게 맞는 것일까 하는 의문을 갖지 않을 수 없었다. 청년 국회의원은 41세에 다시 벌거벗은 채 광야에 섰다.

최초의 정권교체, 김대중 후보의 당선

1994년 북한 김일성 주석이 사망했고 정계를 은퇴했던 김대중 후보는 영국에서 돌아와 1995년 6월 7일 제 1회 지방선거에서 민주당의 압승을 이끈다. 조순 서울특별시장을 비롯한 광역단체장 4명, 기초단체장 84명, 광역의회의원 353명이 당선됐다. 김 후보는 같은 해 7월 17일 정계복귀 선언을 하고 9월 5일 새정치국민회의를 창당, 총재로 취임했다.

1996년 4월부터 97년 12월 18일 대선까지 나는 청년 분야를 주로, 노동 분야를 보조적으로 맡아 후보를 도왔다. 내 기억으로 노동은 노무현 전 의원이 주도적으로 맡았던 것으로 기억한다. 나는 청년을 조직하며 전국을 돌고 문화행사를 통해 김대중 후보가 청년 앞에 많이 노출되도록 했다. 해변영화제, 문화마당, 전통문화행사 등이 단골메뉴였으며 나는 많은 시간을 김대중 후보와 함께했다.

나는 이 무렵 가끔 김 후보와 식사를 하는 경우가 있었다. 특별한 보고사항이 있어서라기보다는 편하게 이것저것 물으며 내 의견을 듣고 싶었던 것 같다. 하루는 둘이 동교동에서 식사를 하는데 김 후보의 눈이 자꾸 내 젓가락 쪽을 향했다. 이유를 물었다. 김 후보는 신 의원 고향이 함평이라 함평 토산물인 토하젓을 차렸는데 토하젓은 안 먹고 콩나물만 먹어서 언제 젓가락이 가는지 보고 있었다고 말했다. 김 후보의 섬세함과 당시 나의 무딤이 충돌하는 순간이었다. 무딘 성격의 내가 잔잔한 감동을 받은 일화는 그것 외에도 많다.

나는 청년자원봉사자들과 함께 유세단 '파랑새'를 이끌고 서울과 전국 곳곳을 누볐다. 밤에는 촛불을 들고 집회를 열어 사람들의 주의를 끌기도 했다. 우리는 토의를 통해 문제점을 이야기하고 정리하며 다시 평가하는 등 열심히 일했다.

한 번은 밤늦게까지 선거운동을 하고 청년자원봉사자와 어울려 맥줏집에 갔는데 형사 한 명이 따라 들어왔다. 미성년자를 단속한다며 청년들에게 주민등록증을 보자고 했다. 속이 빤하게 보여 내가 "무슨 짓이냐"고 했지만 그 형사는 이상한 검문을 계속했다. 소속을 묻고 화를 내자 그때서야 돌아갔다. 형사들이 관심을 가질 만큼 청년들의 활동이 효과적이라고 자위하고 넘어갔다. 대부분 대학생들이었던 그들은 아무 욕심 없이 순수와 순결 그 자체로 정권교체를 위해 헌신했다.[3] 마음껏 운동했다는 표현이 어울릴 정도로 그들은 나와 함께 전국을 누볐다.

선거가 막바지에 이르자 92년 선거와 마찬가지로 3당 합당세력의 호남 고립화 전략은 민주세력의 집결을 막는 현저한 장애요인으로 작용했다. 누구의 눈에도 수적 열세는 분명했다.

이 상황에서 김대중 후보는 이회창 한나라당 후보로 인해 고립에 빠진 김종필 대표를 주목했다. 결국 김 후보는 지역연합을 선택했다.

내 의견을 묻는 김대중 후보에게 "흔쾌하지는 않지만 불가피하다면 피할 일이 아니"라고 답했다. 우리가 이겨 민주정부를 수립하고 민주적 개혁을 이룰 수 있다면 김종필과의 연합도 불사할 수 있다고 생각했다. 87년, 92년 선거에서 패배한 민주진영은 — 일부가 부정적 견해를

3 정권교체 후에도 수백 명에 이르는 청년자원봉사자 중 한 명도 권력의 혜택을 받은 이가 없다. 선거가 끝난 후 우리는 무주에서 해단식을 갖고 각자의 길로 돌아갔다. 해단식 때 눈이 많이 왔었고 청년들은 스키를 타며 좋은 추억을 남겼다. 그때 찍은 사진을 지금도 잘 보관하고 있다. 청년자원봉사자 모두가 그때처럼 언제나 좋은 날들을 맞이하길 진심으로 바란다.

갖고 있었지만— 대부분 불가피한 것으로 받아들였다. 그래도 또 지면 어쩌나 하는 조바심은 어쩔 수 없었다.

그렇게 조바심을 친 것은 정치입문의 동기 때문이었다. 야권통합을 통해 범민주 수권정당을 만들고 이를 토대로 정권교체를 해 민주정부를 수립한다는 것이 현실정치에 발을 들여놓은 이유다. 나는 이번 선거에도 실패하면 정치를 그만둘 생각이었다.

1992년부터 97년까지 희망과 절망을 반복하면서 나는 참 많은 것을 얻기도, 잃기도 했다. 얻은 것은 민주권리 회복의 시대에 함께해준 열성적 지지자를 만난 것이요, 잃은 것은 가족과 친구를 가까이 하지 못한 것이다. 김대중 후보가 선거에 또 지면 이젠 더 이상 현실정치를 하지 않아도 되고, 어떤 면에서는 가족과 친구를 더 가까이 할 수 있을 기회가 될 것이라 생각했다. 그렇지만, 대선에서 다시 진다면 자괴감(自愧感)은 내 일생을 따라 다닐 것 같았다. 두려움과 긴장은 선거가 다가올수록 더해졌다.

선거 결과는 새정치국민회의 김대중 후보의 승리였다. 김대중 후보는 1,032만 6,275표(40.3%)를 얻었다. 한나라당 이회창 후보는 993만 5,718표(38.7%)를, 국민신당의 이인제 후보는 492만 5,591표(19.2%)를 얻었다. 김 후보가 39만 표의 차이로 승리한 것이다.

그토록 염원했던, 우리 역사상 최초로 선거에 의한 정권교체가 이뤄진 것이다.

72년 유신부터 80년 서울의 봄과 광주항쟁, 87년 6월 항쟁 그리고 우여곡절의 97년 정권교체는 바람보다 먼저 눕고 바람보다 먼저 일어나는 민초들의 신체리듬을 분명히 보여줬다.

그날 나는 87년 6월 항쟁 이후 처음으로 활짝 웃었다. 군사독재와는 같은 하늘 아래 살지 않겠다는 맹세는 이제 지키지 않아도 됐다. 김대중 대통령의 탄생은 그 자체로 역사적인 일이었다. 개인적으로는 내가 정치를 시작한 이유가 타당해진 날이기도 했다.

그날 이후 대부분의 사람들은 권력을 향해 움직였다. 누가 인수위원회에 참여하고 누가 초대각료가 되며 하는 등의 이야기가 돌았다. 그렇게들 권력을 향해 움직였다. 나는 그날로부터 권력과 반대로 움직였다. 그동안 선거 때문에 유보했던, 내가 하고 싶은 일을 해야겠다는 생각이 갑자기 들면서 주로 지방에 머물렀다. 김대중 당선자가 부르는 두 번의 모임에도 가지 못했다. 이 때문에 주위의 친구들로부터 비난도 받았다.

몇 가지 지방 일정을 끝내고 나는 혼자 차를 타고 광주로 향했다. 망월동 광주영령이 묻혀있는 곳에 들러 박관현 열사의 묘 앞에 섰다. 박열사의 장례식을 치르던 남동성당에서 가슴을 치며 문상객들을 맞던 기억, 지치고 힘들 때 혼자 이곳에 와 소주잔을 기울이며 가슴에 맺힌 시커먼 멍을 쏟아내던 기억까지 하나하나 생각했다. 그리고 이제부터는 새로운 하늘이 열리기를 기원한다고 말했다.

나는 마음속으로 80년 서울의 봄과 광주항쟁, 87년 6월 항쟁, 97년 대선 승리를 동일선상의 민주대장정(民主大長征)으로 정리했다. 그러는 사이 김대중 대통령당선자는 인수위원회 활동을 끝내고 98년 2월 25일 대한민국 제 15대 대통령으로 취임했다.

고건 시장과 서울시 정무부시장

공동정부를 구성한 새정치국민회의와 자민련은 1998년 6월 4일 제 2회 지방선거에서 위력을 발휘했다. 서울과 경기, 인천 등 수도권 3곳의 광역자치단체장을 모두 이겼다. 나는 고건 서울시장 후보를 도와 선거전에 뛰어들었다. 처음에는 고건 후보와 일해 본 적이 없어 다소 걱정했지만 그의 뛰어난 직관력과 균형감각을 알고부터는 편안하게 일할 수 있었다. 당에서는 나와 함께 정동영, 김한길이 고건 후보를 지원했다. 정동영은 당의 지원을, 김한길은 홍보와 TV토론을 도왔다. 나는 고 후보와 함께 전반적인 선거운동을 함께했다. 고 후보 쪽 강홍빈이 서울시 정책을 맡았다. 그는 서울시 전반을 잘 알고 있었으며 감성도 풍부했다. 한나라당 최병렬 후보는 열심히 노력했지만 고건 후보에게 완패했다.

승리 후 나는 인수위원회 활동을 거쳐 서울시 정무부시장으로 일했다. 내 나이 44세였다. 서울시 정무부시장을 원한 것은 중앙부처 다른 직위와 달리 종합행정을 제대로 배울 수 있다는 장점 때문이었다. 당과 김대중 대통령이 내 생각을 지원했으며 최종적으로 고건 시장의 결심으로 성사됐다.

나는 정부부시장 시절 1년간 많은 것을 배웠다. 행정의 달인이라는 고건 시장으로부터 의사결정 과정의 투명성과 균형감각을 배웠다. 그땐 의욕이 많았고 배울 것도 많았다. 특히 공무원에 대한 과거의 부정적 생각을 떨쳤다. 공무원들은 장점이 많았고 이 장점을 잘 찾아 고무시키고 그 결과를 평가에 잘 반영하는 일이 중요했다. 나는 보석 같은, 젊고 의욕에 찬 공무원들을 다수 보았다. 그들이 잘못된 권위에 흔들리지 않고 소신껏 일하도록 하는 게 정무직 행정 책임자의 중요한 책무

중 하나라는 생각도 하게 됐다.

서울광장 앞 시청사는 오래된 일제식 건물이다. 그러나 그 건물은 아주 견고하고 튼튼하며 천정이 높아 시원한 느낌을 준다. 나는 일제가 지은 것이지만, 없앨 것이 아니라 그대로 보존해 역사의 아픔을 그대로 가르치는 교육장으로 쓰면 좋겠다는 생각을 지금도 갖고 있다.

나는 그때 나의 오랜 보좌관으로 일하게 될 최종윤과 기동민을 외부에서 채용했고, 서울시 공무원 중 서노원을 비서로 임명했다. 이들 모두 성실하게 자신의 맡은 바 임무를 수행했고 지금도 자신의 영역에서 최선을 다하고 있다.

나의 서울시 근무는 행정 영역에 대해 내가 겪은 최초의 직접 경험이었다. 과거 서울시 국정감사 위원으로 와보긴 했지만 직접 일하는 것과는 전혀 달랐다. 더구나 서울시 행정은 국방을 제외한 중앙부처의 거의 모든 업무를 처리한다. 이를 직접 경험하고 나의 정치적 판단자료로 삼을 수 있었던 것은 내게 대단한 행운이었다.

다만 가장 애정을 갖고 임했던 지하철노조 파업사태가 결국 공권력 투입으로 결말이 난 것은 지금 생각해도 안타깝다. 1998년 지하철노조와의 교섭에서 나는 고건 시장으로부터 전권을 위임받아 협상에 임했다. 늘 노동 쪽에 서 있다가 사용자 쪽에 서기란 쉽지 않았다. 정성을 다해 노동조합의 의견을 최대한 반영하는 안을 만들어 고건 시장의 허락을 받았다. 최종 순간 문서를 만들어 노조위원장에게 전달했으나 다음날 파업은 결행됐고 기다렸다는 듯 경찰은 파업현장에 투입되었다. 많은 사람들이 연행되고 지도부는 구속 수감됐다.[4]

---

4 나중에 안 일이지만 노조위원장 측이 내 협상안을 공개하지 않고 없던 일로 처리한 사실이 밝혀졌다. 내 협상안은 노동조합이 충분히 받아들일 수 있는 내용이었다. 이를 조합원이나 조합 간부들에게 공개하지 않고

나는 서울시에서 일하던 중 두 가지 특이한 일을 경험했다. 대학 다닐 때 학원에 출입했던 정보과 형사가 찾아왔다. 그는 자신의 신분을 밝히고 내가 기억하는 정보과 형사들의 현재 거취를 설명한 다음, 나에게 용서를 구했다. 만감이 교차했지만 그때 일은 나뿐만 아니라 경찰에게도 고통스러웠을 것이라 말하고 잊지는 말되 서로 용서하자고 했다. 다른 형사들에게도 전해달라고 했다. 그 형사는 그렇게 하겠다며 사무실을 떠났다.

다른 하나는 80년 서울의 봄 당시 고대를 담당하던 성북경찰서 차상록 전 서장이 찾아온 일이다. 나는 1980년 5월 5일 고대의 1차 민주화 대집회를 끝낼 때 교문 앞으로 나가 수고한 전투경찰에게 주라며 우유 8상자를 차 서장에게 전달한 적이 있었다. 이 장면은 당시 몇 개 일간지에 사진과 함께 보도됐다. 계엄포고령이 전국으로 확대된 이후 보안사 모 준위가 "누가 너에게 화해하라고 했어? 학생들과 같이 항거하느냐?"며 차 서장을 질책했다고 했다. 급기야 염보현 치안본부장으로부터 사표를 내라는 지시를 받고 1980년 7월 17일 쫓겨나는 비운을 겪었다고 했다. 그는 억울함으로 화병이 생겨 혈관이 다 망가졌고, 그때부터 투병생활을 하고 있다고 말했다. 나는 그의 기막힌 설명을 다 듣고 다른 방법으로 이를 치유할 수 있는지 알아보자고 했다.[5]

내가 고건 시장과 함께 서울시정을 경험한 것은 정부 입각보다 훨씬 더 큰 만족감과 영감을 줬다. 그때 나는 서울시 예산이 너무 방만해(물

바로 파업으로 들어간 것이었다. 지금도 그때를 아쉬워하는 지하철노조 간부들이 있다. 내가 처음 사용자가 된 그 협상을 성공시키지 못한 것이 못내 아쉽다. 한 사람의 판단착오로 많은 노조간부가 구속 수감된 것을 생각하면 더욱 그렇다.

5 그는 2000년 8월 민주화운동관련자 명예회복 및 보상에 관한 법률시행령 제 14조 규정에 의해 명예회복 신청을 냈다.

론 지금도 그렇다) 제대로 살펴보지 않으면 업자들 손에 끌려 다니다 세월을 보낼 수 있다는 결론을 어렵사리 체득했다.

또 있다. 서울의 지리적 단점이자 특징은 한강과 서울 둘레의 북한산이다. 주변 산과 도심을 하나로 묶는 입체적 자연친화적 개발계획을 수립하면 수도 서울의 면모를 일신할 수 있다는 걸 알게 됐다. 배산임수(背山臨水)의 전통적 도시로서, 세계에서 찾아보기 힘든 특징 있는 도시로 거듭날 수 있다. 그럴 경우 서울을 몇 개 권역으로 나눠 한강과 주변 산을 함께 아우르는 개념으로 도시를 재배치한다면 지금 서울의 교통, 환경, 교육분야 등을 크게 개선할 수 있다.

예를 들어 천장산 주변의 성북구, 동대문구, 중랑구 등 서울 동북부를 한강의 지류 중랑천과 하나로 묶어 이곳의 대학과 연계해 청소년 문화거리와 공간을 배치한다면 서울 동북부 지역의 대학생이 멀리 강남까지 갈 이유가 없게 된다.

서울시 행정 경험은 재야 출신으로 비판적 안목을 가졌던 내게 새로운 긍정적 관점을 제공했으며 이후 의정활동에 큰 도움이 됐다.

2000년 총선을 앞두고 나는 서울시에 오래 근무하는 것이 옳지 않다고 생각해 고건 시장에게 사표를 내고 성북(을) 구로 돌아왔다. 사표를 내기 전 출입기자들과 함께 금강산을 갔다. 그때, 때 아닌 눈이 많이도 왔다. 버스가 주차장까지 올라가지 못해 걸어가야 했지만, 안개 낀 하늘문을 지나 소복이 내리던 눈을 맞으며 금강산의 설경을 바라보던 기억이 새롭다. 아마 그때 함께했던 기자들도 그날을 쉽게 잊지 못할 것이다.

3

다리가 되어

15대 총선의 낙선 경험은 나에게 좋은 교훈을 주었다. 처음에 나는 '열심히 일했는데 지역에서 몰라주니 답답하다'는 심정을 갖고 있었다. 그러나 시간이 흐를수록 내 약점이 발견됐다. 중앙에서 의정활동을 잘하는 것과 유권자가 정치인을 인정하고 평가하는 것은 다를 수 있다는 사실을 인정하면서부터다. 초심으로 돌아가 좀더 겸손하라고 가르치는 유권자의 훈계를 나는 받아들였다.

'스스로 낮아지며 이끌고 어우르며 나간다'는 내 운동관으로 돌아가야 한다고 생각했다. 정치를 떠날까 끊임없이 고민했던 정치입문 초기를 엄중히 반성했다. 국민의 사랑을 받는 정치인으로 거듭 태어나는 것이 내 소명이요, 다른 길이 없는 외길이라고 스스로 다짐했다. 이렇게 해서 정치입문 시기에 가졌던 정치에 대한 회의와 방황은 사라졌다. 96년 총선 실패의 경험이 나를 채찍질한 것이다.

서울의 3선 국회의원

나는 맹렬한 반성을 토대로 더 낮은 곳으로 내려가 선거에 임했다. 2000년 총선에서 한나라당 강성제 후보에게 무려 11,826표차(12.19% 차)로 압승을 거뒀다. 서울서는 보기 드믄 표차였다. 열린우리당 분당과 민주당 후보 출마의 위기를 맞은 2004년 총선에서도 한나라당 최수영 후보에게 12,878표차(11.94% 차)로 압승했다. 당시 민주당 박찬희 후보는 무려 10,728표(9.95%)를 득표했지만 대세는 변함없었다.

이 결과는 나에 대한 성북구민의 명확한 의사표시였고 내가 가야할 길에 대한 무한한 신뢰의 표시였다. 나는 이제 정치에서 내 길을 걸어야 한다고 생각했다. 특히 97년 대선 김대중 대통령의 탄생과 2002년 대선 노무현 대통령의 탄생은 이 같은 내 생각을 좀더 분명히 하게 했다. 지금까지 '민주정부 수립' 또는 '민주정부 사수'라는 절대 목표에 복무하다 이제 '신계륜, 너는 무엇인가'라는 물음에 답해야 했다.

두 번의 선거에서 압도적 지지를 보여준 성북구민들의 생각도 나와 다르지 않다고 생각했다. 서울의 3선 의원으로서 나아갈 길은 더 큰 정치로의 도전이라고 생각했다. 그리고 나름의 준비를 게을리하지 않았다.

사실을 말하면 나는 이미 2002년 지방선거를 앞두고 서울시장 출마와 전당대회 당지도부 출마 모두를 검토했다. 서울시 부시장을 지낸 경력에 대한 자신감으로 새로운 행정을 구상하며 서울시 일부 공무원들과 공감대를 형성해 나갔다. 부시장 시절 눈여겨본 젊고 유능한 공무원들의 보이지 않는 기대도 컸다. 고건 시장도 우호의 시선을 보내고 있었다. 48세 재선의원인 나는 비교적 좋은 조건을 갖고 있었다.

지방선거를 앞둔 어느 날 김민석 의원이 국회 사무실로 찾아왔다.

김 의원은 대담하게도 서울시장에 출마할 뜻이 있으며 한 번만 도와달라고 했다. 그리고 내게는 서울시장보다 당지도부 쪽으로 가는 게 좋겠다며, 이번에 도와주면 다음엔 나를 돕고 지지하겠다고 했다. 14대에서 낙선하고 15대, 16대 국회의원이 된 김 의원은 당시 나름의 대중적 지지층을 확보하고 있었다. 연속 재선에 성공해 한 번의 공백을 겪은 나보다 정치적 민감성이 앞섰다고 말할 수 있었다.

나는 김 의원과 정치문제를 깊게 상의하거나 협력하는 관계는 아니었지만 당시 그를 신뢰하고 있었다. 얼마간 생각한 나는 그의 나이가 39세인 점이 몹시 걸렸지만, 김 의원에게 그렇게 하자고 답변했다. 많은 사람들이 이 결정에 의문을 제기했다. 심지어 나에게 정치적 본능이 부족한 것 아니냐는 의문을 갖기도 했다.

그러나 나는 당시 김 의원과 경쟁하고 싶지 않았고 그런 정치를 바람직하게 생각지도 않았다. 오히려 젊은 우리는 기성정치와 다를 수 있고, 달라야 한다고 생각했다. 나는 내심으로 당시 신뢰하던 김 의원이 선배인 나에게 서울시장 후보로 먼저 나서도록 권유하기를 진심으로 바랐다. 그러나 김 의원이 그렇게 하지 않았다고 해서 그와 경쟁하고 싶지는 않았다. '낮아지며 이끌고 어우르며 함께 가자'는 내 정치 소신과도 맞지 않았다. 그래서 나는 김 의원이 편안하게 밟고 지나갈 다리가 되기를 자청했다. 그것이 당시 내 생각이었다.

그렇게 해서 2002년 서울시장 후보를 김민석 의원에게 양보했지만 그해 6월 13일 실시된 지방선거에서 서울시장 선거사상 처음으로 민주당 김민석 후보가 한나라당 이명박 후보에 패하고 말았다.

나는 그해 4월 27일 민주당 전당대회에서 지도부 경선에 출마했다. 오전엔 서울 경선으로 최종 대통령후보를 결정하고 오후에 전당대회 대의원이 모여 당지도부인 대표최고위원과 최고위원을 선출할 예정이었다. 나는 '다리가 되겠습니다'라는 제목의 팸플릿을 제작해 "재집권의 역사적 사명을 이루기 위해 당의 개혁과 통합의 다리가 되겠다"고 외치며 전국을 누볐다. 오전에 대통령후보로 노무현 후보를 확정하고 오후에 한화갑 대표최고위원을 비롯한 8명의 최고위원을 선출했다.

그날 전당대회에 대한 소감을 다음과 같이 홈피에 올렸다.

2002년 민주당 전당대회

지난 4월 27일 민주당은 서울에서 대통령후보 선출을 위한 전국순회 마지막 경선을 열고 노무현 대통령후보를 선출했으며, 이날 오후에는 1만여 명의 대의원이 참석한 가운데 전당대회를 열어 당 지도부(대표 최고위원을 비롯한 최고위원 8명) 선출을 위한 경선을 실시했다.

나는 마음을 굳게 먹고 당 지도부 경선에 참여했다. 8위까지 뽑는 경선에서 최종결과는 8위보다 71표 모자란 9위였다. 외람되지만 내가 당 지도부 경선에 나선 이유, 정치적 목표 등에 대한 자세한 서술은 이 자리에서 생략한다. 이미 팸플릿 등에 담겼기 때문이다.[1]

여기서 밝히고 싶은 것은 두 가지다. 경선을 거치면서 아주 힘들었지만 끝까지 지켜가려 했던 나름의 원칙에 관한 이야기이고, 사람들이 잘 믿으려 하지 않거나 잘 모르는 이야기이기도 하다. 가능한 한 짧게 서술해 보겠다.

첫째, 나는 단기필마(單騎匹馬)로 선거에 임했다. 나는 14명의 후보 중 아마 가장 돈을 안 쓴 후보라고 말할 수 있다. 깨끗한 정치를 표방했고 그것을 실천하기 위해 정치를 한다고 했으며 또 그런 의미에서 최고위원을 출마했다는 사람이 할 수 있는 방법은 그것밖에 없었다. 신계륜(후보자), 정책보좌관 1명, 특보 1명, 홍보비서 1명, 수행비서 1명, 운전기사 1명 이상 6명이 전국을 누비며 선거운동을 한 운동원의 전부다. 그 외에도 지역을 담당하는, 그래서 간접적 도움을 준 사람이 두 명 더 있지만, 상근하면서 운

1 당시 팸플릿의 주 내용은 동서 간, 빈부 간, 세대 간을 잇는 다리가 되어 정권재창출에 이바지하는 지도자가 되겠다는 것이다.

동에 전념한 우리 6명의 이야기를 사람들은 별로 믿으려 하지 않는다. 그러나 사실이다. 각 지구당에 1명의 운동원을 둘 경우 전국 지구당이 230개라면 230명의 운동원이 필요하다. 그러나 우리는 그렇게 하지 않았다. 그들을 고용하고 그들에게 보수를 지급할 의사도, 능력도 없었기 때문이다. 우리는 약 한 달여 운동 기간 내내, 단언하건대 가장 돈을 적게 쓴 후보라고 말할 수 있다.

둘째, 나는 끝까지 자립하려 했다. 언론에 자세히 보도되지는 않았지만 이번 당 지도부 선거에서 14명의 최고위원 후보들은 노무현, 이인제 등 대통령후보와 한화갑, 한광옥, 박상천, 정대철 등 빅4와의 복잡한 합종연횡을 이뤘다. 그와 같은 복잡한 정세 속에서 나는 누구와도 연대하지 않았고, 특히 비밀스런 거래로 이뤄진 연대를 거부했으며 시종일관 자립하려 했다. 나는 내 힘으로 서서 걷고 생각하며 달리고 싶었고, 또 그렇게 해야 남에게 의존하지 않을 뿐 아니라 돕고 싶은 사람에게 참된 도움을 줄 수 있을 것이라 믿었다. 나는 대세를 거스르지는 않았지만 그 속에 들어가 그의 보호 하에 놓이는 것을 두려워했다. 그래서 어려움이 많았지만 끝까지 내 나름의 원칙인 자립의 길을 걸었다.

이런 태도는 선거 중반에 이르러 특히 빅4의 은밀한, 그리고 활발한 상호연대 및 견제활동으로 나를 당선권에서 멀어지게 했다는 걸 분명히 알았지만 나는 자립의 원칙을 지켰다. 나는 내 힘으로 당선되기를 원했고 낙선돼도 내 탓이라고 생각하기를 바랐다. 나를 포함해 6명의 선거운동원이 단기필마가 되어 전국 방방곡곡을 누볐다. 누구에게도 의지하지 않고 오로지 우리 힘으로 얻은 2천 표(1만여 대의원 중 약 20%)를 너무나 소중하게 생각한다.

신계륜, 최종윤, 김태경, 서진희, 허동준, 정진철 등 6명은 그 아름다운 팔도강산의 눈부신 봄 옷자락을 마음껏 누볐으며, 가난했지만 돈바람을 조소하고 그러나 용서하며 누구의 눈치나 지시도 없이 100%의 자유를 만끽했다. 1만여 대의원들과 가진 소중한 만남의 시간과 대화를 지금도 가슴에 간직하고 있다. 물론 71표는 산술적으로 지구당 하나만 돌아서면 반전시킬 수 있는 표차이고 또 우리의 눈에는 그렇게 하면 할 수 있다고 보였지만 조금도 주저 없이 우리에게 익숙하지 않은 방법을 배척했으며 조금의 후회도 없다.

나는 알고 있다. 2002년의 순결한 2천 명이 다음에는 2만 명, 20만 명, 200만 명이 될 것이라고….

주 5일 근무, 주 40시간 근로선진제도 확립

2002년 전당대회에서의 실험은 내게 귀한 자산이 됐다. 이를 토대로 내 정치의 요점과 방향을 정리해 나갔다. 그리고 그해 말 노무현 대통령의 극적인 당선은 당선자 비서실장인 내게 많은 기회를 제공해줄 것으로 보였다. 2004년 총선에서 노무현 후보비서실장 시절 사용한 일부 대선자금이 정치자금법을 위반했다고 불구속 기소되기도 했다. 하지만 어려움이 있더라도 압도적 표차로 당선됐기에 내 정치의 길을 열어나갈 수 있다고 생각했다. 주변의 응원과 격려도 많았다.

그리고 2004년 총선 후에 나는 8년간 지켜온 환경노동위원회를 떠나 통일외교통상위원회로 상임위를 옮겼다. 2004년에 이르러 노동조합도 어느 정도 민주적 권위와 힘을 갖게 됐다. 노동자 출신 국회의원도 배출했다. 이제 노동조합은 탄압받는 대상이 아니라 민주사회의 책임 있는 주체로 나서야 했다. 내가 노조에 도움을 주는 시기는 지나갔다. 정치활동의 중심으로서 노동을 떠날 때가 왔다고 생각했다. 그 대신 나는 정치활동의 중심을 분단된 한반도와 통일에 집중하기로 결심했다.

물론 이것은 2004년 총선 때 이미 성북구민들에게 공약해 양해를 구한 사항이기도 했다.

그러나 지난 8년간 환경노동위원회에서 일하면서 있었던 몇 가지 일은 정리하고 넘어가겠다.

8년 연속 같은 환경노동위원회에서 일했다는 것도 기록일지 모르겠지만, 나는 이 기간 동안 끊임없이 현안문제를 지적하고 대안을 제시했다. 남의 추종을 불허하는 자료와 평가를 남겼다는 것은 이미 설명한 바 있다. 구체적인 설명은 생략하고 여기에서는 중요한 제도개선 사항 몇 가지만 정리한다.

대표적인 법률을 예로 들면 2001년 직장여성에 대한 출산 휴가를 60일에서 90일로 확대하고 1세 미만의 영아를 둔 직장여성에게 1년간 육아 휴직급여를 주도록 하는 내용의 근로기준법, 남녀고용평등법, 고용보험법 개정을 이뤄냈다.

이것은 거의 반세기 만의 개정으로 출산 및 육아에 대한 '사회적 책임'을 처음으로 제도화했다는 데 의미가 있었다.

2003년 오랜 논란에 종지부를 찍고 주5일 근무제와 주40시간 근로제를 주요 내용으로 하는 근로기준법 개정안을 한국노총과 민주노총, 전경련, 경총 등과 협의하고 여야합의를 도출해 상임위원회와 본회의를 통과시키는 데 앞장섰다.

이것은 매우 의미 있는 일로 우리나라가 후진적 근로기준법을 버리고 선진적·민주적 근로기준법을 갖는 기틀을 마련했다는 평가를 받았다.

2003년 12월 장애인 고용촉진법 및 직업재활법을 개정해 장애인을 의무적으로 고용해야 하는 사업주의 범위를 확대하고, 장애인 고용장려금 및 부담금제도를 개선해 실질적 장애인 고용을 촉진하도록 함으로써 장애인이 직업을 통해 사회에 참여할 수 있도록 유도했다.

나는 매년 장애인 고용이 미달돼 부담금을 내는 정부기관 및 사업장을 공개, 부담금이 장애인을 고용하지 않는 방패로 전락하지 않도록 노력했다. 특히 장애인 의무고용을 지키지 않고 있던 법무부, 검찰 등 권력기관과 정부기관의 명단을 공개하고 통렬히 비판해 실질적으로 장애인 고용이 이뤄지도록 독려했다. 이 같은 노력의 결과 많은 기업체나 정부기관에서 실질적인 장애인 고용이 늘어났지만, 여전히 해결되지 않은 곳도 많다.

2001년 우리나라 물관리의 큰 가닥을 새로 잡은 수변구역 지정, 오염총량제 실시를 주요 내용으로 하는 3대강 특별법을 제정케 했다. 2003년에는 대기오염이 심각한 수도권의 대기질 개선을 위해 '수도권대기환경개선에 관한 특별법'을 제정해 수도권 대기환경 개선의 토대를 마련했다.

그 외에도 외국인노동자 산업연수생제도를 개선하여 '외국인고용허가제'를 도입하도록 하는 등 외국인노동자의 안정적 활동을 위해 노력했다.

남북관계의 올바른 발전을 위하여

나의 통일외교통상위원회의 활동이 시작된 2004년은, 노무현 대통령의 집권으로 김대중 대통령의 햇볕정책이 변함없이 유지 발전되리라 기대되는 시기였다. 하지만 노 대통령 집권 초기 대북송금 특검이 결정되면서 남북 간 미묘한 정세가 조성되는 시기이기도 했다. 나는 내 의견을 묻는 노무현 대통령에게 대북송금 특검을 받아들이지 말 것을 건의했다. 그러나 노 대통령은 특검을 결정했다.

나는 이것이 남북관계 발전에 결정적 장애가 되지 않도록 신경 썼다. 복잡한 상황에 대해 대단히 주의하면서도 정부 수준에서 문제가 생기면 나라도 앞장서 해야 하는 일이 남북관계라고 생각했다.

사실 환경노동위원회 활동을 하면서도 이미 2001년 무렵부터 남북문제에 깊은 관심을 갖고 나름대로 공부를 하고 있었다. 나는 우리나라 정치 경제 사회 문화의 후진성의 근본요인을 남북관계에서 찾았다.

그런 생각은 2001년 두 번의 국회 대정부질문에 잘 표현돼 있어 이를 인용한다.

2001년 2월 9일 본회의, 정치에 관한 질문

"저는 무엇보다 이 자리에서 21세기 한반도시대의 역사성과 그 시대적 의미를 새겨보고자 합니다.

20세기 전반을 일본의 식민지로, 그리고 20세기 후반을 전쟁과 분단으로 보낸 우리 민족은 확실히 불행한 민족입니다. 그 불행의 원인은 주변강국의 간섭과 지배에 있습니다. 그러나 더 큰 원인은 세계의 변화에 제대로 대처하지 못해 시대에 뒤떨어진 우리 내부구조에 있다고 생각합니다. 우리는 수백 번이라도 되새겨볼 필요가 있습니다.

불행의 와중에도 우리는 시련을 극복하고 산업화와 민주화를 이뤄냈습니다. 그리고 산업화와 민주화 성과를 토대로 역사적인 6·15선언을 이뤄냈습니다. 20세기 100년 동안 누적된 민족의 불행과 고난을 씻어낼 계기를 마련한 것입니다. 사대주의 조선의 한반도가 아니고, 일제 식민지의 한반도도 아니며, 남북분단의 한반도도 아닌 새로운 자주적 한반도가 열리고 있는 것입니다.

바로 이때 불행해지지 않으려면 지금 당장 착수해야 할 일이 있습니다. 그것은 바로 세계의 변화를 꿰뚫는 사회 내부구조의 개혁과 변화입니다. 세계는 바야흐로 엄청난 변화의 속도를 구가하고 있습니다. 지나간 세기가 혁명과 반혁명, 전쟁과 평화, 독재와 반독재, 인권과 반인권의 대립시기였다면 지금 우리가 맞고 있는 시대는 민주주의와 지속가능한 발전이라는 명제로 대변되는 세상입니다. 이른바 글로벌시대의 정치적 기준은 민주주의인가 아닌가가 아니라 민주주의의 지속적인 확산입니다.

안타깝게도 이런 중대한 시기에 우리 정치는 여전히 지난 세기의 낡은 틀 속에 갇혀있습니다. 대립과 갈등, 정쟁과 비생산적인 소모전으로 일관하고 있습니다. 국민을 실망시키고 있습니다.

정치는 시대의 변화를 직감하고 역사적 변화를 주도해야 합니다. 우리 정치는 20세기의 긴 동면에서 깨어나지 못하고 있습니다. 다른 분야에 비해 가장 낙후됐습니다. 우리 사회의 위기는 민주주의와 시장경제의 위기가 아닙니다. 바로 낙후된 정치로부터 오는 위기입니다. 대립과 갈등, 비생산적인 정쟁과 소모전의 소용돌이 속에서 무슨 생산적인 사회가 될 수 있겠습니까? 우리는 우선 정치를 개혁해 새로운 한반도시대를 준비해야 합니다.

저는 사흘 전 바로 이 자리에서 있었던 이회창 총재의 대표연설을 듣고 남북관계에 대한 보다 진전된 인식을 읽었습니다. 그러나 남북관계에 대한 이 총재의 연설은 전체적으로 현 정부의 대북정책 혼선을 지적하고 있지만 저는 이 총재의 연설 속에서 남북관계에 대한 이 총재 자신의 혼선을 보았습니다. 대단히 죄송한 이야기지만 이 총재 자신이 현재 진행중인 남북관계에 대해 좀더 진심으로, 좀더 완전하게 다가설 수 있기를 바랍니다.

남북관계의 발전을 위해서는 야당의 조언과 비판을 뛰어넘는 전면적 참여가 필요합니다. 그리고 이 같은 여야관계의 정립과 모색은 지금 우리에게 절실히 필요한 정치개혁의 출발점이기도 합니다. 야당의 참여 속에 초당적인 남북관계의 진전이 있기를 진심으로 바랍니다. 새로운 여야관계의 정립으로 정치개혁의 단초를 마련할 수 있게 되기를 진심으로 바랍니다.

그렇게 생각하면서 국가보안법 문제에 대해 말씀드리겠습니다.

영화 〈공동경비구역〉에서 북한 병사는 지뢰를 밟은 국군을 구해줍니다. 〈간첩 리철진〉에서는 주인공이 비극적 총격사건의 와중에서도 인간에 대한 믿음을 저버리지 않습니다. 영화 〈쉬리〉에서는 북한 여전사가 사랑하는 사람을 위해서 목숨까지 바칩니다. 이것은 과거의 경험으로 비추어볼 때 국가보안법 제 7조 고무찬양에 해당합니다.

실제로 〈만추〉, 〈삼포 가는 길〉 등으로 유명한 이만희 감독은 1965년 제작한 〈7인의 여포로〉라는 반공영화를 만들었다는 이유로 반공법 위반으로 구속됐습니다. 북한 인민군이 국군 간호장교를 희롱하려는 중공군을 죽이고 귀순한다는 내용의 반공영화였음에도 인민군이 너무 멋지게 나왔다는 것 때문에 반공법 위반으로 구속되는 웃지 못할 사건이었습니다.

그 후 이만희 감독은 당국의 반공영화 제작 요구에 따라 〈군번 없는 병사〉 제작에 돌입했으며 이때도 북한군 장교로 나온 신성일 씨가 너무 잘생겨 구설수에 올랐습니다. 그러나 인민군이 친아버지를 반동으로 몰아 처참하게 처형하는 잔혹한 장면을 보여줌으로써 그냥 넘어갔던 일화를 신문에서 읽은 적이 있습니다. 여기 같이 계시는 신성일 씨가 너무 잘생겨서 수난을 많이 당하는 것 같습니다.

어찌 이만희 감독뿐이겠습니까. 금지된 노래, 금지된 책, 금지된 표현 그리고 금지된 생각 등 국가보안법의 오용과 남용이 만들어낸 우리 민족의 비극적 사례는 우리 주변에서 얼마든지 찾아볼 수 있습니다. 〈아침이슬〉 같은 건강한 노래도 최근까지 금지됐다는 사실을 상기시키고자 합니다.

물론 그 배경에는 오랫동안 지속된 동서냉전 같은 것이 있었습니다. 또 우리나라 특유의 군사독재 정권이 있었습니다. 그러나 이제 국가보안법은 시대에 맞게 개정돼야 하고 궁극적으론 폐지돼야 합니다. 정부를 참칭하는 반국가단체인 북한과, 엄연히 UN에 동시 가입돼 있는 북한이라는 국가와의 모순을 어떻게 풀어갈 수 있겠습니까?

1848년 공산주의 사상가 칼 마르크스가 작성한 저 유명한 〈공산당선언〉은 미국의 정치학자 프랜시스 후쿠야마(Francis Hukuyama)가 지적한 것처럼 20세기 후반 소련과 동구공산주의 붕괴와 더불어 종언을 고했습니다.

마찬가지로 이 땅의 냉전의 유물로 태어난 국가보안법도 사실상 존재의 이유를 상실했습니다. 사태가 이러함에도 국가보안법을 그대로 두자고 주장하는 사람들은 혹시 훗날 국가보안법을 우리 고유의 관광상품으로 갖고 있으려는 건 아닌지 모르겠습니다.

여러분, 우리가 잃을 것은 냉전의 잔해입니다. 또 지난 권위주의 시대의 모순입니다. 또 우리가 얻을 것은 민주주의의 가치와 지속가능한 발전뿐입니다. 안보는 국가보안법이 지켜주는 것이 아닙니다. 민주주의와 인권 그리고 국민이 신뢰하는 강한 군대가 우리를 지켜준다고 저는 믿습니다.

법무부 장관에게 묻습니다.

1999년 UN인권이사회는 국가보안법 제 7조 고무찬양의 긴급개정과 국가보안법의 단계적 폐지를 권고했습니다. 이에 대한 우리 정부의 입장이 무엇인지 명확히 밝혀주시기 바랍니다. 아울러 2000년 국제엠네스티가 남북평화교류를 위해 표현의 자유와 결사의 자유 보호를 위해 국가보안법 개정 권고를 냈습니다. 이에 대한 정부의 입장도 아울러 밝혀주시기 바랍니다.

국무총리께 묻습니다.

현재 우리나라 헌법은 1987년 6월항쟁과 대통령직선제에 대한 국민의 열망을 반영해 개정됐습니다. 헌법 개정 이후 민주적인 절차에 의해 정부의 이양과 정권교체가 이뤄져 과거와 같은 헌정사의 질곡은 되풀이되지 않고 있습니다. 그럼에도 불구하고 저는 1987년 이후 급변하는 시대상황과 국민의 열망을 과연 현재의 헌법이 수용하고 있는지 의문을 갖고 있습니다. 헌법은 미래의 한반도 시대를 대비하고 현재 변화하는 시대상을 반영해야 합니다. 일각에서는 잦은 개정에 따른 문제점을 지적하기도 하지만 지금 우리의 현실은 그 같은 형식적 모양새에 신경 쓸 때가 아니라고 생각합니다. 그보다는 먼 미래를 대비하는 전략적 구상 속에서 우리 국가의 근본틀을 개조시킬 시점입니다.

따라서 헌법 개정에 대한 논의가 보다 전향적으로 이뤄져야 합니다. 1987년 개정 이후 나타났던 권력구조상의 여러 문제들, 예를 들면 대통령 중심제와 단임제에 따른 권력누수 현상, 대통령 추진력 약화, 차기 대선을 향한 조기과열 현상, 정책 연속성의 문제, 대통령 선거와 총선거 간의 시기적 편차에 따른 혼란과 문제점, 그리고 대외적인 측면들, 예를 들면 남북교류와 탈냉전시대를 담아내지 못하는 사항들에 대한 허심탄회한 논의가 시작돼야 한다고 생각합니다. 이 같은 저의 의견에 대해 총리의 견해를 밝혀주시기 바랍니다."

(이하 생략)

2001년 10월 18일 본회의, 통일 외교 안보에 관한 질문

"저는 이 자리에 서서 지금부터 7년 전 1994년에 있었던 북한핵 위기 사태에 대해 상기해보고자 합니다. 그때 미국은 북한 원자로시설에 대한 폭격과 전쟁을 검토했습니다. 이것은 우리 의사와 상관없이 한반도에서 6・25전쟁과 똑같은 아니 어떤 보고서에 의하면 200만 명의 민간인이 살해될 수 있는 전쟁이 시작되는 것을 의미했습니다.

민족의 생존이 달린 그 엄혹한 순간에 우리는 무엇을 했습니까? 우리 지도자들은 무엇을 했습니까? 저는 그때 야당의원으로서 한계가 있었지만 그때나 지금이나 부끄러움과 자괴감으로 얼굴을 들 수 없습니다.

우리 모두 반성해야 합니다. 아까 존경하는 김용갑 의원님도 말씀이 있었지만 김용갑 의원님도 반성하십시오.

한반도에서의 전쟁결정이, 우리 운명의 결정이 우리에게 있지 않고 남의 손에 있었다는 사실 그리고 우리의 이해를 반영하기 위해 우리가 조금도 노력을 기울이지 못했던 사실, 그러한 무능과 국제정세에 대한 무지 이런 것에 대한 반성을 하지 않고는 오늘날 전개되고 있는 국제정세에 대해 올바른 이해를 할 수 없습니다.

2001년 10월 8일 미국은 테러사건의 보복으로 아프가니스탄에 대한 전쟁을 시작했습니다. 국제정세는 극도의 긴장상태에 빠졌습니다. 그리고 국제적 분쟁지역에 대한 이목도 집중됐습니다. 잘 아시겠지만 이러한 상황 속에서도 우리는 분단의 한반도에서 오히려 남북화해가 증진되고 상대적으로 정세안정이 이루어지는 것을 지금 목격하고 있습니다. 만약 94년 북핵위기 때처럼 남북긴장이 고조되고 있던 시기에 미국의 테러사건이 발생했다면 미국의 폭격과 전쟁의 대상에서 북한은 결코 자유롭지 못했을 것입니다. 우리 국민들도 북한의 테러위협으로부터 또는 미국의 공격으로 발생할 수 있는 전쟁의 공포로부터 자유롭지 못했을 것입니다.

그러나 우리는 경계는 철저히 하되 한반도 위기를 우려하지는 않게 됐습니다. 바로 이런 상황이야말로 우리가 지금까지 꾸준히 추진해온 포용정책의 효과라고 감히 말씀드릴 수 있습니다.

대북포용정책은 강력한 외교태세에 바탕을 두고 남북 간 화해와 교류협력을 실현해 이 땅에 평화를 정착시키는 대북노선입니다. 이것은 남북관계를 특징짓고 있는 현재의 분단상태를 평화적으로 관리하고, 더 나아가 평화정착과 통일로 나아가는 이중적 과제를 동시에 수행하는 사업입니다. 햇볕정책이라고도 표현되고 또 때로는 화해협력정책이라고도 표현되는 이 포용정책은 탈냉전 세계 속에서 우리 민족의 생존과 발전을 도모할 수 있는 유일한 대안이라고 생각합니다.

남북정상회담 이후 지금까지 구체적으로 진행된 남북관계의 변화를 조금만 눈여겨 살펴보면 이전과는 확연히 다른 성과를 확인할 수 있습니다. 그럼에도 불구하고 대북포용정책에 대한 음해성 공격과 시비가 끊이지 않습니다. 저는 언젠가 고대 인근 개운산에 아침운동을 하러 나갔다가 자신을 한나라당 지지자라고 밝힌 한 50대 여성으로부터 이런 말을 들었습니다.

"우리도 살기 힘든데 대통령이 너무 북한에다 퍼다줘요."

그래서 제가 이렇게 물었습니다.

"그래 대통령이 무엇을 퍼다줍니까?"

이렇게 물으니까 그 여성은 한참을 생각하더니

"우리가 낸 적십자회비를 모아 북한에 갖다 줍니다"

고 말했습니다.

생각하는 것은 자유입니다만 조직적인 음해성 퍼주기론의 유포라면 실로 유감스러운 일입니다.

저는 이렇게 말씀드리겠습니다. 실제로 한 번 살펴보겠습니다.

1998년 3월 이후 2001년 9월 현재까지 정부가 북한에게 무상으로 지원한 금액은 1억 8,795만 달러로 나와 있습니다. 반면에 지난 시기 김영삼 정부가 북한에 무상으로 지원한 금액은 2억 6,172만 달러로 나와 있습니다. 또한 정부가 1억 8,795만 달러를 무상지원하고 북한에 퍼주기 한다는 비난을 받고 있을 때, 같은 시기 국제사회는 북한에게 10억 달러가 넘는 돈을 인도적 차원에서 무상 지원했습니다. 도대체 무엇이 퍼주기입니까.

통일 전 서독이 동독에게 지원한 금액은 무려 550억 달러입니다. 그래도 독일은 동족 간 지원에 대해 퍼준다고 말하지 않았습니다. 한나라당이 여당일 때 김영삼 정부가 북한 경수로 건설비용의 70%를 부담하기로 했을 때, 그래서 우리가 감당해야 할 비용이 무려 30억 달러에 이를 것이라는 예상이 있었습니다만 우리는 김영삼 정부에 대해서 한 번도 퍼준다고 비난하지 않았습니다.

국무총리에게 묻습니다.

IMF 이후 경제침체로 인해 대북지원에 대한 국민의 심리적 관용도가 낮아지고 있는 것이 엄연한 사실입니다. 실제로 경제가 어렵습니다. 그래서 대북지원에 관해서도 신중해야 합니다. 그러나 다른 한편으로 우리는 전쟁을 방지하고 평화를 증진시키기 위해서는 최소한 이를 추구해 나갈 평화비용이 소요된다는 점을 인식할 필요가 있습니다. 또한 평화비용은 반드시 우리 삶의 질을 향상시키는 방향으로 우리에게 보답한다는 점도 인식할 필요가 있으며 이러한 내용을 국민들에게 적극적으로 알려나갈 의무가 정부에게 있습니다. 국무총리, 앞으로 국민들을 상대로 어떻게 홍보해나갈 것인지 구체적으로 계획을 밝혀주시기 바랍니다.

야당에서는 금강산 관광사업을 이른바 퍼주기의 대표적인 사례라고 지적하고 있습니다. 그러나 생각해 보십시오. 지난 97년 대선에서 당시 한나라당 대통령 후보인 이회창 총재도 통일분야 핵심공약으로 북한 금강산 지역의 관광개발사업 지원을 제시했습니다. 이것은 공약집에 나와 있습니다. 현재 추진 중인 금강산관광사업과 이회창 총재의 공약은 조금도 다르지 않습니다.

금강산 관광사업은 남북관계 개선을 통해 한반도 긴장을 완화시킴으로써 IMF 사태로 위기에 처한 우리 경제환경을 호전시키는 데 분명히 기여했습니다. 이것은 결코 퍼주기가 아닙니다.

그렇기 때문에 철저한 반공주의자였던 박정희 대통령도 1971년 대통령 선거 유세과정에서 3차 경제개발 5개년계획이 끝나는 5년 후에는 남북 간 도로를 개설하고 남한과 북한이 각각 3억 달러, 2억 달러씩 내서 금강산을 개발할 수 있을 것이라고 밝혔습니다.

이제 정치공세로서의 퍼주기론은 종식시켜야 합니다.

지난 9월 20일 한나라당에서 대북쌀 지원을 촉구하는 정책을 제안했을 때 저는 한나라당의 전향적인 자세에 대해 높게 평가했습니다. 그 제안이 있고 얼마 지나지 않아 분배의 투명성 등의 조건을 들고 나오다 급기야 이산가족 상봉연기가 발표되자 한나라당의 대북쌀 지원 제안은 백지화된 것으로 보입니다. 이것은 대북쌀 지원에 대한 한나라당의 태도가 아닙니다. 이것은 대북 포용정책 전반에 대한 한나라당의 끊임없는 시비와 동요의 태도를 보여주는 것에 불과합니다.

존경하는 선배동료 의원 여러분!

지금 우리는 쌀 과잉공급문제로 고민하고 있습니다. 우리 농민들이 들판이 아닌 거리로 나와서 쌀값 안정을 요구하며 농성하고 있습니다. 반면에 북한 주민들은 기아와 굶주림에 허덕이면서 병들어가고 있습니다. 인도적 차원의 지원에 대해 정치권이 정치 쟁점화하지 말 것을 진심으로 당부 드립니다.

관련하여 통일부장관에게 묻습니다.

지난 1998년 3월 이후 지금까지 우리 정부와 민간이 순수한 인도적 차원에서 북한에 지원한 쌀 등의 지원규모가 3억 1,478만 달러에 해당하는데 이에 비해 국제사회의 지원규모는 10억 달러를 넘고 있습니다. 우리 정부와 민간의 대북교류와 인도적 대북 지원을 확대할 의향과 방법에 대해서 답변해주시기 바랍니다.

안보는 산소와 같다고 합니다. 공기와 같다고도 할 수 있습니다. 그만큼 소중합니다. 특히 남북이 대치하는 우리나라 같은 경우에 안보처럼 중요한 말은 없습니다. 그러나 안보를 정치적으로 이용하는 사람들이 있습니다. 포용정책 때문에 안보에 구멍이 뚫렸다고 말하는 사람들이 있습니다. 심지어는 방금 이 자리에서도 친북세력 운운하는 사람들도 있습니다.

저는 이렇게 묻고 싶습니다.

과거 정부에서 안보를 정권연장에 이용하거나 민주인사 탄압에 이용하거나 심지어는 선거에 이용한 사람들이 민주라는 말을 감히 입에 담을 수 있는가, 안보라는 말을 감히 입에 담을 수 있는가, 하고 생각합니다. 안보는 국민의 생명과 재산을 지키며 국민의 삶의 질을 높여 주는 것입니다. 진짜 안보는 뒷전에 놓고 무너지게 만들었던, 안보를 정치에 이용한 정권이 우리에게 무슨 교훈을 주었는지 벌써 잊은 것은 아닌지 궁금합니다.

관련하여 국방부 장관에게 묻습니다.

과거 우리는 남북 간 군사적 분쟁이나 기타 갈등으로 수많은 국민과 군인들의 인명이 희생됐습니다. 80년 전두환 정부 시절부터 지금까지 약 21년 동안 남북 간 군사적 분쟁 등으로 우리 국민이나 군인이 사망하거나 부상한 사례에 대해 연도별 총 규모를 밝혀주시기 바랍니다.

저는 그동안 국내정치와 남북관계를 관찰하면서 권력을 독점한 정권이 통일문제를 국내정치에 나쁘게 이용하는 것이 가장 큰 문제라고 생각했습니다. 그러나 지금은 권력을 독점한 정권의 문제가 아니고 권력을 나누어 가진 여야 상호간의 문제인 것입니다.

제가 보기에 김대중 대통령이 남북 간 당국자 회담을 상설화하고 이산가족 문제를 해결하고 개성공단의 1단계 공사 정도를 마무리 짓고 남북군사 직통전화를 가설하는 일을 성사시키면 그 다음 과제는 다음 정부가 맡아야 할 것으로 보입니다. 남북연합 제안 같은 경우는 아마 다음 정부에서도 실현되기 어려울지 모르겠습니다. 통일은 긴 시간이 걸립니다. 그에 앞서 우리 민족을 전쟁으로부터 해방시키는 평화정착만도 10년 이상 걸릴 수 있습니다. 이제 다시 남북문제를 국내정치에 이용하는 그런 일은 없어져야 합니다.

(이후 생략)

정몽헌 회장의 기억

2003년 2월 25일 노무현 대통령 취임으로 실로 오랜만에 시간적인 여유를 갖게 된 나는 취임식 직후 금강산 관광을 가기로 결정했다. 금강산 관광은 1989년 정주영 현대그룹 명예회장이 방북해 금강산 관광개발 의정서를 체결하면서 시동이 걸렸다. 1998년 11월 18일 동해에서 첫 금강산 관광객을 실은 관광선이 출항하면서 역사적인 사업이 시작됐다. 나는 99년 서울시 부시장을 끝내고 서울시청 출입기자들과 함께 금강산을 찾은 이래 두 번째로 금강산을 갔다. 당시 동해항에서 배를 타고 북의 장전항으로 가서 금강산을 구경하고 다시 항구에 접안된 호텔식 배로 돌아와 숙식을 하는 관광이었다. 북측 금강산 관계자나 근무하는 군인이 무척 딱딱하던 시절이라 두 번째 방북인 나도 다소 긴장한 상태로 동해항에 나갔다.

우리 일행은 금강산 관광에 필요한 준비를 논의하고 배에 탑승했다. 일행 후미에서 탑승하려는데 배 근처에서 서성대는 정몽헌 현대그룹 회장을 발견했다. 나는 정 회장을 개인적으로 알지 못하기 때문에 그냥 스쳐가려는데, 누군가 소개를 시켜 인사했다. 그때 정 회장은 나에게 아주 어색한 표정을 지으며 처음 보는 나에게 더듬더듬 말했다.

정 회장이 오늘 금강산에 들어가 북측 관계자와 개성공단 사업에 관한 중요회담을 해야 하는데, 대북송금 특검이 결정되면서 자신이 출국금지돼 큰일 났다는 요지였다. 자신이 출국금지된 것을 몰랐고 더구나 북에 가는 것도 출국금지 대상인지 몰랐다는 이야기였다.

나는 배가 출항할 시간이 임박했고 그 내용을 잘 확인할 수 없어 그렇게 급한 사정을 어떻게 해야 하나 난감하기 짝이 없었다. 정 회장을 보니 계속 선창가를 서성대고 있었다.

나는 시계를 보았다. 점심시간이 다가오고 있었다. 그리고 핸드폰을 들어 한 관계자에게 전화를 걸었다. 정 회장의 딱한 사정을 이야기하고 정 회장이 금강산 회담에는 참여할 수 있도록 하는 것이 국익에 도움이 될 것 같다고 이야기했다. 그 관계자는 담당자가 점심 먹으러 가서 빨리 연락이 될지 모르겠다고 대답했다.

나는 정 회장에게 그런 통화 내용을 전하고 기다려 보라고 말한 뒤 승선했다. 예정대로 배는 출항했다. 금강산 관광을 다녀온 후, 나는 정 회장이 정부의 허락으로 금강산에 도착해 실무회담을 성공적으로 진행하고 있음을 알았다. 그 다음날 숙소 앞에서 나는 정 회장, 김윤규 현대아산 사장 등과 만나 소주를 마셨다. 정 회장 일행은 나에게 고마움을 거듭 표시했다. 나는 남북관계가 매우 중요한 단계에 돌입했고, 조만간 있게 될 개성공단 착공식을 차질 없이 준비하는 것은 비단 현대의 문제가 아니고 남북관계 발전의 문제이자 민족의 문제이기 때문에 내가 옳다고 생각한 것을 한 것뿐이라고 말했다.

정 회장은 외견상 수수하게 보였고 달변은 아니었지만 진지하게 표현하는 사람으로 보였다. 사업가라기보다는 일견 문학도처럼 보였다. 그날 나는 재벌 총수급 사람하고는 난생 처음으로 개인적인 대화를 해본 것 같다. 바다위에 떠있는 선박숙소 1층에서 북측 병사의 눈을 피해 낚시로 잡아 올린 생선회를 안주로 놓고 먹는 소주는 맛있었다.

그로부터 몇 달이 흐른 8월 어느 날 조세형 당시 주일대사의 초청을 받아 일본행 준비를 하던 나는 김윤규 현대아산 사장으로부터 다시 한 통의 전화를 받았다. 재일동포 문제를 직접 알아보고 싶어 일본 출장을 준비 중이던 나는 시내 모 장소에서 김 사장을 만났다. 김 사장은 나에게 정 회장이 검찰조사를 몹시 힘들어하는데 특히 인격적 모욕을 받으면 견딜 수 없이 힘들어한다고 했다. 그리고 나에게 좀 도와달라고 했다. 나는 특검을 받는 것은 어쩔 수 없다 하더라도 인격적 모욕을 받아서야 되겠느냐고 말하고 내가 일본에 중요한 일이 있어 갔다가 수일 후에 오니 그때 방법을 찾아보겠다고 말하고 돌아왔다.

나는 예정대로 일본으로 가서 이모저모를 살펴보았다. 그러던 8월 14일 뉴스에서 정몽헌 회장이 투신자살했다는 소식을 접하고 아연실색하지 않을 수 없었다. 나는 머리를 망치로 맞은 것 같은 충격이 가시기 않아 그날 귀국 비행기에 올랐다. 내 머릿속에는 금강산 장전항에서 소주잔을 기울이던 모습과 그 이후 검찰에서의 인격적 모욕을 말한 김운규 사장의 모습이 겹쳐졌다. 지독한 혼란이 오면서 내가 일본을 가지 않고 검찰에 이야기했으면 이런 사태는 막을 수 있지 않았을까 하는 생각에 이르자 점차 자책의 마음이 들기 시작했다.

이런 생각은 서울에 도착한 이후에도 자꾸만 나를 괴롭혔다. 곧바로 빈소로 가 조문하고 돌아왔지만 자책의 마음은 쉽게 가라앉지 않았다. 이런 나의 심정을 빈소의 정 회장 영정에, 그리고 얼마 후 현정은 회장에게 털어놓기도 했다.

나는 이런 인연으로 정몽헌 회장과 김운규 사장 등을 알게 됐지만, 정 회장 사망 후 현대아산 사장 임명 문제로 현 회장과 김 사장이 갈등을 빚었다. 이로 인해 북측 당국에서 새로운 사장 임명을 받아들이지 않아 금강산 관광사업에 지장이 발생하자 현 회장이 북측을 설득해달라고 부탁해 다소 혼란스러웠던 적이 있다.

2005년 10월 24일부터 29일까지 나는 평양 윤이상음악연구소의 연주회를 참관하기 위해 평양에 갔다. 이때 이종혁 아시아태평양위원회 부위원장을 만나 “현 회장의 새로운 사장 임명을 받아들여 달라”고 말했다. 이 부위원장은 “현대아산이 우리 땅에서 사업을 하는데 우리가 신임장을 안 줄 수도 있는 것”이라며 새로운 사장 임명에 부정적 의견을 피력했다. 나는 “북측이 긍정적 또는 부정적 의견을 가질 수 있지만 이는 새로 부임한 대사에게 신임장을 주는 것과는 다르고, 남측의 시각에서 보면 경영권을 침해하고 간섭하는 것으로 볼 수 있다"고 거듭 말했다.

내 말을 듣던 이 부위원장은 새로운 사장이 현 회장의 수행자격으로 북으로 들어올 수 있는 방법을 제시했고 그 후 얼마 지나지 않아 새로운 사장은 금강산에서 직무를 수행할 수 있었다.

그 후 나는 금강산관광을 자주했고 현 회장은 윤이상평화재단 창립때부터 이사로 적극 참여해 여러 사업에 도움을 주었다. 하지만 금강산 관광이 중단된 이후 윤이상 재단의 이사직도 사임했다.

어쨌든 정몽헌 회장과의 우연한 만남과 죽음, 그리고 그 과정에 내가 얽히게 된 사연은 역사적인 개성공단의 성공에 조그만 도움이 됐을 수도 있다고 생각한다. 그럼에도 정 회장의 돌연한 죽음을 막을 수도 있었다는 생각 때문에 지금까지도 심리적으로 짐이 되고 있다. 더구나 대북송금 특검 때문에 만나고 또 죽음에 이르렀으니 더욱 더 그런지도 모른다.

위기의 남북경협을 살리기 위해

정 회장의 갑작스런 죽음은 개인적으로 큰 충격이 됐고, 전체 남북관계에도 좋지 않은 영향을 끼쳤다. 특히 대북송금 특검 정당성에 대한 문제가 제기됐고, 남북 경제협력 발전에 중대한 난관이 생겼다. 현대아산과 금강산 관광은 위기에 처하게 되었다.

이 사태는 비단 현대의 문제가 아니고 남북 경제협력의 중대한 전기가 될 수 있고 나아가 남북관계 발전의 중대 변수가 될 수 있다고 생각했다. 나는 현대아산 측의 여러 설명을 듣고, 당시 소속된 '대안과 실천' 정치인, 전문위원과 협의해 우리가 할 수 있는 일에 대해 논의했다. 무엇보다 금강산 관광에 대한 국민들의 변함없는 지지여론을 확인하고 끌어내는 것이 가장 필요하다는 결론에 도달했다.

3가지 사업이 결정됐다. 현대아산주식 갖기, 금강산관광 참여하기, 남북교류협력기금 조속집행 요구 운동을 펼치는 것이었다. 우리는 기자회견을 시작으로 실천에 들어갔다. 현대아산주식 갖기는 실제 주식을 사는 게 아니라 예치 성격의 모금을 하는 것으로, 현대아산의 위신을 높이는 데 기여했다. 금강산관광은 젊은 정치인들을 중심으로 이뤄졌고 금강산 숙소에서 세미나를 열기도 했다. 이 사업들은 정부 보유의 남북교류협력기금을 조기집행하는 데 좋은 여론을 조성했다. 당시 위기에 처했던 현대아산의 금강산 관광사업은 이 일을 계기로 다시 탄력을 받았다. 여기에는 김영춘, 송영길, 허인회, 우상호, 이인영 등의 젊은 정치인들이 앞장섰다. 이런 경험을 발판으로 나는 2004년 총선에서 당선된 뒤 국회에 동북아연구회를 결성하게 됐다.

대안과 실천 그리고 동북아연구회

2004년부터 상임위를 통일외교통상위원회로 바꾸면서 본격적으로 남북관계 연구를 시작했다. 활동을 뒷받침하기 위해 두 개의 모임을 결성했다.

그 하나는 국회의원과 원외위원장을 망라한 정치조직으로, 2001년 6월 '함께 하는 개혁, 대안과 실천'이라는 모임을 결성했다. '대안과 실천'은 실사구시(實事求是)의 태도로 지속적으로 대안을 마련하고 실천해 개혁을 실현하는 것을 목표로 삼았다. "대안을 내고 반드시 실천한다"고 다짐했던 '대안과 실천'은 어느 한 사람의 주창과 제시보다는 함께 연구하고 대안을 제시하며 실천한다는 뜻을 강하게 담고 있었다. 그냥 툭툭 던지는 화두(話頭)보다는 대안을 가지고 함께 가는 개혁이어야 한다는 점을 강조했다.

이 모임에는 나를 비롯한 개혁적 소장파 의원과 정치인이 참여했다.[2]

'대안과 실천'이 포괄적인 정치개혁에 초점을 맞췄다면 '동북아연구회'는 한반도의 평화와 통일에 초점을 맞춘 모임이다. 나는 2004년 총선 후 제 17대 국회가 들어서자 한반도의 평화와 통일을 위해 동북아연구회를 창립했다. 나는 창립총회에서 다음과 같은 인사말을 했다.

"우리 정치권의 큰 변화를 불러일으켰던 지난 4월 총선 이후 그 첫 정기국회를 앞두고 우리들의 작은 모임인 '동북아연구회'를 만들려고 합니다. 반세기를 넘는 동안 분단으로 살아온 우리에게 평화적 통일이라는 말만큼 큰 과제는 없습니다. 지금까지 우리가 살아온 고통과 좌절의 시대 극복이라는 의미에서뿐만 아니라 앞으로 동북아시아의 당당한 주인되는 국가로서 정당한 지위와 역할을 갖는다는 의미에서 더욱 그렇습니다.

우리는 아픈 세월 속에서도 숨 가쁘게 달려왔습니다. 나라의 산업화를 위해, 민주화를 위해 우리는 세계가 놀랄 만한 능력과 응집력을 보여줬습

2 '대안과 실천'에는 이미경, 최재승, 이재정, 송영길, 김민석, 임종석, 이종걸, 전갑길, 최용규, 원유철, 조배숙 등 국회의원과 한명숙 당시 여성부장관, 이재정 전 의원 등이 참여했다. 또 허인회, 이인영, 우상호, 오영식, 김영주, 이상열, 박재혁, 김윤태, 정성호, 이승엽 등 원외위원장과 김삼수(서울 산업대학 교수), 이종석(당시 세종연구소 연구실장), 백준기(한신대 교수), 유종일(한국개발연구원 교수), 윤영민(한양대교수), 이남주(성공회대학교 교수), 장하원(한국개발연구원 연구위원) 등 다수의 소장학자와 전문가들이 전문위원으로 함께하였다.

니다. 그 뒤에는 수많은 사람들의 희생과 눈물이 있었습니다. 그것은 우리가 다 아는 사실입니다.

그러한 눈부신 발전과 전진에도 불구하고 남한과 북한 모두에서 냉전적 대결과 불신은 우리를 지배해왔으며 정치, 경제, 사회, 문화의 모든 면에서 심각한 왜곡을 초래했습니다.

역사적인 6·15 선언은 냉전체제의 몰락이라는 세계정세에 조응하며 남과 북의 지도자들이 결단한 중대한 선언이었습니다. 한반도에서 냉전적 대결을 종식하고 화해와 협력의 새 시대를 열어나가려는 강한 의지를 담고 있습니다. 그것은 다수 국민들의 한 서린 염원을 반영한 것이라고 말할 수 있습니다.

그러나 한반도에서의 새로운 모색은 주변국가들로부터 큰 영향을 받아왔고 앞으로도 그럴 것입니다. 북핵문제는 한반도를 둘러싼 주변국가들의 이해가 얼마나 날카로운 것인가를 보여주고 있습니다. 한반도에서의 새로운 모색도 난관을 극복하지 않으면 안 될 일이라는 것을 보여주고 있습니다.

1994년에 합의된 북미 간 제네바합의는 이미 깨졌습니다. 2000년 6·15 선언도 그 중대한 의미에도 불구하고 조금도 전진하지 못하고 있으며 오히려 후퇴하고 있는 듯 보입니다.

더 중요한 것은 우리 민족의 생존을 좌우할 수 있는 중대한 문제의 진행이 우리 국민들의 생각과 판단에 의해서가 아니라 북한 또는 주변국가들의 생각과 판단에 의해 이뤄지고 있다는 느낌을 지워버릴 수 없다는 점입니다. 북핵문제의 수준이 이미 한반도를 넘어선 탓도 있지만 우리의 문제 접근방식이 애당초 근본적 한계를 갖고 있었기 때문이기도 합니다.

우리 민족의 생존과 번영이 걸려 있는 문제의 해결을 위해서라면 우리는 할 수 있는 일을 모두 다 해야 합니다.

작년 정몽헌 현대아산 회장의 갑작스런 죽음으로 남북경협사업이 위기에 봉착했을 때, 그리고 이라크 전쟁이 시작됐을 때, 남북경협사업의 중단 없는 전진을 위해 금강산을 방문하고 우리가 해야 할 일을 정리한 바 있습니다. 작은 실천이지만 의미 있는 실천이기도 했습니다.

그때 우리는 금강산관광 지원, 경협기금 200억 원 조속 집행, 현대아산 주식갖기 운동 등 3대 사업을 결의하기도 했습니다. 그런 경험을 토대로 오늘 창립되는 동북아연구회는 그와 같은 작은 실천에서부터 보다 전략적인 접근에 이르기까지 우리가 할 수 있는 모든 일들을 차분히 실천해가는 연구회가 되기를 진심으로 바랍니다.

다른 한편 동북아는 경제적인 면에서 세계 속에 떠오르는 주요지역으로 그 중요성이 날로 커지고 있습니다. 아마도 동북아를 중심으로 한 아시아 지역이 앞으로 세계 속에서 과거와는 달리 좀더 중요한 역할을 할 것이라는 예상에 이론은 별로 없을 것입니다.

그러나 그것은 비단 경제적인 면에서의 발전만을 의미하지 않습니다. 오히려 이미 낡고 확정된 체제로서 서구의 사고와 가치관이 가지는 한계나 문제점을 극복할 수 있는 새로운 대안의 형성과 관련이 있다고 생각합니다.

우리는 산업화를 서구로부터 배웠으며 민주주의도 서구로부터 배웠습니다. 그것도 아주 값비싼 대가를 치르고 배웠습니다.

이제 우리가 나아가야 할 길은 낡고 확정된 체제로서 우리가 배우고 익힌 서구의 산업화와 민주주의를 넘어 새로운 가치, 즉 동북아를 중심으로 한 아시아 국가들의 경험을 토대로 21세기가 지향해야 할 새로운 인류 공동의 가치를 형성하는 데 아시아적 가치의 진면목을 보여주는 것이라고 생각합니다.

우리는 그럴 수 있는 잠재력과 감성을 충분히 가지고 있습니다. 우리가 지금부터 그렇게 생각하고 노력한다면 말입니다.

우리 민족이 가장 적은 비용으로 통일을 이루어내고 동북아의 각국과 올바른 이해와 협력 속에서 나아간다면 우리는 일찍이 경험해보지 못한 놀라운 일을 동북아에서 만들어낼 수 있을 것입니다.

지금부터 서로 독려하고 정진합시다.

‘대안과 실천’에 이은 ‘동북아연구회’는 많은 활동을 했다. 특히 중국의 유수한 여러 연구기관과 교류하며 한반도에 대한 시각을 공유했으며 남북문제를 논의하기도 했다. 그러나 동북아연구회는 2008년 총선에서 내가 낙선하면서 해산하고 말았다.[3]

3 ‘동북아연구회’에 참여한 26명의 국회의원은 다음과 같다. 신계륜(대표의원), 이철우(연구책임의원), 강기정, 권영세, 고진화, 김덕규, 김영숙, 김영주, 김태년, 김충환, 문석호, 박계동, 박형준, 배일도, 복기왕, 송영길, 오영식, 우상호, 이인영, 이호웅, 임종석, 정덕구, 정병국, 조배숙, 천영세.

4 통합민주당의 창당

2003년 노무현 대통령 당선 1주년이 다가오자 당내에서 새로운 정당 창당의 요구가 나왔다. 현 정당구조는 지역주의에 근거하고 있기에 이를 타파해 전국 정당화를 지향하기 위해서는 전혀 새로운 정당이 필요하다는 인식에서였다. 그리고 새로운 정당은 당내 민주주의를 극적으로 확대해 당원과 국민의 의사를 충분히 반영해야 한다는 것이었다.

나는 이런 논의에 솔직히 회의를 갖고 있었다. 평민당, 신민당, 민주당, 새정치국민회의, 새천년민주당(민주당)으로 이어지는 정당 창당을 거치면서 근본적 변화를 찾아보기란 힘들었다.

그러나 민주당 내에서 창당 논의는 급격히 확산됐다. 열린우리당이라는 당명까지 확정하며 창당을 당연시했지만 국민은 창당에 별로 동의하지 않았다.

노무현 대통령에 대한 국정수행 지지도는 2003년 초기 80%를 넘었지만 계속 하향곡선을 그리며 그해 9월에는 30%대로 떨어졌다.

참고로 그 무렵 내 지역구인 서울 성북(을) 지역 여론조사를 보면 열린우리당 창당을 바라보는 유권자의 시선을 잘 알 수 있다.[1]

1 2003년 5월 8일 한 여론조사에서는 노 대통령 국정수행지지도는 64.9%

서울의 한 지역구의 여론조사이기는 하지만 신당 창당 시점의 여론은 분명 호의적이지 않았다. 국민은 적어도 신당 창당의 명분을 수긍하지 않았다. 나는 선택에 앞서 당원들의 의사를 묻기 위해 성북(을) 지역 동별 간담회를 개최하고 전 당원을 상대로 전화 인터뷰를 했다. 나처럼 당원의 의사를 물은 지구당은 없었을 것이다.[2]

당원들의 37%가 아예 응답하지 않았고 응답자의 경우도 53%나 되

(18일전 조사보다 12.5% 하락), 창당에 대한 의견에서는 신주류 탈당 후 개혁신당 찬성 19.5%, 탈당 않고 구주류 포함 통합신당 28.0%, 민주당 유지 당개혁 40.4%로 나와 신당 창당에 호의적이지 않은 여론을 보여줬다. 반면에 내가 민주당 후보로 출마하면 지지율이 45.5%로, 한나라당 후보를 28.5% 차로 이기는 것으로 조사됐다. 같은 해 6월 22일 여론조사에서는 노 대통령의 국정수행지지도가 50.7% (5월 8일 조사보다 14.2% 하락), 창당에 대한 의견에서는 민주당 간판 내리고 신당 창당 22.0% 민주당 유지 당 개혁 40.4%로 나와, 5월 8일 조사처럼 신당 창당에 호의적이지 않았다. 반면 내가 민주당 후보로 출마하면 지지율이 47.1%로 한나라당 후보를 30% 차로 이기는 것으로 나왔다. 신당이 창당되면 신계륜은 어떻게 해야 하느냐는 질문에 신당 참여 30.5%, 민주당에 남아야 한다 45.4%로, 신당이 창당되더라도 민주당에 남기를 더 선호했다. 9월 18일 여론조사에서는 노 대통령 국정수행지지도가 38.9% (6월 22일 조사보다 11.8% 하락), 창당에 대한 의견에서는 한나라당 지지 25.5%, 민주당 지지 23.3%, 신당 지지 12.2%로 3위로 조사됐다. 내가 민주당으로 출마하면 44.2%를 얻어 한나라당 후보를 22.1%차로 이기는 것으로, 신당으로 나오면 34.1%를 얻어 한나라당 후보를 12.0%이기는 것으로 조사됐다.

2 전화 인터뷰 대상인 3,205명의 당원 가운데 응답자는 2,002명(63%)에 불과해 당원들이 열린우리당 창당을 적극적으로 지지하지는 않는 것으로 분석됐다. 2,002명의 응답자 중 '탈당 후 열린우리당 참여' 응답은 537명(26%), '민주당 잔류' 응답은 245명(12%), '두 흐름을 통합하라'는 응답은 132(6%), '신계륜 위원장의 결정에 따르겠다'는 응답은 1,071명(53%)로 나왔다.

는 당원들이 구체적인 판단을 하지 않고 내 결정에 따르겠다고 했다. 신당 창당에 대한 시원치 않은 여론을 반영한 것이었다. 내 결정에 따르겠다는 응답은 강한 결속력을 보여주는 것이긴 했지만, 그 이면에는 '창당이 옳든 그르든, 대통령 당선자 비서실장을 지낸 사람이 노 대통령과 정치적으로 다른 길을 갈 수는 없지 않겠느냐'는 나름의 의미를 담고 있었다. 이런 상황, 즉 여론은 호의적이지 않았고 당원들마저 소극적인데 창당이 진행되는 상황은 참 난감했다.

나는 지구당의 간부들 회의를 소집한 자리에서 조사결과를 그대로 보고했다. 그리고 내 의견을 말했다.

> "민주당을 나가지 말고 민주당 안에서 개혁하라는 요구가 더 많은 것이 현재 여론입니다. 나도 그렇게 생각합니다. 그러나 노무현 대통령이 나와 달리 새로운 정당을 만들어 정말 좋은 정당으로 가꾸어가자고 제안하고 있습니다. 민주당의 현실도 중요하지만 현실에 안주하지 않고 때론 정치개혁의 이상을 찾아 나서는 것도 필요합니다. 더구나 얼마 전까지 대통령 비서실장을 지낸 사람이 대통령과 다른 길을 가는 것도 이상할 수 있습니다. 어려움이 많겠지만 열린우리당으로 참여하겠습니다. 토론 없이 만장일치로 결속력을 보여주십시오."

참여 간부들은 그렇게 했다. 그러나 고참당원을 비롯한 상당수 우수 당원들은 열린우리당 참여를 거부했다. 이들은 2004년 총선에서 노 대통령에 대한 국회 탄핵이라는 사태로 한나라당과 민주당에 불어 닥친 거센 역풍에도 불구하고 민주당에 10% 정도의 지지를 보여주는 근거가 됐다. 한나라당과 민주당이 노 대통령 탄핵이라는 헌정사상 초유의 쿠데타를 획책하지 않았다면 열린우리당은 2004년 총선에서 크게 실패했을 것이다.

2003년 11월 11일 창당한 열린우리당은 2007년 대선을 앞두고 실추된 이미지를 개선하기 위해 대통합민주신당과의 합당이라는 형식으로 대선에 임했다. 하지만 정동영 대통합민주신당 대통령후보는 이명박 한나라당 대통령후보에게 대선 사상 최대의 패배를 당했다. 민주화 이후 치러진 역대 대선에서 민주진영이 얻은 득표 중 최소 득표였다.

당은 쇄신위원회를 결성하고 참패의 원인을 참여정부와 열린우리당, 대통합민주신당에 대한 국민의 엄중한 심판이었다고 정리했다. 핵심지지층인 서민・중산층의 노동과 삶을 개선하지 못한 게 심판의 핵심내용이었다. 당은 희망을 잃고 패배주의에 빠졌으며 손학규를 새로운 당대표로 선출했다.

대통합민주신당 사무총장

손학규 대표는 나를 사무총장으로 임명하며 함께 당을 수습하자고 했다. 수렁에 빠진 당을 구하는 일이라면 기꺼이 나서겠다고 말하고 중앙당에 출근했다. 2007년 대선을 백의종군한 후 실로 오랜만에 중앙정치에 복귀하는 걸음이었다. 중앙당에는 패배주의 외에는 남아있는 것이 없어 보였다.

2008년 1월 중앙당 기자실을 찾아 이 곤란한 시기에 사무총장을 맡은 심정을 밝혔다. 백의종군 후 12척의 배와 120명의 병사만으로 왜군을 맞서야 했던 이순신 장군의 말 "생즉필사 사즉필생"(生卽必死 死卽必生) 을 인용했다. 다른 방법이 없기 때문에 죽을 각오로 임하겠다고 말했다.

민주당과의 통합은 가장 우선적으로 추진해야 할 일이었다. 손 대표도 그렇게 생각했다. 나는 박상천 대표를 만나 대통합민주신당과의 통합을 추진하자고 제안했다.

당시 민주당은 열린우리당 창당을 배신으로 생각했다. 냉정한 현실 논리로 앙금을 해소하고, 통합으로 나서는 데엔 상당한 시간이 걸렸다. 특히 열린우리당 창당에 앞장섰던 사람들에 대한 거부감이 컸다. 그러나 대세는 통합이었다. 통합하지 않으면 다른 길이 없다는 현실, 그리고 당원의 한결같은 염원은 통합이라는 사실이 분명해지자 대통합민주신당과 민주당이 통합을 향해 나가기 시작했다. 열린우리당은 정치의 이상을 추구했고, 민주당은 정치의 현실을 인정했기 때문에 둘이 합하면 현실적인 개혁을 추구할 수 있을 것이라고, 나는 말했다.

통합해야 한다는 신념이 누구보다 확고했기 때문에 열성을 다해 사람들을 설득하고 노력했다. 대통합민주신당 인사들은 정세를 비관하며 자포자기 태도로 지켜봤고 민주당 인사들은 대통합민주신당에 흡수되는 것을 우려했다.

나는 양측의 입장을 공평하게 이해하려고 노력했다. 이런 노력의 결과 양당통합 추진을 위한 공식창구가 개설됐다. 민주당 김충조 사무총장과 대통합민주신당 사무총장인 나는 양당의 공식 협상대표로 통합논의에 착수했다. 총선 전략공천지역도 문제였지만, 가장 큰 문제는 다음 전당대회까지 당 대표를 누가 어떻게 맡을 것인가 였다. 총선 공천과 관련해 이 문제는 양당 모두의 주목을 받았다. 쉽게 결론나지 않고 통합논의 자체가 흔들렸다.

과거에도 그렇지만 당시에도 내 나름의 협상의 원칙이 있었다. 속임으로 대하지 말고, 임시응변으로 위기를 벗어나지 말고, 분명한 대립지점을 정확히 찾아내면 해답이 보인다는 것이었다. 사람들은 대개 단번에 진정한 의사표시를 하지 않는다. 원하는 것일수록 숨겨 표현한다. 이것을 알아내고 타결에 이르려면 상대에게 믿음을 주는 것, 즉 진실한 것 외에 다른 방법은 없다.

나는 김충조 사무총장을 잘 안다. 대학 선후배기도 하지만 속마음을 털어놓고 이야기할 수 있는 충분한 신뢰를 형성하고 있었다. 오랜 시간 만나 통합을 논의한다고 했지만 쟁점이 분명했다. 논의는 안 하고 둘이 앉아 그냥 술만 먹은 적도 있다.

결국 새로운 당 대표는 손학규, 박상천 공동대표로 하고 법적 등록도 함께하자는 박 대표의 주장과 정치적으로는 공동 대표로 하되 법적 등록은 손학규 혼자만으로 하자는 손 대표의 주장이 최종대립이었다.

결론은 당 대표를 손학규, 박상천 공동대표로 하되 법적 등록은 손 대표 한 사람만 하는 것으로 했다. 그 외 전략공천은 두 대표의 논의에 맡겼다.

드디어 2008년 2월 17일 열린우리당 후신인 대통합민주신당은 민주당과 통합해 통합민주당을 창당했다. 2009년 8월 당명 개정을 통해 통합민주당을 민주당으로 바꿔 오늘에 이르고 있다.

통합민주당 사무총장

통합논의 과정에서 대표를 누구로 할 것인가, 특히 등록하는 대표를 단수로 할 것인가 복수로 할 것인가에 대해 의견 대립은 심했지만 통합된 당의 사무총장으로 나를 지명하는 것에는 아무런 이견이 없었다. 나는 신설된 통합민주당의 사무총장이 됐다.

총선 전까지 통합민주당이 열린우리당이나 대통합민주신당의 이미지를 벗는 게 가장 긴급하고 중요한 일이었다. 집권 1년차를 맞는 이명박 대통령에게 국민의 기대가 쏠릴 것이므로 4월 총선에 대한 준비는 철저해야 했다.

손학규 대표는 총선을 집중적으로 준비하기 위해 기획단을 발족시켰다. 사무총장인 나는 총선기획단장을 겸하게 됐다.

여러 가지 방법을 동원해 당의 현재 상태를 점검하고 진단했다. FGI 조사, 여론조사, 자체평가 등 다각도로 당의 상태를 진단했지만 부정적 결과가 압도적이었다. 특히 정당 지지도에서 한나라당과 절반 이상 차이가 난 당시 서울 지역에서는 더욱 비관적 조사가 많았다. 호남지역에서는 현역의원 교체를 요구하는 여론이 매우 높았다.

현역의원에 대한 평가지수를 개발해 모두 4개의 등급으로 나눴다. 인지도, 인지층 내 의정활동 만족도, 인지층 내 의정활동 불만족도, 인지층 내 재출마시 지지도, 인지층 내 재출마시 비지지도 등을 중요도에 따라 수치를 차등조합해 등급을 작성했다. ABCD 등급으로 나눠 A는 상위 20% 내로 단수공천 유력지역, B는 상위 50% 내로 단수공천 가능지역, C는 상위 80% 내로 원외인사 경쟁력 비교지역, D는 하위 20% 내 지역으로 공천심사 단계에서 제외토록 건의했다.

2008년 2월 자체조사를 보면, 서울의 경우 통합민주당 지지율은 한나라당에 비해 절반 이하로 부진했다. 과거 17대 총선 득표(열린우리당+민주당)를 전혀 회복하지 못했다.

악조건에서도 일부 지역에서 열악한 지지율을 극복하고 한나라당 후보 지지율에 접근하고 있는 사실이 확인됐다. 극히 일부 지역에 한정되기는 했지만 그런 추세가 지속된다면 한나라당 후보를 이길 수 있다는 조사가 나오기도 했다.

서울 지역에서 그런 가능성이 보인 곳은 5~6곳이 있었는데 그 가운데 하나인 내 지역구 성북(을)지역을 보면 당시 사정을 잘 알 수 있다. 2월 20일 통합민주당 현역의원 평가조사보고서에 이어 2월 22일 전직의원 경쟁력 조사보고서가 나왔다.

이를 보면, 서울 성북(을)지역의 경우 통합민주당 내 후보적합도 조사에서는 신계륜 66.0%, 박찬희 6.3%, 윤원일 3.5%로 나와 통합민주당내에서는 경쟁할 후보가 없으나 정당지지율에서는 다른 서울지역과 비슷하게 통합민주당 15.3%, 한나라당 48.5%로 무려 33. 2%의 차이가 났다. 그러나 가상대결에서는 신계륜 후보 27. 7%, 한나라당 후보 33. 2%로 나와 격차를 상당히 좁힌 것으로 나왔다. 그리고 보름 후 조사에서는 정당지지율이 통합민주당 13. 7%, 한나라당 40. 7%로 나왔지만 후보지지도에서는 신계륜 후보 35. 7%, 한나라당 후보 34. 8%로 역전됐다. 이런 곳이 서울에 5~6곳이었다.

나는 이 지역을 중심으로 민주당 지지 확산에 돌파구를 열어 주변지역으로 확산시키는 전략이 가장 현실적이라고 생각했다. 더불어 호남지역 다선의원들이 서울 중요지역에 출마하고 새로운 신인들을 과감하게 발굴해 신진을 육성해야 한다고 생각했다.

그러나 이 같은 민주당 총선전략은 박재승 위원장의 공천심사위원회가 전혀 다른 전략적 기준을 들고 나오며 무산됐다. 공천심사위원회는 손학규 대표를 포함한 누구의 통제도 받기를 거부했다. 나는 이런 상황을 맞아 중앙당 사무총장, 중앙당 기획단장 그리고 중앙당 선거대책본부장 직책을 모두 사임하고 조용히 중앙당을 떠났다.

4월 9일 치러진 18대 총선에서 통합민주당은 서울에서 7명을 당선자를 내는 데 그쳐 사상 최악의 참패를 기록했다.

선거가 끝난 후 손 대표는 나의 무소속 출마와 관련, 〈동아일보〉와 인터뷰하면서 다음과 같이 밝혔다.

> "지금도 가장 가슴 아픈 것이 탈당한 신계륜 전 사무총장 지역구(성북을)에 민주당 후보를 공천할 때였다. 내가 총장으로 영입했고 당 살림과 총선기획단장을 맡긴 사람이 공천심사위원회의 일률적 잣대로 공천을 못 받고 떠났다. 신 전 총장이 탈당 발표를 하자 2시간 만에 공심위원장으로부터 공문이 왔다. 서울 성북을, 중랑을, 영등포을에 대한 전략공천 합의를 철회하고 공

천신청자 중 공천자를 선정해 달라는 것이었다. (바로 확정하지 않으면) 기자회견을 준비하고 대응한다는데 그러면 당은 풍비박산 나는 것이다. 눈물을 펑펑 흘리면서 최고위원회의를 소집했고 다른 최고위원들이 '그럴 수 있느냐'고 하는데 내가 통과시켰다. 인간적인 도리를 보면 (민주당) 공천을 안 해야 했지만 그러면 숱한 피를 흘리며 쌓은 공천혁명 점수가 마이너스가 되는 상황이었다."

김대중 전 대통령의 추억

2008년 총선 실패로 인한 충격은 컸다. 총선이 끝난 지 한 달이 넘도록 악몽이 계속되는 등 나는 정신적 상처를 크게 받았다. 나는 상처를 달래기 위해 노력했지만 잘 되지 않았다.

그런 상태에서 2008년 10월 17일부터 22일까지 평양 윤이상 음악연구소가 서울 윤이상평화재단을 초청, 방문단장 자격으로 북한을 방문했다. 평양 윤이상 음악연구소는 매년 음악회를 열어 윤이상 선생의 음악을 연주하며 업적을 기린다. 서울에는 윤이상평화재단이 결성돼 윤이상 작곡상 시상 등의 활동을 한다. 나는 평양에서 윤이상 선생의 작품을 관람하는 한편 때때로 평양 이곳저곳을 둘러봤다.

2008년 연주회에서는 첼리스트 고봉인(당시 하버드대 재학중)이 평양을 방문, 최초의 남북 합동연주를 들려주기도 했다. 고봉인은 그 어렵다는 윤이상 선생의 작품을 완벽히 연주해 갈채를 받았다. 특히 북한 여성들의 환영이 인상적이어서 고봉인 오빠부대가 평양에 처음으로 생기는 게 아니냐는 농담을 했던 기억이 있다.

어느 날 내가 묵고 있는 숙소에 이종혁 조선아시아태평양위원회 부위원장이 찾아와 1시간가량 면담했다. 그는 매우 능란해 보였으며 남한 문제에 정통해 보였다. 그는 이명박 정부가 6·15선언과 10·4선언을 이어가겠다는 뜻을 밝히지 않고 있다고 지적하며 이에 대한 청와대 차원의 공식언급을 기대한다고 밝히기도 했다.

나는 서울로 돌아와 당시 김하중 통일부장관에게 이종혁 부위원장의 언급을 전했다. 김 장관은 다른 말은 없었느냐고 묻고 전화를 끊었다. 전화로 받은 느낌으로는 김 장관이 이 말을 청와대에 제대로 전달하지 않을 것 같았다. 청와대 내 남북관계 전문가가 누군지 찾아봤지만 포기하고 말았다.

그리고 나는 김대중 전 대통령에게 면담을 요청했다. 방북결과를 설명하는 것이 우선이었고, 또 한편으로 내 마음속 고민에 대한 의견을 듣고 싶었다. 2008년 총선으로 입은 상처로 정치 자체를 근본적으로 회의하며 새 출발을 해야 하는 건 아닌가 고민하던 시기였다. 또 김 전 대통령이 건강 악화로 자서전 집필을 서두르고 있다는 말을 들은 것도 한 이유였다.

그해 11월초쯤 이뤄진 면담에서 김 전 대통령은 내가 쓴 A4용지 2장 정도의 방북보고서를 받아본 뒤 나중에 자세히 읽겠으니 우선 구두로 설명해달라고 했다. 평양방문에서 들은 내용과 평양의 이모저모를 말씀드렸다. 나는 이종혁 부위원장이 새로운 정부에서 6·15 선언과 10·4 선언을 지킬 것인지에 무척 궁금해 하며 최소한 청와대에서 이에 대한 언급이 있기를 바란다는 요청이 있었다고 말했다. 또 이를 김하중 장관에게 전화로 전달했다고 말했다. 그리고 이 부위원장이 인터넷을 통해 김 전 대통령이 남과 북 모두에게 6·15 선언의 이행을 촉구하는 요지의 한신대 강연을 잘 알고 있더라고 전했다.

평양 대동강 주변이 전과 달리 새벽부터 모래를 파는 등 활력이 넘치고 각종 공사가 도처에서 활발하게 이뤄지며, 새벽에 일하러 나가는 사람들이 많이 보인다는 설명을 곁들였다.

김 전 대통령은 진지하게 경청한 다음 한 가지 질문을 했다.

"결국 한반도는 전쟁과 평화의 갈림길에 서게 됩니다. 신 의원이 보기에 북한이 대화로 나설 것 같소?"

"그렇습니다."

김 전 대통령은 고개를 끄덕였다. 그리고 한탄했다.

> 지금은 남한도 북한도 6·15 정신을 잘 살려가는 것이 무엇보다 중요하다. 특히 북한으로서는 그렇게 하지 않을 이유가 없다. 신 의원 이야기를 들어보니 평양에 외국자본, 특히 중국자본이 들어온 것 같은데, 그럴 게 아니라 그동안의 남북경협사업을 토대로 우리 자본이 들어가야 하고 이제 들어갈 때가 됐는데 안타깝다.

김 전 대통령은 작심한 듯 주머니에서 작은 메모지를 꺼내더니 오늘은 나에게 할 말이 있다고 대뜸 말했다.

"신 의원, 단점이 무엇인지 아세요?"

"불민해서 잘 모르겠습니다."

"그래요, 신 의원은 불민해요, 내 이야기를 잘 들으세요."

김 전 대통령은 미리 메모해둔 종이를 보며 최근 내가 나약하게 행동한 것을 조목조목 지적했다.

> "지난 총선에서 정치를 전혀 모르는 사람이 수긍할 수 없는 이유로 공천을 탈락시켰는데 왜 조용히 물러났느냐. 그렇게 하면 신사라는 말을 들을지는 모르지만 올바르게 정치하는 태도가 아니다. 과거 전두환 독재정권과 용감히 싸우던 그 기개는 다 어디 갔느냐. 자꾸 점잖게 물러나니까 신 의원보다

못한 사람들이 앞서 나가지 않으냐.

내가 신 의원을 국회의원으로 처음 추천했을 때는 단순히 국회의원을 바라보고 그런 것이 결코 아니다. 지금도 나 자신은 그렇게 생각하고 있다. 주변에도 그렇게 생각하는 사람들이 더 많다. 만약 신 의원이 잘못된 공천과 싸웠으면 나 자신을 포함해 신 의원을 지지해줄 사람이 많았을 것이다. 그리고 모든 노력을 다해 일단 국회에 들어가야 한다."

전혀 예상하지 못했던 김대중 전 대통령의 발언에 나는 당황했다. 메모까지 꺼내가며 말하는 것으로 보아 정말 작심한 것 같다는 생각이 들자 이내 차분한 마음이 들어 조용히 경청했다. 내가 김 전 대통령에게 훈계를 들은 것은 그때가 처음이었다. 김 전 대통령은 또 당에 대한 아쉬움도 표했다.

"언제부턴가 이야기하려고 했는데 시간이 없어 이제 말한다. 열린우리당을 창당한 것은 쉽게 이해하기 어려웠다. 민주당 내에서 개혁해 나가는 것이 현실적이고 충분히 가능한 것이었다. 더구나 2003년 대북송금 특검을 받아들인 것은 남북관계를 고려할 때 잘못된 것이었다. 나는 신 의원이 노무현 대통령당선자 비서실장으로 일한 경험이 있었기 때문에 이런 문제에 대해서 정확한 입장을 갖고 있는 것이 중요하다고 생각해서 이런 말을 하는 것이다."

2003년 열린우리당을 창당하기 전 나는 김 전 대통령을 찾은 적이 있다. 김 전 대통령은 그때 내게 명확한 입장은 말하지 않았지만 왜 새로 정당을 만들려 하는지 거듭 물으며 부정적 심정의 일단을 드러냈다. 그리고 6·15 선언이나 10·4 선언을 이행하기 위해서는 지금이 중요한 때이므로 민주당이 더 분발해야 하고 특히 젊은 정치인들이 더 노력해야 한다고 말했다. 민주당의 몇몇 지도적 정치인에 대해 평가하기도 했다.

나는 2008년 11월 11일 예정된 사단법인 '신정치문화원' 창립에 대한 계획을 말씀드리고 6 · 15 선언과 10 · 4 선언 이행을 촉구하는 국토순례를 준비하고 있다고 말했다. 그리고 11월 11일 창립대회에 참석해 특별강연을 해달라고 요청했다.

김 전 대통령은 "고마운 말이나 그날은 다른 일정이 있어 참석할 수 없고 다음 기회에 요청이 있으면 참석하겠다"고 말했다. 나는 국토순례를 마치고 임진각에서 종료행사를 할 때 김 전 대통령을 특별연사로 초대하겠다고 말하고 동교동을 나왔다.

그날 이후로 나는 개인적으로 김 전 대통령을 단나지 못했다. 내가 2009년 시작한 '백두에서 한라까지, 걸어서 평화 만들기'라는 전국 국토순례를 미처 마치기도 전에 김 전 대통령의 건강은 극히 악화됐다. 노무현 대통령의 영결식장에서 그리고 2009년 6 · 15 기념강연이 있었던 63빌딩 국제회의장에서 잠깐 뵈었을 뿐 그 뒤르는 공식적으로도 김 전 대통령을 만날 수 없었다.

2008년 11월 초 김 전 대통령을 긴 시간 만난 것이 마치 어제 일처럼 생생하다. 김 전 대통령의 말 한마디 표정 하나까지 생생하게 기억한다. 무엇보다도 그것이 나에게 준 마지막 유언이었다고 생각하니 너무 착잡하기도 하다.

나는 2008년 11월 11일 사단법인 신정치문화원을 창립하고 정치활동을 힘차게 재개했다. 그리고 김대중 전 대통령이 말한 대로 정치인답게 새로 태어나겠다는 각오로 2009년 4월부터 '걸어서 평화 만들기'라는 이름의 전국 국토순례를 시작했다. '한라에서 백두까지'라는 부제가 말해주듯 제주도에서부터 백두산까지 걸어서 종단할 예정이었다. 북한은 백두산을 걸어서 가는 문제를 협의할 수 있다며 개성공단에서

회담을 하자고 제안했지만 정세 악화와 정부의 불허로 접촉조차 하지 못했다.

우리가 제주도에서부터 걸어 올라가던 5월 23일 노무현 전 대통령이 서거했다. 그로부터 얼마 안 돼 김대중 전 대통령마저 병원에 입원했다. 나는 김 전 대통령에게 특별강연 초청장도 드리지 못했다.

병문안을 갔을 때 이희호 여사가 맞아주었다. 박지원 의원 등이 있는 그 자리에서 나는 "대통령님, 얼른 일어나셔서 우리가 국토순례 남한 구간을 마쳤음을 보고받으셔야 합니다"라고 말했다.

그러나 김 전 대통령은 내 보고를 끝내 받지 못하고, 특별강연에 나오겠다는 약속을 지키지 못하고, 한반도 평화에 대한 못다 한 꿈을 마지막까지 가슴에 안은 채 그해 8월 18일 세상을 떠났다.

김대중 대통령과 나의 인연도 참 특이한 것이지만 내가 오랫동안 김 대통령을 지켜보면서 대단하다고 느낀 점은 단연 불굴의 의지와 집념이다. 그는 국민의 뜻을 헤아려, 그것을 곧바로 정치로 연결시킬 줄 알았다. 그리고 끊임없이 공부하면서 자신의 논리적 체계를 세워갔다. 김대중 총재 시절 나는 종종 아침에 김 대통령 집에 들렀다가 글을 읽는 카랑카랑한 여성의 목소리를 들은 적이 있다. 중요한 논설이나 글을 녹음해 옷을 입거나 세수를 하면서 듣고 있는 것이다.

그런 김 총재를 보는 일은 참으로 묘한 느낌을 주었다. 정말 열심히 공부했고 또 열심히 공부하거나 부지런한 사람을 무척 좋아했다. 반대로 공부를 안 하거나 게으른 사람을 매우 싫어했다. 심지어 그런 사람이 국회의원이 돼서는 안 된다고 강조하기도 했다.

김 전 대통령은 퇴임 후에도 국회의원의 대정부질의 등 의정 활동에 큰 관심을 가졌다. 대정부질문을 잘하거나 의미가 크다고 생각하면 전화로 격려했다. 그만큼 김 전 대통령은 의정활동에 큰 비중을 두었고 의정활동을 독려했을 뿐 아니라 스스로 그런 활동을 통해 배우려 했다. 나도 1995년 대정부질문을 한 후 당시 김 총재로부터 격려전화를 받았다. 내가 대정부질문을 통해 특히 당시 여당과 정부의 용공조작은 범죄행위라고 신랄히 비판한 것을 두고 "지금까지 그 문제를 그렇게 정확히 지적한 사람은 없었다"며, "신 의원 같은 사람이 더 많아야 한다"고 말했던 것으로 기억한다.

김대중 후보가 대선 패배로 영국을 갔다 돌아온 지 얼마 안 된 어느 날 아침, 내 국회의원 사무실에 들렀다. 김 총재는 무엇을 찾는지 사방의 벽을 두리번거렸다. 나는 무엇을 찾는지 알지 못한 채 차를 대접했고 김 총재는 별 말 없이 차만 마시고 갔다. 나는 궁금해서 최재승 보좌관에게 연유를 물었다. 최 보좌관은 얼마 전 내 사무실에 들렀을 때 내가 아주 오래된, 당시엔 쓰이지 않는 김대중 총재의 사진을 액자에 걸어놓은 것을 보고 "너무 오래됐으니 최근 사진으로 바꾸라"고 한 적이 있었다. 최 보좌관은 이를 김 총재에게 보고했고 김 총재는 그 액자를 보고 싶어 아침부터 내 사무실로 왔던 것 같았다. 김 총재는 그날 아침 불행히도 그 사진을 보지 못했다. 너무 오래된 사진이라는 말을 듣고 바로 그 액자를 떼어 냈기 때문이었다.

누구나 자신에게 호감을 가지면 기분이 좋다. 나는 김 전 대통령에게 진심으로 호감을 갖고 대했다. 군사독재가 맺어준 기이한 인연 때문이기도 하지만 더 정확히는 민주정부 수립이라는 내 이상과 김대중이라는 현실이 불완전하게나마 일치했기 때문이다. 그런 호감과 달리 간혹 김 전 대통령을 개인적으로 숭배하는 사람들이 있었다. 김 전 대통령을 지지하던 사람들 가운데 거의 맹목적인 모습을 보인 이들이 많다. 분명 문제였지만 다른 면으로 보면 그의 집권을 기어이 만들어낸 원동력이기도 하다. 87년 선거와 92년 선거를 연거푸 낙선하고 어떻게 자신을 지켜내며 굴하지 않고, 그 모진 포위와 공격을 뚫고 끝까지 나아갈 수 있었겠는가. 그것은 어떤 상황에서도 믿고 따르는 절대적인 지지자들이 있었기 때문이다.

그들은 이미 김 대통령 집권과 함께 마음속의 소원을 푼 것처럼 기뻐하면서 지냈고, 집권 중 때때로 실망하기도 하면서, 그러나 김 전 대통령을 존경하며 함께 늙어갔다. 그리고 사실 그들은 그렇게 좋은 세상을 보지도 못했다. 그 세대들이 우리 민주당의 원류(源流)이고 뿌리다. 우리는 그 원류에서 새로 피어난 새 시대의 꽃이어야 한다.

김 전 대통령은 야당총재 시절에도 야당 내에서 절대적인 권한을 행사하는 실력자였다. 국회의원 공천을 거의 독점했으며 대부분 그의 뜻대로 관철했다. 나도 그의 뜻으로 공천됐다. 지금으로 보면 전략공천이 이뤄진 것이다. 당시에는 경선이란 것이 존재하지 않았고 중앙당의 판단, 특히 김 총재의 판단에 따라 이뤄졌다. 이것 때문에 비난도 받았고, 잘못도 있었다. 그리고 이것 덕분에 신진세력의 진입도 가능했다. 지금 활동하는 민주당의 상당수 젊은 정치인은 그때 김대중 총재의 공천으로 정치에 입문했다.

그는 독점적으로 당을 운영했지만 단순히 자신의 측근들로만 공천하지 않았다. 오히려 측근이기에 공천에서 밀린 경우도 많았다. 김 총재는 자신의 권위를 이용해 민주화운동을 한 경력의 재야인사와 행정경력이 있는 인사를 널리 영입했고 이러한 수혈을 통해 당내 활력의 기초로 삼으려 했다. 김 총재의 공천권 행사와 관련해 시시비비가 있을 수 있지만, 지금의 잣대가 아니라 당시의 정치환경을 고려해 평가하는 것이 무엇보다 필요하다.

다른 모든 것을 떠나, 김 전 대통령의 가장 큰 업적은 남북관계의 새로운 발전전망을 제시하고 그 길을 개척한 데 있다. 이것이 얼마나 중대한, 그리고 어려운 전환이었는가 하는 것은 지금의 이명박 대통령을 보면 잘 알 수 있다. 6 · 15 선언과 10 · 4 선언에 대해, 그리고 대북정책 전반에 걸쳐 아무것도 하지 못하는 이명박 정부의 어정쩡함을 보면 김대중 대통령의 대전환이 얼마나 빛나는지 알 수 있다.

노태우 정부 때나 김영삼 정부 때 외국을 나가면 되도록 정치 이야기를 피하려 했다. 또 대사관에서 외국 인사들과 이야기하거나 식사할 때 정치 이야기를 가능하면 안 했으면 하고 바랐다. 한국정치에서 자랑할 만한 것이 없었기 때문이다. 한국 정치가 비판받거나 조소거리가 되는 것을 좋아할 사람은 없기 때문이다. 그러나 김 대통령이 집권하고부터는, 특히 서구 유럽에서 만나는 인사들마다 김 대통령을 칭찬하며 한국정치의 혁명적 변화에 대해 한국 국민을 부러워하는 이야기를 많이 들었다.

남북분단과 시대착오적 냉전대결의 정치에서 벗어나 화해와 협력을 새로운 기치로 내걸고 평화의 새 길을 개척했을 때, 그리고 인권과 남북화해의 새 길을 연 공로로 김 대통령이 노벨평화상을 수상했을 때, 우리는 경제성장과 더불어 비로소 정치의 민주화를 이룬 것으로 평가받았다. 이는 김 전 대통령이 우리 역사상 최초로, 인권과 민주주의 부문에서 우리나라의 위신을 세계만방에 떨친 지도자로 평가받는다는 것을 의미한다.

김 전 대통령은 서거 직전까지도 남북문제를 걱정하고 남과 북 모두에게 6 · 15 선언과 10 · 4 선언으로 돌아가자고 호소했음을 기억하자.

제
3
부

노무현 대통령의 기억

1

이회창과 '경쟁할'
단일후보 노무현 만들기

첫 만남

87년 6월 항쟁 이후 7, 8, 9월 노동자의 노동조합 결성운동이 전개되자 정권의 대대적인 탄압이 곧바로 시작됐다. 나는 이제 막 시작된 노동조합이 그 탄압을 견딜까 걱정이 돼 그동안 별 관심이 없었던 제도정치권에 관심을 기울였다. 내 활동 때문에 자신의 현장활동이 줄어들거나 힘들어지자 아내는 무척 괴로워했다. 그런 아내에게 나는 평민당 노동위원회 활동이나 노동위 국회의원 사무실에서 일하는 것을 권하기도 했고, 실제 아내는 그런 일을 하기도 했다.

노동운동이 또는 노동현장이 고립된다는 느낌 때문에 답답한 나머지 나는 노동위 국회의원 중에서 대화가 될 만한 국회의원을 찾아가보기도 했다. 1990년 어느 날 제 13대 국회 노동위원회 노무현 국회의원 사무실을 찾았다. 나는 당시 전국노운협에 소속된 간부로, 정부의 노동운동 탄압에 정확히 대처할 만한 국회의원을 찾아나섰다. 생애 처음으로 찾아간 국회의원 사무실이 바로 노무현 의원실이었다.

노 의원은 당시 정세 전망에 대해 매우 비관적 전망을 피력했던 것으로 기억한다. 심지어 "지금 정치를 해야 하는지 모르겠다"고도 말했다. 3당 합당의 여파였는지는 알 수 없지만, 노동현장에서 일하는 내가 보기에 그는 노동문제 전반에 대해 비교적 잘 이해하고 있었다. 변호사답지 않게 제반 노동문제를 법적으로 이해하는 대신 운동으로 이해하려 노력한다는 사실 때문에 새로운 느낌을 받았다.

그의 한마디는 분명하고 단호했다. 정치권 전반에 대해 불신하고 있던 당시 나로서는 의외의 느낌을 주는 노무현 의원에 대해 두 가지 생각을 했다. 하나는 '국회에 생각이 바른 사람도 있구나' 하는 것이고, 다른 하나는 '어떻게 저런 사람이 요지경 정치판에서 생존할 수 있을까' 하는 것이었다. 그는 타협할 줄 모르는 정치인처럼 보였으며 안 되면 미련 없이 의원직을 그만둘 사람으로 보였다. 실제 그런 말도 여러 번 했다.

의원회관을 나오면서 '노무현 의원은 깨끗하지만 주위와 잘 어울리지 못하는, 들판에 홀로 선 학과 같다'고 생각했다. '그가 과연 끝까지 정치할 수 있을까' 하는 것이 그때 내 생각이기도 했다. 그것이 노무현과의 첫 만남이었다.

2002년 4월 27일 민주당은 서울에서 대통령후보 선출 마지막 경선을 열어 노무현 대통령후보를 선출했다. 나는 그날 전당대회 오후에 8명을 선출하는 당 지도부 경선에 나섰지만 71표가 모자라는 9위에 머물러 아쉽게도 지도부 진입에 실패했다. 나는 이해찬 의원이 뒤늦게 출마를 결심해 표를 분산시킨 것도 패인이라고 생각했지만 좋은 경험이라 여겼다.

그 과정에서 나는 노무현 대통령 후보를 자주 만나 경선에 관한 이야기를 많이 나눴다. 경선 중반 이후 노 후보가 독주했기에 나는 노 후보보다 내 선거에 더 큰 관심을 가졌다. 노 후보에게 노골적으로 도와달라고는 못했지만 마음속에는 그런 생각이 있었다.

그때 가장 유력했던 노 후보가 최고위원 선거에서 나를 지지했는지는 알 수 없었다. 그래서 대통령 선거전이 한창일 때, 나는 노 후보에게 그때 나를 4명[1]의 명단 속에 넣었는지 물었다. 노 후보는 빙그레 웃고 말이 없었다. 그의 성격으로 보아 자신이 스스로 누구를 지지하라고 지시하지는 않았을 것 같다. 살벌한 경선의 이면에서 후보끼리 난마처럼 얽혀 무언가를 주고받는 은밀한 계약을 할 사람이 아니라는 뜻이다. 그는 최고위원 선거를 자율에 맞기며 자신의 선거에만 충실했을 것 같다.

노무현 후보 비서실장

민주당 노무현 대통령후보 선출 후인 2002년 6·13 지방선거에서 서울 구청장의 경우 민주당이 3곳, 한나라당이 22곳에서 승리했다. 언론은 한나라당이 압승했다며 대선가도 청신호(青信號)라고 보도했다. 이런 상황은 계속 이어졌다.[2]

---

1 당시 당 대표 및 최고위원 선거에서는 한 대의원이 4명의 후보를 선택할 수 있었다.

2 이어 2002년 7월 29일 〈한겨레〉는 〈시사저널〉의 민주당 대의원 대상 여론조사 결과를 인용 발표하면서 노무현 후보의 교체 필요 44.6%(교체 필요 없다 52.2%)로, 교체 가능성 높은 편 50.6%(낮은 편 46.1%)로, 재경선해야 한다(노 후보 주장) 50.3%(안 해도 된다 47.3%), 그리고 그 대안으로 정몽준 39.8%, 고건 14.9%, 이인제 13.9%라고 밝혔다. 그리고 노무현 지지 하락의 원인으로 ①김대중 대통령 친인척 비리 46%, ②본인자질 부족 27.2%, ③현 정부 실정 12.2%, ④민주당 의원들의 비협조 9.9%, ⑤참모진의 문제 4.1%로 꼽았다. 그리고 8·

그로부터 몇 달 뒤 나는 노 후보로부터 전화를 받았다. 후보는 나에게 비서실장을 맡아줄 수 있냐고 물었다. 나는 하루만 시간을 달라고 했다. 후보는 비서실장을 맡는 데 하루를 생각해야 하느냐고 다소 불만스럽게 이야기했다. 나는 그냥 그렇다고 말하고 몇 사람과 상의했다. 어려워진 당과 노무현 후보를 돕는 것은 조금도 망설일 일이 아니었다. 반대하는 사람은 없었다. 만약 잘 나갔다면 일할 사람도 많았겠지만 지금이야말로 노 후보를 돕는 것은 내가 꼭해야 할 일이라는 의견이었다. 그렇게 해서 나는 민주당 노무현 대통령 후보의 비서실장이 됐다.

비서실장을 맡고 나는 비서실 체계에 약간의 변화를 줬다. 우선 비서실에 차장을 몇 명 두고 후보를 수행하게 했다. 재야시절부터 잘 아는, 실무적으로 뛰어난 능력을 가진 장준영을 비서실 차장으로 추천해 비서실에 상근시키면서 정무팀과 호흡을 맞추도록 했다. 당시 정무1팀에는 문용욱, 박재신, 유수동, 홍영희 등이 일했고, 연설문팀에는 윤태영, 양정철, 김은호, 장훈, 유민영, 우현주 등이 사진비서 서호영과 함께 일하고 있었다.

그리고 노무현 후보를 수행할 국회의원으로 이종걸, 정장선, 송영길 등 3명을 후보에게 추천해 임명했다. 이들은 중립적 · 안정적 이미지를 갖고 있기에 노 후보에게 도움이 된다고 생각했다. 그리고 내 비서로 김영배를 신규 임명했다.[3] 선대위 노무현 후보 집무실 바로 옆에

8보궐선거(수도권 8곳, 영남 3곳, 호남 2곳 등 총 13곳)에서도 호남 2곳을 제외한 11곳에서 한나라당이 승리해 노무현 대통령후보는 더욱 궁지에 몰렸다.

3 그 외 비서실에는 의전팀에 서갑원 팀장을 위시로 김삼호, 황희, 류영근, 이창우, 성원호, 유미옥, 서수연, 여택수, 최영 등이 호흡을 맞췄다. 외신팀에는 이경희, 정병택 등이 일했다. 그리고 정무2팀에는 홍미영 팀장을 위시로 이은희, 김태석, 박은아, 이미자, 김경화 등이 일했고, 미디어편집TF 편집장으로 박종문 특보가 수고했다.

4자 대결 지지도

(단위: % / 격차: %p)

조사일	이회창	노무현	정몽준	권영길	잘 모름	격 차
9.4	34.3	20.4	31.7	2.2	11.4	-13.9
9.18	35.1	19.0	33.2	2.5	10.2	-16.1
10.4	36.5	19.0	30.6	2.2	11.7	-17.5
10.8	36.6	19.2	30.4	3.0	10.8	-17.4

내 사무실을 차린 나는 본격적인 업무에 돌입했다.

이 무렵 가뜩이나 어려워진 노무현 대통령 후보는, 이회창 한나라당 후보를 이기기 위해서는 정몽준 후보와 단일화를 해야 한다는 주장 앞에 놓여 있었다.

비서실장을 맡은 지 얼마 되지 않은 10월 9일, 나는 기획본부 정세분석국이 작성한 '후보단일화 관련 여론조사'라는 문건을 받았다. 조사기법이 당 자체 ARS였으므로 그다지 객관적이라고는 볼 수 없었다. 또 노무현 후보가 후보단일화를 주장하는 사람들의 진정성에 대해 신뢰하지 않던 시기였으므로 나는 그 문건을 신중히 판단했다.

그 문건은 5가지 이슈를 담고 있었다.

첫째, 문건은 이회창, 노무현, 정몽준, 권영길 등 4자 대결 지지도를 9월 4일부터 10월 8일까지 4번에 걸쳐 담고 있는데, 노 후보가 이 후보에 적게는 13.9%, 많게는 17.5%까지 뒤졌다. 단순지지도이기는 하지만 정몽준 후보에게도 적게는 11.3%, 많게는 14.2%나 뒤지는 것으로 나타났다. 짐작은 했지만 매우 비관적인 수치였다.

그러나 두 번째 이슈인 노무현과 정몽준의 후보단일화가 바람직한가라는 이슈에 대한 응답결과는 흥미로웠다. 전체적으로는 '바람직하다'(36.2%)와 '바람직하지 않다'(44.1%)로 양분됐지만, 호남지역에서는 '바람직하다'가 61.3%로, '바람직하지 않다' 24.4%보다 높게 나왔다. 민주당 지지자 역시 '바람직하다'가 62.9%로, '바람직하지 않다' 26.0%보다 높았다. 전체 유권자와는 달리, 민주당 지지자의 압도적 다수가 후보단일화를 바라고 있는 것이다.

전체적으로 봤을 때 이회창 후보를 지지하는 유권자가 후보단일화를 경계하고 있음을 알려주는 표시라고 생각했다.

세 번째는 노무현 후보로 단일화가 32.5%, 정몽준 후보로 단일화가 46.6%로, 당시 시점에서 평면적 단순지지도를 반영하고 있었다.

네 번째 이슈는 단일화 가능성을 노무현 후보가 열어둘 경우, 노 후보 지지도에 도움이 될 것인가 하는 질문이었다. 대구・경북을 제외한 모든 지역에서 '도움이 될 것'이라는 응답이 우세했다.

나는 이 문건이 주는 두 가지 의미에 유념했다. 지금 노무현 후보가 최악의 지지도에 묶여 있다(20%대)는 사실과 우리 지지자 대다수가 후보단일화를 바란다는 사실이다.

응답자 특성별 후보단일화 평가

구분		바람직하다	바람직하지 않다	잘 모름
전체		36.2	44.1	19.7
거주지역	서울	35.5	47.2	17.3
	인천경기	36.3	43.9	19.8
	대전충청	40.8	37.7	21.5
	광주전라	61.3	24.4	14.3
	대구경북	27.5	48.8	23.6
	부산경남	26.4	53.7	19.8
지지정당	한나라당	19.4	61.7	18.9
	민주당	62.9	26.0	11.1
	없음	36.3	37.9	25.8

지지율 차이는 분명했다. 더구나 이 상황에서 후보단일화를 이야기하는 것은 후보를 사퇴하라는 말과 동의어일 수 있었다. 실제 일부 민주당 인사들은 그렇게 여기고 후보단일화를 주장했다.

노무현 후보는 10월 10일 전북지역 당직자 간담회에서 후보단일화에 대해 이렇게 비판했다.

"제 할 도리는 다했습니다. 재경선하겠다고 문을 활짝 열어놓고 누구라도 하겠다고 말했습니다. 우리당에 유리하다면 100%국민경선을 받아들일 마음을 갖고 있다고 얘기했습니다. 제가 흔들릴지 모른다는 불안감이 없는 것은 아니지만 원칙대로 9월 중순까지 기다렸습니다."

같은 날 전주방송 토론회에서는 이렇게 얘기했다.

"지지율을 미리 예단할 일은 아닙니다. 저도 한때 지지율이 많이 올라갔습니다. 160㎞를 달릴 수 있는 자동차는 언제라도 다시 달릴 수 있는 것입니다. 연대는 생각이 비슷한 사람하고 하는 것입니다. 이회창 후보와 정몽준 후보는 비슷하지만 저하고는 많이 다릅니다. 함부로 통합이나 후보단일화를 얘기하면 민주당은 없어집니다. 민주당이 언제 재벌당이었습니까. 민주주의를 위해 오랜 역사동안 싸워온 당이 민주당입니다. 거저 정권잡는 것이 아니고 민주주의를 위해 싸워온 많은 사람들에 대해 책임을 져야 합니다."

10월 15일 기자간담회에서도 후보단일화가 초점이 됐다. 이 자리에서 노무현 후보는 "후보단일화는 없다"고 단언하면서도 다음과 같은 말로 그 의미를 부연 설명했다.

"8월말까지 이른바 단일화의 문을 열어놓고 재경선하는 것은 그 결과가 단일화로 나타날 수밖에 없습니다. 단일화의 한 방법으로 재경선의 문을 열어

놓고 기다렸습니다. 한 달 이상 기다렸는데 거기에 응하지 않았습니다. 절차를 존중하지 않은 것입니다. 그러면 그분도 단일화 이야기를 하지 말아야 합니다.

앞으로 어떤 절차가 있을 수 있느냐 여기에 대해서 어떤 사람도 생각이 다르고 주장이 다른 사람들을 하나로 묶어낼 수 있는 절차를 제시하지 못하고 있습니다. 우리도 납득할 수 있고 국민들도 납득할 수 있는 절차를 제시할 때라야 단일화를 얘기할 수 있는데 그 길이 막혀있기 때문에 제가 단일화가 없다고 말하는 것입니다."

노무현 후보의 생각은 이상에서 보듯, 후보단일화 주장에 대해 한 번 선출된 후보가 '재경선을 하겠다'고 받아들이고 기다렸지만 응하지 않았다는 것이다. 게다가 서로의 근본이 다르지만, 설사 만보를 양보해 단일화를 한다고 해도 지금 마땅한 절차가 없지 않느냐는 것이다.

이때까지 노무현 후보는 정몽준 후보 또는 그를 따르는 사람들의 후보단일화 공세에 방어적으로 대응하는 수준이었다. 그러나 시간이 흐를수록 후보단일화 논의는 정몽준 후보 측의 주장을 넘어 민주당 지지자들의 다수의 뜻으로 돼 가고 있었다.

10월 하순쯤 일과를 끝내고 집으로 돌아가는 노무현 후보에게 정세분석국의 문서를 전달하며 꼭 읽어보시기를 부탁했다. 나는 그때 후보단일화 문제를 노무현 후보를 끌어내리려는 부당한 세력에 방어적으로 대항하는 수준에서 벗어나, 민주세력의 사활을 걸고 꼭 선거에 이기기 위해 정몽준 후보와 전 민주세력에게 호소하는 공세 수준으로 전환할 때가 됐다고 생각했다.

내 기억에 그날 이후 노 후보가 공식석상에서 후보단일화 이야기를 전처럼 부정적으로 이야기하거나 먼저 언급하는 것을 듣지 못했다. 숙고를 거듭하고 있다고 생각했다.

얼마 후 나는 노 후보를 선대본 집무실에서 조용히 만나 이렇게 얘기했다.

"이제 후보단일화는 우리가 중심이 돼 풀어야 할 성질의 것이 됐습니다. 이것은 정몽준 후보가 좋아서가 아니고 근본이 같아서도 아닙니다. 지금 이 정세에서 한나라당 이회창 후보를 이기는 데 있어 양측 지지자들 대부분이 후보단일화 외에 방법이 없다고 생각하고 요구하는 것입니다. 따라서 우리 지지자들에게 후보님이 대답을 해야 하는 그런 성질의 것입니다."

노무현 후보는 아무 말 없이 듣기만 했다.

11월 3일 노 후보는 서울지역 선대위 발대식에서 TV 토론을 전제로 경선을 통한 후보단일화를 전격 제안하며 5일까지 응답을 달라고 했다. 그것은 이전과는 차원이 전혀 다른 언급이었다. 처음으로 정몽준 측에 그 대답을 요구하는 수준으로 격상된 공세였다. 나는 그날 집회장에서 무언가 잘못돼 간다는 생각을 하는 일부 노사모 회원들의 시름과 걱정의 표정을 보았다. "이것은 다시 노무현을 죽이는 일"이라고 하소연하는 사람도 있었다.

우려와 기대가 교차했지만 당은 전반적으로 이를 적극 수용하고 선대본부를 중심으로 준비에 착수했다. 일단 후보단일화를 선언하자 노무현 후보의 움직임은 단호하고 공격적이었다. 11월 7일 양측의 협상단이 구성됐다. 민주당에서는 이해찬 본부장이 추진단장을 맡고 정몽준 후보 측에서는 이철 전 의원이 추진단장을 맡았다. 11월 11일 노무현 후보가 3~4개 공중파TV를 포함, 7~8회 TV토론을 전제한 여론조사방식도 수용할 수 있다고 밝혔다. 여론조사에서 상당히 뒤지고 있던 노무현 후보의 제안은 혁신적이었으며 상대의 의표를 찌르는 것이었다. 그러자 정몽준 후보 측은 각기 양측에서 25%, 25%씩 대의원을 내 경선을 치르고 나머지 50%는 국민여론조사를 반영하자며 역제안하는, 참으로 이상한 일이 생겼다. 노무현 후보가 정몽준 후보의 방안을 선호해야 하고 정 후보가 노 후보의 방안을 선호해야 하는데 거꾸로 가고 있었다.

협상은 교착상태에 빠지고 실무는 진전되지 않았다. 이해찬 단장으로부터는 '협상의 진정성'을 의심하는 비관적인 보고가 들어왔다.

11월 12일 정몽준 후보가 후보회담을 제안했다.

나는 그 시점에서 새로운 협상 라인이 필요하다는 생각했고, 또 후보회담의 진정성도 알아볼 겸 후보회담을 위한 실무협의를 갖자고 노무현 후보에게 말했다. 노 후보도 이를 받아들이고 그 대표로 나를 지목했다.

11월 13일 나는 김영배 비서만 대동하고 정몽준 후보가 임명한 민창기 대표를 만났다. 나는 "내가 노 후보의 뜻을 잘 알고 있으니 민창기 대표도 정 후보의 뜻을 잘 파악해 모든 것을 버리고 만난다면 역사적인 일을 성공시킬 수 있다"며, "중간에서 사소한 실수가 일을 그르칠 수 있으니 각별히 유념하자"고 말했다. 나는 노무현 후보의 후보단일화 뜻은 정치공세가 아니고 진실이라고 말했으며 민창기 대표도 정몽준 후보의 뜻은 진실이라고 말했다.

우리는 후보회담을 갖는 데 동의했다. 나는 민창기 대표에게 "때때로 실무적 합의가 없거나 완성에 이르지 않아도 최종 결정자인 두 후보가 서로 만나 합의에 이를 수도 있는 것"이라고 말했다. 후보들에게 최종적 이견 타협을 맡기는 것도 나쁘지 않은 방법 중 하나라는 내 의견은 후보회담을 먼저 제안한 정몽준 후보 측 민창기 대표에게 후보회담을 위한 좋은 신호로 읽혔을 것이다.

11월 14일 나와 민 대표의 2차 회담이 열렸다. 노무현 후보의 분명한 의지를 이미 파악한 나는 민 대표의 의견을 그대로 수용해 "합의를 전제하지 않고도 후보회담을 추진"하기로 합의했다. 미룰 것도 없이 내일(15일) 밤 국회에서 만나기로 합의했다. 이는 노무현 후보가 후보단일화 방식에서 자신에게 불리한 방식이더라도 자신을 과감히 던질 준비가 돼 있음을 의미했다. 그는 이런 상황에서 단순하고 명쾌했으며 구차하게 굴지 않았다. 그리고 나는 그의 똑똑함을 믿었다.

11월 15일 밤 10시 30분.

나는 노 후보와 함께 역사적인 후보 회담을 열기로 한 국회본관으로 향했다. 회담장으로 가는 차안에서 노 후보는 단지 하나만 나에게 확인했다. "내가 여론조사방식을 받아들인다면 합의가 되겠지요?" 라는 물음이었다. 나는 "그렇다"고 답했다.

회담내용의 정리 발표를 위해 이낙연 당시 선대위대변인이 배석했고, 정몽준 후보 측은 민창기 대표와 김행 대변인이 동석했다. 지루하게 진행되던 후보단일화와 관련, 후보 간 전격적 회담은 온 국민의 시선을 집중시켰다. 한나라당 의원들도 긴장하는 것이 역력했다. 회담에서 노 후보는 당시 자신에게 불리하다는 국민여론조사 방식을 그대로 받아들였다. 그것은 어떤 일이 있더라도 후보단일화를 이루겠다는 의지를 자신과 온 국민에게 분명히 보여주는 것이었다. 후보단일화의 합의가 이뤄졌다.

불가능할 것으로 생각했던 합의가 노무현 후보의 대폭 양보로 성사된 사실은 빠르게 전파를 타고 국민에게 전달됐다. 지지자들에게는 기대와 긴장을 동시에 높여주었다. 이 합의에 따라 공식 협상라인이 재가동됐다.

이해찬 단장과 이철 단장은 후보 간 합의된 여론조사방식에 의해 실무협의를 빠르게 진행했다. 11월 17일 이해찬 단장으로부터 후보단일화 세부일정을 타결했다는 보고가 들어왔다. 기대 반 우려 반 하면서도 노무현 후보 선대본부는 이것을 운명처럼 받아들였다.

그러나 다음날 아침 정몽준 후보 측 김행 대변인은 공개돼서는 안 될 여론조사방식이 민주당에 의해 언론에 유출돼 중대한 위반과 위기가 발생했으므로 재협상해야 한다는 성명을 발표했다. 이해찬 단장은 "이는 과민반응이며 재협상은 불가능하다"고 말했다.

공식협상단은 회복하기 어려운 난관에 봉착했다. 19일 오전 이해찬 단장은 난관에 빠진 협상을 타개하기 위해 새로운 채널을 만들어줄 것을 노무현 후보에게 요청했다. 노 후보는 다시 나를 불렀다. 후보는 간단하게 나에게 추진단장을 맡으라고 말했다. 나는 주저 없이 그렇게 하겠다고 했다. 그 자리에서 나는 후보 비서실장 겸 후보단일화 추진단장을 맡아 운명의 협상을 맡게 됐다.

노무현 대통령후보 단일화 추진단장이 되어

협상이 두 번이나 깨지자 이해찬 단장은 협상 결렬 이후 상황에 대비하는 것 같았다. 그는 협상문제에 대해 입을 다물었다. 나는 이 단장이 그런 유형의 협상에 적합한 인물이 아니라는 것을 잘 알고 있었다. 그럼에도 이철 단장에게는 이해찬 단장이 필요할지 모른다고 생각했지만, 이처럼 조기에 무너질 줄 몰랐다.

여택수와 함께 있는 자리에서 노 후보가 말한 것은 단 하나. "책임지고 단일화를 추진하라"는 것이었다.

추진단장을 맡은 후 우선 두 가지 사실을 확인하는 데 주력했다.

하나는 11월 3일 노무현 후보가 후보단일화를 전격 추진하겠다고 선언한 이후 협상 전 과정을 통해 국민 여론이 어떻게 변화했는지 였다. 더 정확히는 노 후보가 후보단일화 문제를 정치적 반대자의 '후보 흔들기'로 보고 소극적 대응으로 일관했다가, 후보단일화를 민주당 지지자들의 적극적 요구로 보고 공세적으로 전환한 이후 여론의 변화가 어떤지를 알아내는 것이었다. 이는 여론조사를 통해 후보단일화를 하자고 결정한 이상 결정적으로 중요한 문제였다.

11월 10일자 보고서에 따르면 여론은 상당히 호전됐고 그 흐름이 이어지고 있었다. 당초 정몽준 후보와 10% 이상 차이가 났지만 4~5% 대로 줄어들고 있었다. 비슷한 시기 대부분 여론조사가 그랬다. 상승세는 진행중이었다. 중요한 변화였다. 후보단일화에 대한 노무현 후보의 적극 공세가 지지층을 자극한 것이다. 나는 그 점을 중시했고 나름대로 확신을 가지기 시작했다. 정몽준 후보는 정체돼 있었고 노무현 후보는 빠르게 상승하고 있었다.

또 다른 하나는 정몽준 후보 측의 협상태도에 어떤 변화가 있는지를 심도 있게 알아보는 것이었다. 즉, 여론에 미묘한 변화가 있다는 사실을 감지하고 있는지 유심히 살폈다. 내가 확인한 바로는 이러한 변화의 의미를 정확하게 파악한 것 같지는 않았다. 단지 현재 정몽준 후보가 우세하므로 추세가 변하기 전에 여론조사 등을 실시해서 빨리 결판을 내야 한다고 보는 것 같았다. 이것은 더욱 중요한 문제였다.

나는 홍보나 여론조사 실무에 밝은 전문가로 협상대표단을 구성했다. 김한길, 홍석기 두 사람을 대표단에 편입시켰다. 이근영을 여론조사 전담으로 나를 수행하게 했다. 지금 생각해도 최상의 협상팀이었다. 우리는 단 한 번의 의견충돌도 겪지 않았다. 조용히 움직였으며 모든 것을 버리고 이 일에만 집중했다.

사실 나는 역사상 초유의 대통령 후보단일화가 내 정치적 생명을 좌우한다는 것을 잘 알고 있었다. 단일화에 실패하면 그 정치적 타격은 치명적일 것이다. 단일화에 성공해도 결선에서 노 후보가 탈락한다면 그 역시 치명적 타격일 것이라 생각했다.

나는 확률 낮은 도박에 뛰어들었고 내 정치적 운명은 위태로웠다. 그러나 나는 그때 민주주의 편에 선 많은 사람들의 기대와 소망에 부응하기 위해서라면 목숨을 걸 수 있다고 생각했다. 왜냐하면 이 길밖에 다른 길은 없었으므로.

11월 19일 나는 민창기 대표와 3차 회담을 시작했다. 대학 선배이며, 유명 아나운서 출신인 민 대표는 담백하고 솔직하게 말했다. “정몽준 후보가 단일화를 진심으로 바라며 자신을 비롯한 대부분의 참모도 그렇다”고 했다. 나와 민 단장은 깨진 협상을 재개하기로 간단히 합의했다.

이렇게 해서 노무현 후보 측 신계륜, 김한길, 홍석기와 정몽준 후보 측 민창기, 김민석, 김행 등 6명은 11월 21일 만나 집중적인 논의를 시작했다. 나는 실무회담 장소가 기자들에게 노출되지 않도록 신경 쓰면서 여론조사의 구체적인 실무를 홍석기와 김행에게 맡겼다. 의견이 일치되지 않을 땐 김민석과 자주 얼굴을 맞대고 이야기하며 풀어나갔다. 역선택(이회창 후보 지지자가 위장해서 들어와 특정후보를 지지하는 것)을 막기 위한 실무협의에서 난항을 겪기도 했지만 나는 오직 한 가지 내용에 온 신경을 썼다.

그것은 설문내용이었다. 이 무렵 노무현 후보의 여론조사 지지도는 지난 11월 10일쯤의 4~5% 약세에서 벗어나 이미 정몽준 후보와 비슷한 수준에 와 있었다. 노 후보에 대한 지지율 회복 추세로 볼 때 당연한 일이었다. 몇몇 조사는 정몽준 후보를 조금씩 앞서고 있다는 사실을 이근영을 통해 여러 차례 확인했다. 설문내용에 따라 2~3%의 지지도 격차를 만든다는 사실 또한 정확히 인지하고 있었다.

설문은 모두 4개항으로 돼 있었고 이를 중심으로 협의했다. 우선 나이를 물어 성, 연령 등 기본변수를 확인한 후 투표의사를 묻고 누구에게 투표하겠냐고 물어 이회창 후보 지지자를 제외하도록 설계됐다. 문제는 노무현 후보와 정몽준 후보 중 누구를 더 지지하는지를 묻는 설문이었다. 이회창 후보와 맞설 '자격'과 '능력'이 있다는 점을 강조하는 뉘앙스면 노무현 후보가 조금 앞설 수 있고, 이회창 후보와 맞서 이길 '가능성'을 강조하는 뉘앙스면 정몽준 후보가 다소 앞설 수 있다는 사실을 나는 파악했다. 몇 번의 시험결과도 마찬가지였다. 나는 이 사실을 거듭 확인하고 이것이 쟁점이 되지 않도록 주의했다.

설문은 '이회창 후보와 경쟁할 단일후보로서 노무현 후보와 정몽준 후보 중 누구를 지지하십니까'로 결정됐다. 나는 '경쟁할'이라는 이 문구가 이기느냐 못 이기느냐는 느낌보다 후보의 자질과 능력을 충분히 연상한다고 판단했다.

21일 오전 우리는 협상을 타결했다. 내용은 단순명쾌했다. 단일화를 위한 단 한 번의 TV 합동토론 후 여론조사를 통해 단일화를 이룬다는 것이었다.

여론조사의 주된 내용은 오차범위 내의 승부도 인정해 표본오차를 무시하고, 5천개 샘플 단일조사로 한다는 것이다. 또 역선택을 방지하기 위해 조사결과 이회창 후보 지지도가 최근 2주일간의 이회창 후보 지지도 평균 미만일 때는 그 결과를 무효로 하기로 했다. 조사기관은 한국갤럽으로 하며 조사일시는 11월 24일(일) 15시부터 22시까지 하는 것으로 타결했다. 문안으로 작성해 합의문을 작성했다. 그리고 6명이 나란히 서명했다.

우리는 감격했다. 이런 결정에 빠르게 도달한 것도 그렇지만 역사의 한 페이지를 작성할 수 있다는 믿음 때문에 그랬다. 노무현 후보는 내 보고를 듣고 아무 말 없이 받아들였다. 그러나 이날 오후 정몽준 후보 측은 역선택 방지책 등에 문제가 있다며, 잉크도 마르기 전에 합의문을 파기했다.

노무현 · 정몽준 두 후보가 대선후보 단일화에 합의한 직후.

나는 그날 밤 다시 협상을 시작했다. 밤늦게까지 가는 협상 끝에 다시 합의문을 작성하는 도중 또 결렬됐다. 지치고 힘들었지만 결코 협상을 멈추지 않았다. 왜냐하면 내가 생각하는 핵심적 사안에서의 이견이 아니었으므로 해결될 수 있다고 믿었다.

11월 22일 내 보고를 자세하게 경청한 노무현 후보는 밝게 웃으며 나에게 말했다.

"이 이견 다 받아들이지요, 다 양보하지요."

노 후보는 그날 기자들에게 협상에서 무조건 양보하겠다고 선언했다. 물론 설문내용은 그대로였다.

두 번의 협상 결렬을 맛보았지만 우리는 다시 역선택방지 등에 대해 약간 수정한 후 합의문을 작성했다. 두 번의 협상 결렬에도 불구하고 협상에 성공한 것은 결렬 원인이 별로 중요한 것이 아니기에 내가 쉽게 양보했기 때문이었다.

합의가 안 될 것으로 믿거나 합의가 안 되기를 바라던 사람들에게는 일어나지 말아야 할 일이 일어난 것이다.

TV토론은 11월 22일(금) 오후 7시부터 9시까지 120분간 방송회관 목동 스튜디오에서 열렸다. 두 후보는 단일화, 정치, 경제, 외교안보

(남북), 사회문화 등의 주제를 놓고 직접토론을 벌였다. 우리 역사상 최초로 진행된 극적인 단일화 토론회는 국민의 비상한 관심을 끌었다. 후보단일화 운동은 이미 큰 성공을 거두고 있었다. 한나라당은 정말 단일화에 성공하는가 하고 잔뜩 긴장하고 있었다.

토론회를 끝내고 돌아오는 차안에서 노무현 후보는 한 번만이라도 토론회를 더 했으면 하는 아쉬움을 표현했다.

다시 단일화 실패의 위기 앞에서

위기는 위기를 낳는 것일까. 4번의 협상결렬 위기를 넘기고 겨우 넘어 넘어온 고갯길이 갑자기 절벽으로 이어졌다. 절망이 한꺼번에 몰려오는 것 같았다. 토론회 다음 날인 11월 23일 여론조사 기관으로 선정된 갤럽이 여론조사 예정일을 하루 앞두고 조사를 못하겠다고 통보해왔다.

절망적인 상황을 놓고 한참을 넋을 잃고 망연자실했다. 한나라당의 압력인가, 부담 때문인가, 아니면 무엇인가 생각하다 지금까지 단일화를 위해 달려온 과정을 반추해 보았다. 국민 앞에 후보를 단일화하겠다고 약속하고 TV토론까지 마쳐놓고 이제 와서 여론조사기관을 선정하지 못해 단일화를 못했다면 어떻게 된단 말인가. 생각이 여기에 이르자 그냥 앉아있을 수만은 없었다. 노무현 후보와 선거대책본부에 사실을 이야기하고 대책마련차 김민석을 만나기 위해 선거대책본부 사무실을 나섰다.

사무실을 나서려는 나에게 두 사람이 격려하고 위로했다. 노무현 후보와 이재정 의원이었다. 노 후보는 나에게 모든 것을 맡긴다고 말했으며 이 의원은 밖으로 진심어린 기도로 나에게 힘을 실어주었다.

몇몇은 사무실을 나서는 나에게 "꼭 단일화를 해야 하는가, 여론조사가 뒤진다고 하는데, 그 책임을 어떻게 질 것인가"라고 말했다. "지는 선거도 의미가 있다"고 말하는 사람도 있었다. 그리고 대부분은 말이 없었다. 나는 그들 중 상당수가 이번 여론조사기관 선정 문제를 빌미로 단일화 여론조사를 그만두라고 말하는 것으로 이해했다. 또는 "나는 너에게 여론조사가 불리하다고 이미 이야기했어. 책임져야 해" 하는 말로 이해되기도 했다.

나는 말없이 사무실을 나서며 정치와 정치인에 대해 근본적인 회의가 드는 것을 막을 수 없었다.

나는 흔들리는 마음을 추스르려 애썼다. 그렇다. 나는 '한나라당에 반대하는, 그래서 진정으로 정권을 지키려고 하는 사람들과 함께하는 것이다. 이것은 민주당과 함께한다기보다는 민주주의와 함께하는 문제다. 용기를 내자'라는 혼잣말을 반복하며 약속장소로 가는 차에 올랐다.

나는 김민석 의원에게 "우리는 실패하면 함께 끝나는 공동운명체가 됐다"며, "무슨 수를 쓰더라도 오늘 밤 해결책을 마련해야 한다"고 말했다. 우선 오늘밤 회의를 소집하자고 제안했다. 김 의원이 동의했다. 여론조사 예정일이 하루밖에 안 남았으므로 논의를 길게 할 수 없었다. 나는 회의장에 나갈 때 이근영이 준비한 지난 3년간 매출액 순위 20위까지의 여론조사기관 리스트를 가지고 갔다.

오늘 회의가 사실상 마지막 협상이 될 것이었다. 심야회의는 무거웠다. 협상을 이쯤에서 끝내자는 분위기도 감지됐다. 나는 말을 많이 하지 않고 주로 듣는 편이다. 그런데 그날 나는 좀 말을 길게 한 듯하다. "후보단일화 문제는 이미 우리 손을 떠나 국민의 것이 됐으므로, 여기서 중단하면 두 후보 다 죽고 우리는 설 자리도 없다"고 말했다.

주요 여론조사회사 매출액

(단위 : 억 원)

회사명	대표	1999년	2000년	2001년
A.C 닐슨 코리아	권오휴	133	190	203
T.N Sofres	David Richardson	82	127	154
한국리서치	노익상	85	110	145
R.I 코리아	박영준	75	120	140
한국갤럽조사연구소	박무익	90	136	140
AMI 코리아	Kurt Thompson	–	35	59
미디어리서치	김정훈	38	35	45
ANR	이원우	–	–	40
동서조사연구소	김진호	33	38	40
R&R	노규형	25	35	38
월드리서치	박인주	29	34	35
현대리서치	이상경	28	32	35
서울마케팅리서치	김광한	28	30	32
NFO 코리아	주영욱	15	20	32
코리아리서치센터	박영준	20	22	25
ORC 코리아	이종수	17	17	25
Embrain	최인수	10	20	23
중앙리서치	조임출	19	22	22
한국소비자리서치	최동만	12	14	16
아이클릭	–	–	7	9

상기 자료는 각 사가 발표한 것임.

어떻게 국민을 대할 것인가 자문해보자고도 했다. 그만큼 다급했다. 누군가 끌고 나가지 않으면 협상이 성사되지 않을 것으로 보였다.

지난 3년간 매출액 기준 상위 20위의 회사 명단과 대표자 그리고 전화번호가 적힌 종이 한 장을 모두에게 내밀었다. 나는 "여기에 적힌 20개의 회사를 알지 못하고 그 정치적 성향도 모릅니다. 그러므로 지금부터 갤럽을 빼고 1위 회사부터 전화해서 가능하다고 답변하는 회사에게 맡기도록 합시다" 하고 제안했다.

침묵이 흐르고 결론은 빨리 나지 않았다. 시간이 자꾸 흐르는데 여론조사 전문가인 김행은 답답한지 어디론가 나가버렸고 내 제안은 표류했다.

토요일 저녁, 그것도 다음날 바로 실시할 여론조사를 부탁한다는 것이 어디 쉬운 일이랴. 여론조사 전문가의 입장에서 보면 이런 유의 일은 참 한심한 일이 될 수도 있겠지만 당시는 과학이 필요한 때가 아니었다. 정치가 필요한 때였다.

얼마쯤 후 김행이 돌아오고 우리는 전화기를 들었다. 그는 하도 답답해서 드라이브를 하고 돌아왔다고 말한 것으로 기억한다. 우리는 한자리에서 모두 들을 수 있도록 전화했다. 우선 매출액 15위 이내 15개 회사에 전화했다. 매출순위 10위 R&R과 11위 월드리서치가 할 수 있다는 의견을 내놓았다.

한밤중 기적이 일어난 것이다. 이해찬 단장이 추진하다 난관에 봉착했고, 내가 단일화 추진단장을 맡고 나서도 3번의 중대고비를 맞은 협상이 여론조사 실시 당일에 돼서야 겨우 다시 합의에 이르렀던 것이다. 나는 천당에서 지옥으로 몇 번을 다녀온 듯한 느낌을 받았다.

이회창 후보와 '경쟁할' 단일후보, 노무현 후보의 승리

한밤중 모험의 결과 두 개의 여론조사 기관이 선정됐다. 여론조사 실시 관련 합의사항을 다시 작성했다. 대부분은 지난 합의사항과 같았다. 다만 조사기관이 갤럽에서 R&R과 월드리서치로 바뀌었다. 갤럽 5천 개 샘플에서 각 사별 2천 개 샘플로 바꿨다. 역선택 방지를 위한 장치도 변경했다. '최근 2주간 이회창 후보의 평균지지도'를 무효화 기준으로 삼는 것은 부적절하다고 판단되는 상황이 발생됨에 따라 새로운 기준을 세웠다. 11월 24일~25일 오전 중 언론에 발표되는 유력조사기관(2001년 매출액 기준 상위 15위 이내 조사기관)의 이회창 후보 지지율을 기준으로, 단일화 조사결과가 그 최대치와 최소치를 벗어날 경우 인정하지 않는 것으로 했다. 그리고 설문은 다음과 같은 예시문으로 합의했다.

> "안녕하세요? 여기는 여론조사 전문기관인 000입니다. 지금 저희는 12월에 있을 대통령선거와 관련해 국민의식조사를 실시하고 있습니다. 몇 분만 시간을 내 응답해주시면 대단히 감사하겠습니다.
> (응답자 음성을 통해 성별확인 후 만 20세 미만이면 면접 중단)
>
> (1) 000님께서는 이번 16대 대선에서 투표하시겠습니까?
> (2) 만약 내일이 투표일이라면 000님은 한나라당 이회창 후보, 민주당 노무현 후보, 국민통합21 정몽준 후보, 민주노동당 권영길 후보, 장세동 후보, 이한동 후보 중 누구에게 투표하시겠습니까?(이때 무응답층과 잘 모르겠다고 응답한 대상자에게는 2차 질문)
> (3) (이회창 지지자 제외 후) 그렇다면 000님은 한나라당 이회창 후보와 경쟁할 단일후보로서 노무현 후보와 정몽준 후보 중 누구를 지지하겠습니까?
> (설문 인쇄시 후보순서는 노무현-정몽준 절반, 정몽준-노무현 절반으로 동일하게 함)

여론조사 당일인 24일 새벽 우리는 여론조사기관 대표를 불러, 의뢰처로, 노무현 후보 측 후보단일화추진단 신계륜, 정몽준 후보 측 후보단일화추진단 민창기라고 서명했다. 조사기관인 (주) 월드리서치 실장 박승렬, (주) 리서치앤리서치 대표 노규형에게도 서명을 받았다.

나는 다른 무엇보다도 여러 번의 합의문 파기에도 불구하고 '이회창 후보와 경쟁할 단일후보'라는 설문을 지켜냈다.

여론조사는 11시부터 실시됐다. 우리는 인터콘티넨털 호텔에서 방을 잡아 기다리면서 초조한 시간을 보냈다. 결과를 어떻게 발표할지 숙의했다. 조사기관 대표가 직접 밀봉된 봉투에 담아 조사결과를 가져오면 후보에게 보고하고 각 후보의 선대본에서 발표하자는 의견이 있었다. 나는 복잡하게 할 것 없이 그리고 재고할 여유를 주지 말고 기자들을 인터콘티넨털 호텔로 불러 놓고 조사기관 대표가 전해주는 봉투를 기자들이 보는 앞에서 공개해 직접 발표하자고 했다. 민창기 단장이 동의했다.

이 사항에 대한 합의는 각 후보에게 전달됐다. 노무현 후보는 사전 승인이나 보고 없이 양 추진단이 여론조사 결과로 단일 후보를 발표하겠다는 우리의 합의에 대해 "잘됐다"며 "오늘로 후보가 끝날 수도 있겠네요"라고 했다.

그것은 매우 중요하고도 단호한, 그리고 적절한 조치였다.

나는 인터콘티넨털 호텔에서 기다리던 그때가 얼마나 길었는지 모른다. 그리고 노 후보는 단일화 추진단이 직접 언론 앞에서 발표한다는 내 보고를 듣고 조금 일찍 선거운동을 끝내고 숙소로 들어왔다고 한다. 난 일부 민주당 선대본 사람이 찾아와 '불리한 여론조사를 하지 말았어야 한다'는 주장을 펴는 것을 조용히 듣기도 했다. 만약 잘못되면 정치를 끝내겠다는 각오를 거듭했다.

내가 단장을 맡은 이후 지금까지 노무현 후보는 후보단일화 문제에 대해 단 한 번도 나와 의견 충돌한 적이 없으며 자신의 의견을 말한 적이 없다. 그저 보고를 듣고 격려했을 뿐이다. 나는 노무현 후보의 그런 태도를 아주 남달리 지켜본 사람이다. 나는 소신껏 일했으며 노 후보는 그런 환경을 내게 만들어주었다. 이 점은 정몽준 후보 측의 협상대표들과는 아주 다른 환경이었던 것으로 기억한다.

딱 한 번 노무현 후보가 이견을 제시했다. 후보단일화 합의문에 양측의 공동선거운동과 관련해 효율적인 선거공조와 대선 이후의 협력을 위해 정책 연대, 통합 등의 문제를 검토해나간다는 표현이 있었다.

이에 대해 노 후보는 "우리가 언제 정책 연대를 한다고 했느냐"고 물었다. 나는 "내가 단일화 추진단장을 맡기 이전 이해찬 단장과 이철 단장이 서로 합의한 내용의 일부"라고 설명했다. 그 어려웠던 협상과정에서 유일하게 나에게 되물은 말이었다.

기자회견이 예정된 자정 무렵이 다가오자 나는 거의 안절부절 못하는 심정이었다. 발표 시간 얼마 전 한 관계자로부터 두 군데 조사 모두 이긴 것 같다는 정보를 들었다. 반대 정보도 있었다.

나는 여론조사 기관 대표가 결과를 갖고 곧 인터콘티넨털 호텔에 도착한다는 말을 듣고 노 후보에게 전화를 했다. 비서가 받더니 놀랍게도 "주무시고 계신다"고 대답했다. 나는 노 후보를 깨워서 "곧 발표가 있을 예정인데 이길 경우를 대비해 준비하는 것이 좋을 것 같다"고 말했다. 노 후보는 "그래요?" 하고 되물었던 것 같다.

예정된 시간에 두 조사기관의 대표가 노란 봉투를 하나씩 들고 기자회견장에 들어섰다. 기자들이 보는 앞에서 두 개의 봉투를 열고 그 결과를 확인했다. 폭발할 것 같은 긴장이 기자회견장을 감쌌다.

먼저 여론조사기관 R&R의 봉투를 열었다.

이회창 32.8%
노무현으로 단일화 46.8%
정몽준으로 단일화 42.2%

R&R의 조사결과 노무현 후보의 승리였다.

월드리서치는 이회창 후보의 지지율이 28.7%로 나와 역선택 방지를 위한 최저치(25일 실시된 국민일보-월드리서치 조사치인 이회창 지지 30.4%)에 못 미쳤기에 무효가 됐다. 물론 그 조사에서도 노 후보는 정몽준 후보를 1.8%이긴 것(노 후보 38.8%, 정 후보 37%)으로 나왔다.

나와 민창기 단장은 협상대표 6인이 배석한 자리에서 그 결과를 발표하고 노무현 후보가 단일후보가 됐음을 선언했다. 노무현 민주당 대통령 후보가 다가오는 대선에서 이회창 한나라당 대통령 후보와 '경쟁할' 단일후보로 선정된 것이다. 기자회견장이 환호로 뒤덮였다.

기자들의 질문이 이어졌다. 한 기자가 정몽준 후보 측에게 "결과에 승복합니까?" 하고 물었다. 민창기 단장이 "승복합니다"고 말했다.

다시 기자가 물었다. "정 후보 생각입니까, 민 단장 생각입니까?"

다시 민 단장이 말했다. "그것은 3김에게나 물어보시오."

기자회견까지 무사하게 마친 나는 일단 후보단일화라는 내 임무를 끝냈다. 그러나 막상 어깨가 축 처진 채 퇴장하는 정몽준 후보 측 추진단의 민창기, 김민석, 김행을 보자 어떤 연민 같은 것이 밀려왔다. 그리고 정몽준 후보가 약속을 지켜 선관위에 후보등록을 하지 않는 것이 중요하다는 생각이 불현듯 들었다. 나는 민창기 단장에게 저녁에 만나자고 말했다. 민 단장도 그러자고 했다.

그리고 나는 직접 보고를 위해 여의도 선대본으로 갔다. 선대본에는 수많은 지지자들이 모여 있었다. 그들은 열광했고 나는 그들 속에

24일 25일 양일간 각 후보 지지도

발표일	언론사 및 조사기관	이회창	노무현	정몽준
24일	MBC-코리아리서치	32.9%	23.1%	24.4%
25일	동아-코리아리서치	31.7%	23.7%	23.5%
25일	한국-미디어리서치	33.5%	26.7%	25.4%
25일	중앙-자체	32.4%	25.4%	23.6%
25일	한겨레-자체	34.5%	27.0%	25.4%
25일	경향-현대리서치	31.8%	25.6%	22.1%
25일	국민-월드리서치	30.4%	24.8%	23.8%

있었다. 우리는 한마음이 됐다. 노무현 후보에게 공식보고를 했다. 그리고 일의 마무리를 위해 정몽준 후보 측 민창기 단장을 만나고 오겠다며 선대본을 떠났다. 내 차가 떠나는 것을 본 지지자들이 내 차를 따라오며 열광했다.

그날 밤 나는 민창기 단장과 술 한잔을 기울였다. 그날 밤 지급정지된 카드 때문에 후배에게 술 한잔도 사줄 수 없었던 민 단장의 어두운 얼굴을 잊을 수 없다. 4

나는 영문을 모르겠습니다

후보단일화라는 과제는 해결됐다. 국민의 시선집중을 받았다. 단일화 다음날부터 4년 내내 줄곧 1위를 유지하던 이회창 한나라당 후보를 단

4 민창기 단장은 그 후 노무현 대통령 후보의 당선을 위해 헌신했다. 나중에 선거공조가 무너질 때도 그는 변함없이 노 후보를 지지했다. 그러나 그는 노무현 대통령 시절 그 어떤 직위도 갖지 못했다.

숨에 누르고 지지율 1위로 올라섰다.

이 과정에서 노무현 후보의 새로운 면모를 보았다. 그는 10월까지 후보단일화를 후보 흔들기로 인식하고 소극적으로 대응했다. 그러다가 단일화가 한나라당을 반대하는 다수 유권자의 뜻으로 확인되자마자 공세적으로 빠르게 전환해 상황을 주도했다. 과감한 양보를 통해 상대의 허를 찔렀다. 또 이를 국민에게 적시에 알려 협상의 우위를 점하는 현명함을 지니고 있었다.

또한 중요한 협상과정에서 협상추진단에 철저한 신뢰를 보냈다. 덕분에 협상단이 현장에서의 순간순간 변화에 유연하게 대응할 수 있었다. 자신이 결정해야 할 일과 참모가 해야 할 일을 구분하는 능력과 용기가 있는 지도자였다. 자신의 운명은 물론 그 열성 지지자들의 운명까지 좌우되는 중대한 문제를 대폭 양보하고 또 협상추진단에게 전적인 권한을 주는 것은 매우 어려운 일이다. 그러나 노무현 후보는 그렇게 했다.

나는 단일화 이후 정몽준 후보 측의 움직임을 눈여겨 살폈다. 대체로 조용한 가운데 한 측근은 "정몽준 후보가 후보등록을 하게 될 경우를 대비해 관련서류 준비를 완료해 놓았다"고 했다. 그러나 정몽준 후보는 후보등록을 하지 않았고 약속을 지켰다.

그 후 나는 정몽준 후보 측과 협상을 계속했다. 이른바 공동 선거운동과 관련해 정책과 공약의 개발, 선거대책위원회 구성과 운영 등 선거공조와 대선 이후 협력문제 등을 협의했다. 이 과정은 후보단일화 과정보다 더 어렵고 지난한 과정을 거쳐야만 했다.

민창기 단장의 후임으로 몇 분의 추진단장이 교체되는 등 혼선을 거듭하다 마지막에는 이달희 비서실장이 나섰다. 나는 그와 긴밀하게 협의해 선거공조에 다시 합의했다. 이 과정에서 정몽준 의원 측에서 차기 각료 입각과 관련해서 정 의원이 외교부 장관을 하면 어떤가 하는 의사전달이 있었다. 그것이 정몽준 의원 본인의 뜻인지 확인할 수 없었고 노무현 후보도 그 문제에 대해 아무런 언급이 없었다. 노 후보는 선거공조가 내각분배로까지 가는 것을 극도로 경계했다.

그러던 12월 18일 선거일을 하루 앞두고 노무현 후보는 정몽준 의원과 종로, 명동에서 마지막 합동 유세를 하고 있었다. 연설 시작 전 거리는 발 디딜 틈 없었다. 연단 앞의 작은 연단[5]으로 나아가는데 인파에 밀려 나는 노무현 후보와 약간 간격이 벌어졌다. 경호경찰이 길을 터주어 노 후보는 겨우 연단에 도착했고 나는 인파에 묻혔다. 이후 정몽준 후보가 연단에 올라가는 것이 보였다. 나는 두 사람이 함께 올라가 군중들 앞에서 손을 맞잡는 것으로 알고 있었다.

그런데 뒤늦게 정동영 의원이 연단으로 올라가는 것이 보였다. 이것은 내가 알기로는 의도된 행동은 아니었다. 정동영 의원이 그냥 올라간 것이었다. 때마침 노 후보가 연설 도중에 "민주당에는 좋은 인재들이 있는데 앞으로 그들이 경선하면 다음 대선과 민주당의 미래가 밝다"는 취지의 발언을 했다. 정몽준 의원 측은 정동영 의원의 등장이 자신을 무시한 처사라고 생각하던 차에 노 후보가 민주당의 인재를 언급하자 기분이 매우 언짢았던 것 같다.

유세가 끝나고 선대위 사무실로 돌아갔을 때 사무실은 발칵 뒤집혀 있었다. 정몽준 후보가 선거공조를 파기하고 지지를 철회한다는 성명을 발표한 것이다. 정대철 위원장을 비롯한 선대위원들은 매우 흥분한 상태로 노무현 후보를 몰아붙였다.

노무현 후보는 후보 집무실과 내 사무실을 오가며 정몽준 후보 측의

---

5 연설용 본 연단 10여m 앞에 사진 촬영용으로 군중 속에 만든 작은 연단. 기자들의 요청으로 만들었다.

동향을 보고받았다. 정대철 의원 등이 정몽준 의원 집으로 찾아가 자초지종을 설명하고 오해였음을 밝혀야 한다고 주장했다. 그러나 노 후보는 가고 싶지 않았다. 나도 구차하다고 생각했다.

후보는 점령당한 후보 집무실을 떠나 내 사무실에 와 있었다. 정대철 위원장 등이 내 방으로 몰려왔다. 나는 정 위원장 앞에 막아서며 제지했으나 뒤에 있던 노 후보가 내 앞으로 나서며 "그렇게 하자"고 했다. 많은 사람들의 성화에 못 이겨 노 후보는 일단의 사람들과 함께 정몽준 의원 집을 향해 끌려가듯 떠났다.

출발에 앞서 노 후보는 아직 어떠한 공식언급도 언론에 나가지 않았으면 좋겠다고 내게 신신당부했다. 나는 사무실에 남았다. 정대철 의원을 필두로 정몽준 의원의 마음을 돌리려고 추운 겨울 한밤중에 정몽준 의원 집을 찾아갔다. 하지만 대문도 열어주지 않고 문전박대하는 바람에 노 후보 일행은 대문 밖을 서성대다 그냥 돌아왔다.

선대위 사무실에 돌아온 일행은 곧바로 회의를 열어 대책을 논의했다. 노무현 후보는 참담한 모습으로 돌아왔지만 분명하고 단호한 모습으로 내게 한 가지를 당부했다. 그것은 다름 아닌 대책회의 이후 성명을 다음과 같은 말로 해달라는 것이었다.

> "영문을 모르겠습니다."

나는 그 내용을 회의장에 전달했다. 선거대책위원회 주요 간부들이 모인 이 회의에서 "선거 공조가 깨진 것은 아니다"라는 발표를 하자는 주장도 있었고, "자세한 경위를 유권자에게 설명해줘야 한다"는 주장도 있었다. 하지만 나는 후보의 주장대로 "우리는 영문을 모르겠습니다"라는 간단한 요지의 성명만 발표하자고 강력히 주장했다. 노 후보의 간곡한 부탁이라는 말도 여러 번 강조했다.

회의의 결론은 내 주장대로, 아니 노무현 후보의 주장대로 됐다. 이낙연 대변인은 그렇게 회의 결과를 발표했다.

운명의 12월 19일이 밝았다. 아침에 일어난 유권자들은 TV를 통해 정몽준 의원이 선거공조를 파기했으며, 노무현 후보 측은 영문을 몰라 한다는 내용을 접했다. 더불어 한밤중에 대문도 열어주지 않는 정몽준 의원 집 앞에서 추위에 떨고 있는 노무현 후보 일행 사진을 반복해서 보았다. 정확한 이유를 밝히지 않은 정몽준 의원의 노 후보 지지철회 소식을 접한 유권자들은 정말 영문을 몰랐다. 노 후보의 발언도 "영문을 모르겠다"는 것이었다. 영문을 모르는 유권자들은 영문을 모르겠다는 노 후보와 곧바로 긍정적으로 교감했다.

12월 18일과 같은 돌발상황 속에서도 노무현 후보는 그 일을 해명하거나 변명하기보다는 정면돌파하는 모습을 보였다. 유권자들이 무엇을 생각할 것인지 예측하려 했고 그 유권자들에게 부응하고 대답하려고 준비했던 것이다. 그의 예상은 적중했다.

12월 19일의 하루

대통령 선거일인 12월 19일 노무현 후보는 선거를 마친 뒤, 나와 함께 고향인 봉하로 내려가기 위해 김포공항으로 향했다. 어제의 악몽 때문인지 노 후보는 필수 수행만 붙이고 선대본의 누구도 오지 말라고 했다. 나는 김포공항으로 가는 차안에서 만감이 교차하는 것을 느꼈다. 이번 대선과정에서 수많은 장면들이 파노라마처럼 스쳐갔다. 특히 천당에서 지옥을 몇 번 갔다 온 듯한 후보단일화 과정과 선거공조 과정이 머릿속을 반복해서 흔들고 지나갔다. 이제 후보단일화엔 성공했지만 선거공조에는 실패한 채로 선거를 맞는 것이다.

노무현 후보 비서실장을 처음 맡은 10월 초순, 노 후보는 이회창 후보에게 뒤지는 것은 물론 정몽준 후보에게도 10% 이상 뒤지는 최악의 상황이었다. 그 후 후보단일화 문제에 적극적, 공세적으로 대처해나가는 과정에서 11월 10일쯤에는 정몽준 후보를 4~5% 차로 추격했다. 이후 후보단일화 시점에서는 적어도 백중이거나 백중우세였다. 그리고 '한나라당 이회창 후보와 경쟁할 단일후보'로 노무현 후보가 결정되자 그날로부터 단숨에 이 후보를 앞서 나갔으며 선거 당일까지 단순 지지율로만 보면 이 후보에게 뒤지는 여론조사는 없었다. 내가 접한 각종 조사는 노무현 후보가 거의 40%대 지지율을 보이며 이회창 후보를 5% 정도 앞서 나갔다. 그러면서도 당선 가능성은 이회창 후보를 더 많이 꼽았다. 어제 정몽준 후보의 공조 파기가 변수였다.

비행기 안에서 나는 옆자리에 앉은 노무현 후보에게 여론조사와 심층분석 자료를 정리해 보고하면서도 형용할 수 없는 두려움을 느꼈다. 노 후보는 별 말이 없었다. 시간은 금세 지나가 김해공항에 도착했다. 다가온 취재기자들에게 노 후보는 아주 간단히 "나는 영문을 잘 모르겠습니다"라고 말했다. 이 발언은 투표장에 가는 유권자들에게 반복해서 방영되고 있었다.

나는 봉하마을을 그때 처음으로 가봤다. 봉하의 작은 집에서 살고 있는 노 후보의 형 노건평 씨도 그때 처음 만났다. 진짜 소박한 농사꾼의 인상이었다. 그리고 봉하마을의 순박한 주민들을 만났다. 그들은 노무현 후보를 자랑스러워했으며 당선을 확신했다. 그리고 노 후보의 부친과 모친의 묘소에 들렀다. 누군가 명당자리라고 설명했다.

회색빛 하늘, 회색빛 시간, 회색빛 사람들 …. 나는 그때를 아주 오래돼 빛이 바랜, 그런 사진으로 기억한다. 마치 꿈꾸듯 그 장면을 기억할 때마다 오로지 회색빛으로만 기억한다.

오후에 다시 김포 가는 비행기를 타기 위해 김해 공항에 이르렀을 때, 선거 당일 실시된 출구조사에 관한 여러 가지 소문을 정리해주는 한 통의 전화를 받았다. 신뢰할 만한 위치에 있던 그는 노무현 후보가 그 시각까지 방송사 출구조사에서는 근소한 차이로 이기는 것으로 나왔고, 당일 긴급 여론조사에서는 약간 지는 것으로 나왔다고 숫자까지 인용하며 전해주었다.

지금 나는 그 숫자는 기억하지 못한다. 그러나 그때 내가 어떤 심정이었는지 형용하기 어렵다. 감정을 잘 감추고 겉으로 표현하지 못하는 내 얼굴에 전에 없던 화색이 돌았다고 당시 한 수행원이 말하기도 했다. 서울로 가는 비행기 안에서 나는 노무현 후보 옆자리에 한참을 앉아 있다 후보의 귀에 대고 말했다.

"출구조사에 관한 믿을 만한 위치에 있는 사람의 정확한 정보입니다. 출구조사에서는 후보님이 조금 이기는 것으로 현재까지 집계되고 있으며 당일 여론조사에서는 조금 지는 것으로 나왔다고 합니다."

"……."

"아까 비행기 타기 전까지 집계이니 추세는 변하기 어려울 것입니다."

"여론조사가 더 정확하겠지요?"

"아닙니다. 여론조사는 샘플이 너무 적습니다. 당일 투표장의 출구조사와는 그 규모나 정확성에서 비교가 안 될 것으로 생각합니다. 미국의 출구조사가 선거결과를 제대로 예상하고 있듯이 말입니다."

노 후보는 말이 없었지만 표정이 점차 밝아졌다. 나는 다시 말했다.

"당선 소감을 구상하는 것이 좋겠습니다."

"아직 당선된 것도 아닌데."

그때부터 노 후보 특유의 입담이 나오기 시작했다. 당선 소감을 정리하기 위한 입담 같기도 하고, 지나온 일을 정리해보는 입담 같기도 하고, 앞으로의 일을 정리해보는 입담 같기도 했다. 노 후보의 활달함은 김포에 도착할 때까지 계속됐다.

"나라를 개혁하기 위해서는 강한 내공이 필요한데 우리 역사에 그런 인물은 아주 드물다. 현재도 쉽지는 않겠지만 미리 생각을 버리는 젊은이를 보면 안타깝다.

나와 함께 같은 길을 걸어온 사람들은 고생을 많이 했다. 안희정, 이광재는 아이디어가 많다. 특히 안희정은 전략적 사고를 한다. 이광재는 아주 많은 아이디어를 내지만 10개를 내면 쓸 만한 것은 한두 개뿐이다. 잘 선택해야 한다.

그렇지만 문제가 있는 사람들도 우리 주변에 많다. 당에도 있다. 내가 후보단일화 발표를 앞두고 잠깐 눈을 붙였는데 그것은 사실이다.[6] 나는 그때 모든 것을 던져버렸다. 그러니 잠들 수 있었다.

나는 어려서부터 누가 간섭하거나 강제하면 거꾸로 하는 경향이 있다. 초등학교 때 상급생 하나가 나에게 하도 이래라 저래라 해서 그 반대로만 하다가 어느 날 안 되겠다 싶어 그 상급생을 불러 맘먹고 혼내준 적이 있었다. 그 뒤로 그 상급생이 후배들을 괴롭히지 않더라.

부산 출신인 나는 눈 구경하기가 힘들었다. 그러나 강원도로 가 군 생활을 하던 첫 겨울에 아주 많은 눈이 내리자 하도 신기해서 눈 온다고 좋아했다. 그랬더니 맨날 오는 눈 치우기에 질려있던 상급자들이 '그렇게 눈이 좋으면 너 혼자 저 눈 다 치워라'고 하더라. 나는 되게 혼나면서도 절대로 혼자 눈을 치우지 않았다. 나는 누가 시키면 절대로 안 한다.

남북문제는 대체로 김대중 대통령의 정책을 이어 받으면 되는데 굳이 새로운 것인 것처럼 포장할 필요는 없다. 그러나 나는 무엇을 전제 조건으로 협상하지는 않겠다. 되면 되고 안 되면 안 되는 것이지 남북문제가 주고받는 거래가 돼서는 안 된다고 생각한다. 북한도 그런 태도를 버려야 한다. 쌀을 주면

---

6 대화 도중 내가 정말 그때 잠들었는지 물었다. 이 정도 되면 그는 정치인이라기보다는 자신을 비운 성직자에 가깝다고 생각한다.

주는 것이지 거래의 조건을 달면 나는 그것을 받지 않겠다. 그리고 나는 그런 태도를 받아들이지 않을 것이다."

대개 그런 요지의 말이었던 것으로 기억된다.

노무현 후보는 비행기 안에서 예전의 활력을 되찾고 있었다. 고향의 힘이었을까, 실제로 투표는 노 후보에게 계속 유리하게 집계되고 있었다. 비행기가 활주로에 내리자 나는 핸드폰을 켰다. 몇 군데 전화해보니 출구조사는 거의 노무현 후보의 승리로 정리되고 있었다. 나는 나에 대한 신상 강의를 계속하는 노 후보의 말을 끊고 그 소식을 전했다.

"지금 다시 받은 정보는 출구조사로 볼 때 거의 일치해 확실합니다. 곧 공항에 도착할 텐데 만약 공항에서 누구를 만나면, 그래서 무슨 말을 해야 할 경우가 생기면 뭐라고 말할지 미리 생각해두시는 게 좋겠습니다."

"그러지요."

그리고 나는 휴식과 생각의 정리를 위해 안정된 공간으로 이동하는 것이 좋겠다고 했고, 노무현 후보는 저녁이 됐으니 같이 저녁이나 먹고 가자고 했다. 우리 일행은 여의도 설렁탕집으로 갔다. 보도를 통해 당선이 유력한 것을 알고 있는 일하는 아주머니들은 반색하며 상을 차려주었다.

그날 당선이 익어가고 있을 12월 19일 저녁, 봉하를 다녀온 우리는 설렁탕을 먹으며 소주를 한잔 곁들였다. 나는 지금도 그때 소주를 기울이던 모습이 그립다. 일하는 아주머니들은 대통령이 되시면 청와대에 가서라도 설렁탕집 한 번 오라고 했고, 노 후보는 그렇게 하겠다고 말했다. 술을 많이 들지 않는 후보였지만 그날 나와 후보는 소주 한 병을 마셨다. 그리고 나는 노무현 후보를 여의도의 한 안정된 공간으로 안내했다. 거기에는 안희정과 이광재가 반색을 하며 반겨줬다.

2 노무현 대통령 당선자 비서실장, 인사특보

초대내각 구성을 위한 노력

천신만고 끝에 노무현 후보는 대통령에 당선됐다. 그리고 나는 두말없이 당선자 비서실장에 취임했다. 이것은 지금 생각해도 참 이상한 일이었지만, 그때는 이론 없이 당선자 비서실장이 됐다. 중요한 시기의 직책이니만큼 여러 의견이 있을 법했다. 예를 들면 누가 비서실장을 하겠다고 나서거나 또는 누가 비서실장에 적합하다고 추천할 만한데 그런 저런 이야기 없이, 대통령 당선자가 "당선자 비서실장을 그대로 맡아주세요"라고 말했고, 나는 "그러지요"라고 답했다.

대체로 대통령 취임 후 비서실장으로 일할 사람이 당선자 비서실장을 맡는 것이 순리인데 그런 생각 없이 당선자는 편하게 말했고 나도 편하게 대답했다. 당선자는 나를 신뢰했으며 무엇보다 그 무렵 나를 편하게 생각했던 것 같다. 그 지독한 후보단일화 과정과 선거공조 과정이 그렇게 만들었는지 모르겠다.

12월 30일 종로구 외교부 청사에 대통령직 인수위원회가 설치됐다. 인수위원회는 4층부터 6층까지 사무실로 사용했고, 내 사무실은 당선자 옆에 마련됐다. 제 16대 대통령 취임식 전날까지 활동하게 될 인수위원회에는 위원장을 포함해서 모두 26명의 인수위원들과 다수의 전문위원, 실무진이 새 정부의 큰 방향 설정을 위해 활동했다.[1]

나는 인수위원회 구성에는 별로 관여하지 않았다. 당선자가 후보 시절 정책자문을 받았던, 그리고 토론하고 논의했던 정책자문단을 중심으로, 다시 말하면 노무현 후보가 주장했던 정책을 중심으로 인수위원회가 구성되기를 원했기 때문에 이병완이 중심이 돼 인수위원회를 구성했다. 주로 후보와 함께 정책 및 공약개발에 참여한 교수그룹과 전문가들이 인수위원회에 참여했고, 이를 당과 정부에서 뒷받침하는 형태로 구체화됐다.

다만 임채정 의원은 인수위원장으로 당을 대표해서 참여했고, 김진표 부위원장은 노무현 후보가 해수부 장관 시절 눈여겨 보아둔 탓에 일종의 행정부를 대표해서 인수위원회에 참여했다.

인수위원을 정할 때는 철저히 정책 중심으로 편성했지만, 당에서 파견할(정확히 말하면 선대위에서 파견할) 실무자를 선발할 때는 처음으로 다면평가를 적용했다. 같이 일해 본 사람이 서로를 평가한 것이다. 다면평가는 이후 노무현 대통령 정부에서 인사평가의 기준이 됐다. 당

---

1 인수위원회는 임채정 위원장, 김진표 부위원장을 위시로 기획조정분과위원회(이병완, 성경륭), 정무분과위원회(김병준), 외교통상안보분과위원회(서동만, 이종석, 서주석), 경제1분과위원회(이정우, 허성관, 이동걸, 정태인), 경제2분과위원회(김대환, 박준경, 박기영, 정명채), 사회여성문화분과위원회(권기홍, 김영대, 정영애, 박부권), 국민참여센터(이종오, 박종문), 행정실(정만호), 대변인실(정순균) 등의 분과위원회로 나뉘었다. 이들 이외에도 각 분과별로 당에서 50명의 전문위원을, 정부에서 47명의 전문위원을 받아들였고 당에서 45명의 행정관과 정부에서 46명의 행정관을 받아들이는 등 실무진을 보완해서 인수위원 26명을 포함한 총 247명의 인수위원회가 구성됐다.

시 인수위원회 실무진을 구성할 때 나는 다면평가 자료를 받아보고 가감 없이 당선자에게 보고했다. 당선자는 명단을 살펴보고 대부분 그대로 시행하라고 했다.

그러나 몇 사람은 구제할 필요가 있다고 말하며 낮은 평가에도 불구하고 실무자로 선택되기도 했다. 그 몇 사람은 당선자 주변에서 또는 여사님 주변에서 특수한 일을 수행한 사람들이었다. 또 외교 등의 분야에서 특별히 필요하다고 생각되는 공무원들을 직접 발탁하기도 했는데 외교부 위성락의 경우는 당선자가 직접 그 이름을 종이에 적어 나에게 전달해 나는 즉시 그를 발탁했다. 그는 인수위원회 활동 초기부터 당선자 가까이서 외교 문제를 실무적으로 보좌했다.

인수위원회 활동과 병행해 12대 국정과제 설정과 세부전략 수립을 위한 TF가 별도로 구성됐다.[2] 12대 국정과제의 TF 구성은 상당한 뜻

---

2 국정과제 TF팀 구성과 분과위 분포는 다음과 같다. 한반도 평화체제 구축(윤영관, 천해성, 서동만, 이종석, 서주석, 류희인, 정경영, 이종헌, 김진향), 부패 없는 사회 봉사하는 행정(윤성식, 박일환, 박범계, 이은영, 박상엽, 양민호, 조광한), 지방분권과 국가균형발전(김병준, 이정호, 성경륭, 박부권, 박준겸, 정윤재, 김용일, 이서령, 서영), 참여와 통합의 정치개혁(임혁백, 정상호, 정해구, 조광한, 조정관, 장의관, 진영재, 김재한, 소문상, 정연정), 자유롭고 공정한 시장질서 확립(허성관, 윤후덕, 이동걸, 노대래, 강대형, 한태선, 문재우, 임주재, 조기준, 곽해곤, 반장식, 전군표), 동북아중심경제국가 건설(김대환, 이현재, 정태인, 서동만, 이서령, 정성표, 이춘희, 노준영, 김종갑, 한태선, 채규영, 김덕주, 박홍률, 김창수, 이관세, 이종상), 과학기술중심사회구축(박기영, 최수만, 박준경, 전기정, 김종갑, 노준영, 이만기, 김영식, 윤상주, 김용일, 민영우), 미래를 열어가는 농어촌(정명채, 정성표, 박준경, 소만호, 오내원, 김인식, 정성표, 박재영, 강신욱, 김영식, 박하정), 참여복지와 삶의 질 향상(권기홍, 김성환, 정영애, 박하정, 이상구, 김은경, 이춘희, 유승희, 윤학배, 배종신), 국민

이 있다고 생각한다. 인수위원회의 일상적인 국가업무 이외에 노무현 정부가 통치철학에 맞춰 추진해야 할 별도의 국정과제를 구체적으로 설정하고 이를 추진하기 위한 과제별 팀을 만들어 앞으로의 추진 계획을 상세하게 세운 것이다. 이 국정과제 TF는 2003년 2월말 〈국정참여 비전과 국정과제〉라는 보고서를 채택했다. 정부구성 후 청와대 내에 신설된 정책실을 중심으로 끊임없이 그 실천을 모색했다.

노무현 당선자는 또한 선거시기의 공약에 대해 시행이 가능한 것과 장기검토가 필요한 것을 나눴다. 공약이기 때문에 무리를 해서라도 시행해야 한다는 강박관념에서 벗어나기 위해서 였다.

당선자는 국민참여를 제도화하기 위해 무척 노력했다. 나중에 정부 명칭을 '참여정부'로 정한 것도 국민참여를 극대화하겠다는 당선자의 각별한 의지가 담겨져 있다. 그리고 인수위 시절부터 국민참여센터를 설치해 국민의 각종 의사를 직접 받고 이를 국정에 반영하며 더 나아가 정부가 이런 국민의 참여를 항구적·일상적으로 보장할 방법을 연구하게 했다. 2003년 1월 10일부터 2월 10일까지 국민참여센터에 접수된 정책제안은 22,168건, 인사제안 5,415건 등 총 27,583건이었다. 처음 실시되는 이 제도에 국민들의 큰 관심을 나타냈다.[3]

인수위 시절 국민참여센터의 운영 경험은 정부구성 후 청와대에 신

통합과 양성평등 구현(이정우, 김수현, 정영애, 김서용, 유승희, 노민기, 원용진), 교육개혁과 지식문화강국 실현(박부권, 김용일, 원용진, 김영식, 이종상, 노준영, 전기정, 이만기, 최수만, 민영우), 사회통합적 노사관계 구축(김영대, 박태주, 노민기, 박일환, 김종갑, 전재수, 박성희) 등이다.

3 2만 7,583건의 국민제안은 창구로 3,204건 온라인으로 2만 2,168건이 접수됐다. 접수방법별로 보면 직접방문이 983건, 우편접수가 2,102건, 팩시밀리 접수가 825건, 전화 접수가 243건, 인터넷 접수가 2만3,430건으로 분류됐다.

설한 국민참여수석실로 이어져 참여정부가 국민참여를 제도화하는 데 바탕이 됐다.

인수위는 일상적 정부 업무에 대한 검토 및 12대 정책과제의 실천계획을 짜는 것 이외에도 이를 총괄 또는 당면한 문제를 협의했다. 나는 당선자가 참여하는 모든 회의에 참석했고 의견을 경청했으며 당선자의 자문과 지시에 응했다. 특히 매일 열리는 당선자 주재의 일일회의에는 노무현 당선자를 비롯해 인수위원장, 부위원장, 대변인, 기획조정분과 간사(또는 다른 분과위원회 간사) 등이 참여했다.

인수위 활동의 주요사항이나 결정이 필요한 쟁점, 국정현안 등이 보고되고 논의됐다. 예를 들어 당시 김대중 대통령이 결정할 일이지만 이를 노무현 대통령당선자에게 알려 노 당선자가 처리토록 하는 경우가 많았다. 미룰 수 없는 외교관 인사 등이 이에 해당했다.

지금도 기억나는 일은 2003년 1월 13일 미국 부시 대통령 특사 자격으로 제임스 켈리 미 국무부 동아태 담당 차관보가 당선자를 방문했을 때였다. 미국 대사관으로부터 연락을 받은 나는 이것이 의전적인 인사 자리이기 때문에 특별한 준비를 필요로 하진 않는다고 판단했다. 다만 북핵문제가 제기돼 있었으므로 이에 대해 유념할 필요가 있었다.

당선자와 나는 인수위 6층 접견실로 나가 부시 대통령 특사 일행을 접견했다. 특사는 토머스 허버드 주한 미 대사, 제임스 모리아티 백악관 국가안보회의(NSC) 아주담당 선임보좌관, 잭 프리처드 국무부 대북교섭담당 대사, 리처드 롤리스 국방부 동아태 담당 부차관보 등 10여 명으로 구성됐다.

특사는 우선 노무현 대통령의 당선을 축하하는 부시 미국 대통령의 인사를 전했다. 노 당선자의 조속한 방미를 바란다고 말했다. 노 당선자는 "고맙다"고 말하며, 취임하면 빠른 시일 내 미국을 방문하겠다는 뜻을 부시 대통령에게 전달해달라고 했다. 특사단은 북핵문제를 언급하며 미국은 한미 간 전략적 동맹관계를 더욱 발전시키기 위해 노력할 것이라고 말했다.

내 오른쪽에 앉아있던 노 당선자는 그 때 말을 끊으며 다음과 같이 말했다.

"미국과 한국의 이해가 꼭 같은 것이 아닙니다. 예를 들면 한반도에서 전쟁이 나면 우리는 큰 피해를 입지만, 미국은 그렇지 않습니다. 그러므로 다른 면도 있지요."

그 순간 부시 대통령 특사단에서 작은 동요의 움직임이 보였다. 서로 마주보며 또는 앞과 뒤를 보며 놀라는 표정이 역력했다. 특사가 재빨리 사태를 수습했다.

내 기억이 정확하다면, 특사는 "그런 문제는 부시 대통령과 직접 이야기하시라"고 말하며, 다른 주제로 말을 돌렸던 것 같다.

나는 노 당선자의 왼쪽 무릎을 가볍게 건드렸다. 나는 후보 시절부터 옳은 지적이지만 지나치거나 또는 틀린 말이라고 생각하는 언급이 나오면 약간의 동작으로 이것을 알리는 버릇이 있었다.

노 당선자는 금방 사태를 알아차리고 자신이 존경하는 미국의 링컨 대통령을 언급하며 미국의 좋은 역사를 길게 설명했다. 이후 부시 대통령 특사 일행은 노 당선자와 인사를 나누고 돌아갔다.

그때 나는 노 당선자가 일부러 그런 말을 했는지 아니면 그냥 자연스레 나온 말인지 알 수 없었다. 그러나 그 말이 당선자의 소신임에는 분명했다. 하지만 그 자리에서 그렇게 발언한 것이 적절한 것인지에 대해 걱정이 많았다. 그래서 나는 인수위 단계에서는 가급적 외교문제에 대해 언급하지 말았으면 하는 내 생각을 당선자에게 전했다.

사실 외교의 경우 의전상의 문제가 굉장히 복잡했다. 예를 들어 당선자에게 축하하러 각국 대사가 사전에 비서실로 연락을 하는데, 먼저 만나는 것을 중요하게 여겨 서로 먼저 만나려고 노력했다. 많은 사람들이 당연히 미국 대사를 먼저 만나는 것으로 알고 그렇게 하라고 주문했다. 나는 미국이 매우 중요한 나라이긴 하지만 무리를 해서까지 그럴 필요는 없다는 입장을 취했다. 그러자 유재건 의원 등 여러 의원들은 그것은 외교적 결례라고 하며 미국 대사를 가장 먼저 만나야 한다고 말했다. 심지어 당선자에게 찾아와 말하는 의원도 있었다. 미국 대사가 본국에 들어갈 예정인데, 들어가기 전에 만나야 좋을 것이라는 논지의 이야기도 있었다. 나는 한심하다는 생각이 들었다. 나는 당선자에게 사실대로 말하고 당선자 판단에 따르도록 했다. 당선자가 미국 대사를 먼저 만났는지는 모르겠다.

나는 당선자 시절 초기 당선자를 보좌하는 일에 가장 많은 시간을 할애했다. 당선자 자신은 매일 아침 8시 30분에 열리는 일일회의와 1주일에 한 번 정도 열리는 인수위원회 전체회의 등에 빠짐없이 참여하면서 열심히 토론했다. 틈틈이 외부인사를 만나며 초대내각 구성을 위해 노력했다.

인사추천 준비는 공식적으로 인수위의 각 분과별 인사추천위원회에서 했다. 국민공모제를 비롯, 여러 경로로 추천된 인사들을 나름대로 정리하고 이를 다시 인수위원장과 부위원장 그리고 분과위 간사 등이 모여 당선자가 참고하도록 자료를 작성했다. 예를 들어 장관의 경우 거명되는 이름을 적고 간단한 경력과 장점, 단점을 열거한 후 인사추천위원회 추천비율(예를 들면 10분의 7 등)을 기재했다.

이런 추천경로와 별도로 나는 내각의 인사추천팀을 구성한 뒤 평가와 검증을 거쳐 당선자에게 보고했다. 그 팀은 내가 비서실장으로서(후에는 인사특보로서) 당선자의 자문에 응하고 한 번 더 추천인사를 검증하기 위해 일시 운용한 조직이다.

내각 구성을 위한 준비에서 나는 다소 독특한 조사를 실시했다.[4] 장관을 추천하는 데 있어 해당부처 주요 공무원과 해당분야 전문가의 의견을 참고하려는 조사였다. 우리 역사상 장관 추천을 위한 초유의 조사였다고 생각한다.

예를 들면 기획예산처 장관을 추천하는 데 있어 본청 5급 이상 174명 중 78명의 의견과 전경련, 중기청, 학계, 시민단체 등 34명의 의견을 듣고 그 결과를 수치화했다. 법무부 장관의 경우 본청 4급 이상 공무원 25.5%, 민변 변호사 33.5%, 대한변협 변호사 35.5%, 시민단체 교수 5.6%로 대상자를 나눠 의견을 조사했다. 이 조사에서 민변 소속 변호사들이 적극 호응한 덕분에 민변에 가까운 후보가 더 많은 추천을 받기도 했다.

아울러 적합한 장관 후보뿐 아니라 부적절한 장관 후보도 조사했다. 어떤 부서에서는 적합한 장관에 든 후보가 부적절한 장관 후보에서 압도적 1위가 되기도 했다.

그런 유형의 조사는 추천된 인사를 여러 가지 측면에서 검토하는 데 도움이 됐다. 인사권자가 추천하고 싶은 인사를 이런 유형의 조사 속에 넣어 최종 판단하는 데 참고할 수 있었다. 1월 24일 경찰청과 국세청에 대한 조사결과를, 그리고 2월 12일 재정경제부 등 20개 정부부처 대상 조사결과를 당선자에게 보고해 내각 구성에 참고토록 했다. 이

4 장관의 추천이 막바지에 이르렀을 때인 2월 중순쯤 나는 당선자가 좀더 다양한 정보를 듣고 최종 판단을 하도록 별도 조사기법을 도입했다. 해당 부처 5급 이상 공무원들을 상대로 전수 대상 전화면접조사, 해당부처 5급 이상 공무원 중 평균표본 무작위 추출방식에 의한 전화면접조사, 관련분야 및 단체의 주요인물 전화면접조사, 포커스그룹 인터뷰(FGI), 심층면접 인터뷰 등 다양한 조사기법을 동원했다.

조사를 거친 인사들은 초대 내각 또는 그 후 인사에서 상당수 발탁됐다. 다만 이 조사에서 공무원의 응답률이 저조해 그들의 의사를 객관화하는 데 어려움이 있었다(특히 법무부, 경찰청 등의 공무원 응답률이 저조했다).

또 예정자의 이름이 사전에 거론됐지만 탈락하게 되면 그 사람의 명예가 실추된다는 지적도 있었다. 그러나 조사대상자를 국민의 의사에 맞게 좀더 객관화시키고 순위 결정 방식을 좀더 세분화한다면 이 조사는 장관 인사 등에 좋은 참고가 될 수 있다. 해당 부처 공무원과 해당 전문가가 모두 참여하는 방식이기 때문이다.

국무총리는 일찍 준비하도록 당선자에게 권고했다. 1월 어느 날 당선자가 고건 전 서울시장을 거론하며 내 의견을 물었다. 나는 고건 전 시장과 함께 일해본 적이 있기에 적극 찬성했다. 나는 고 전 시장의 안정성이 노 대통령의 개혁성을 보완할 것이라는 이유를 들었다. 고건 전 시장에 대한 여론조사도 보았다. 다수가 적합하다고 대답했다.

나는 고 전 시장을 찾아가 오랜 논의 끝에 가까스로 동의를 얻었다. 이후 당선자는 서울 시내 모 호텔에서 고 전 시장을 만나 이 문제를 일찍이 매듭지었다.

후임 비서실장은 내 후임을 결정하는 문제였다. 나는 그동안 우리나라 비서실장의 권한이 막강해 생긴 문제를 직시했고, 비서실장은 정치를 안 할 사람이 와야 한다고 생각했다. 비서실장이 자기 정치를 생각하면 국정에 혼란이 오고 비서실장 권력이 생겨 대통령의 정치철학을 반영하는 데도 문제가 생길 것이라고 봤다. 그런 의미를 받아들인 당선자는 문희상 의원을 생각했다. 다만 당선자는 문 의원이 앞으로 정치를 안 할 것인지 알 수 없다고 했다.

당선자에게 내가 가서 직접 확인해보겠다고 말했다. 문 의원을 찾아가 당선자의 뜻을 전하고 대통령 비서실장 임명에 동의하는지 물었다.

당연히 그렇게 하겠다고 했다. 나는 당선자에게 보고했고, 문 의원은 비서실장에 내정됐다.

그러나 2월 25일로 예정된 대통령취임식 훨씬 전 〈조선일보〉에 문 비서실장 내정 사실이 보도돼 당선자가 매우 곤란해 했다. 나도 입장이 어려워졌다. 취임식 때까지 당선자를 보좌하려 했지만 문 내정자가 사전에 보도되면서 두 명의 비서실장이 존재하게 됐던 것이다. 나는 당선자에게 기왕 이렇게 되었으니 문 내정자를 당선자 비서실장으로 임명해 지금부터 업무를 배우게 하는 것이 어떠냐고 건의했다.

당선자는 "그렇게 되면 지금까지 하던 인사준비는 어떻게 하느냐"고 물었다. 나는 "인사특보 같은 것을 맡으며 하던 일을 계속할 수 있을 것"이라고 답했다. 당선자는 문희상 대통령 비서실장 내정자를 당선자 비서실장으로 임명했다. 그리고 나는 당선자 인사특보로 자리를 옮겼다.

그리고 당선자는 인사추천과 검증을 이원화해 인사추천은 신설된 인사보좌관에게 주고 검증은 민정에서 맡도록 했다. 인사보좌관에 정찬용을 내정했다. 정찬용 내정자는 나와 함께 일하며 초대 내각구성에 일조를 했다.

장관 내정 과정에서 당선자가 초기에 거명한 사람은 두 명이었다. 강금실 법무부 장관과 김두관 행자부 장관이 초기부터 내정된 장관 후보들이다. 당선자는 아주 일찍 이 두 사람을 언급했기 때문에 나는 그 사실을 잘 알고 있다. 나머지 장관들에 대해 당선자는 자신의 생각을 말하기보다는 나와 문희상, 정찬용 그리고 일부 먼저 내정된 수석들과 회의를 통해서 의논했고, 거기서 내린 결론에 따랐던 것으로 기억한다. 생각과 달리 장관 지원자에 비해 실제 적합한 인물이 없었다. 막판까지 결정을 못하다 발표를 앞두고 결정하는 경우도 있었다.

참여정부 초대내각 구성에 대한 주요 회의는 노무현 대통령 당선자 주재로 안가에서 여러 차례 열렸다. 노 당선자가 직접 사람을 만나기도 하고 자료를 살펴보고 조언도 들으며 장관을 물색해 나갔다. 초기에는 내가, 정찬용 인사보좌관이 내정된 후에는 공동으로 인사자료를 정리했다.

초대내각 구성에 대한 논의가 정리될 즈음 다소 혼란스러운 상황이 발생했다. 고건 총리 내정자가 초기 내각 구성에 이의를 제기한 것이다. 장관 후보 중 일부는 총리가 추천할 수 없다는 것이다.

안가에서 장관 후보를 마지막으로 정리하는 회의를 주재하던 노무현 당선자는 회의를 중단하며, "총리가 추천을 안 하면 안 되는 일"이라며 자리에서 일어섰다. 그리고 나에게 "김두관과 강금실만 놔두고 나머지는 총리가 다 추천하라고 하세요" 하며 나가버렸다.

나는 그날 밤 정찬용 인사보좌관 내정자와 함께 동숭동 고건 총리 내정자 집으로 찾아갔다. 고건 내정자는 검찰을 지휘하고 경찰을 지휘하는 업무성격상 강금실과 김두관을 장관으로 바로 임명하는 것은 그다지 적절하지 않다고 말했다. 우리는 의견을 나누다 "노무현 대통령이 그 뜻을 받아들이면 그렇게 하고, 그 뜻을 직접 전달했는데도 당선자가 받아들이지 않으면, 총리가 당선자의 뜻을 받드는 것"으로 결론을 냈다.

대통령 취임 직후 노 대통령은 청와대에서 고건 총리를 만나 초대내각 구성에 대해 의견을 나눴다. 고건 총리는 대통령에게 강금실 법무장관 후보와 김두관 행자부장관 후보에 대한 재고를 요청했다. 그러나 대통령은 자신의 생각을 바꾸지 않았다. 고건 총리는 대통령의 뜻을 따랐다.

나는 빚이 없다

대통령은 자주 "나는 빚이 별로 없다"는 말을 하곤 했다. 초창기 인사를 앞두고 그간 신세를 진 사람이 별로 없다는, 또는 상대적으로 적다는 뜻이었다. 특별히 누구를 배려하거나 봐줘야 할 사람은 없다는 뜻으로 이해했다. 또는 오로지 빚진 국민만 바라보고 인사를 해야 한다는 뜻으로 이해했다. 당선자가 직접 추천한 강금실 장관과 김두관 장관은 빚이 아니라 당선자의 소신이었다. 예를 들어 '시골이장 출신도 장관이 될 수 있다는 꿈을 심어주고 싶다'는 표현에서 알 수 있듯이, 자신이 빚진 국민들에게 희망이라는 꿈을 심어주고 싶어했다.

일부 장관은 취임식에 임박해서까지 결정하지 못했다. 국방 장관과 외교통상부 장관의 내정 때 여러 가지 고민을 한 것이 기억난다. 특히 외교부장관의 경우 당선자가 여러 사람을 만나고 의견을 구했으며 내가 한 조사결과도 있었지만 당선자는 신중을 기했다.

원래 외교안보 분야 선거캠프에는 이종석, 윤영관, 서동만 등이 중심이 돼 선거관련 일을 전담했고, 인수위 업무도 그들을 중심으로 이뤄졌다. 당시 그 분야의 90% 이상이 이회창 후보를 돕고 있었기에 나는 그쪽에 가담하지 않던 인물을 살펴보기도 했다.

대체로 반기문 전 외교안보수석, 홍순영 전 장관, 나종일 전 주영대사, 공로명 전 장관 등이 당시 쉬고 있거나 이회창 후보 진영에 가담하지 않고 있다고 판단했다. 나는 우리 외교 현실을 고려해 이 중 한 사람을 대통령과 가깝게 지내게 하는 것이 외교정책 수행에 안정감을 더할 것이라고 생각했다.

여러 사람이 반기문 전 수석을 추천했다. 반 전 수석은 내가 당선자에게 보고한 20개 행정부처 장관추천 조사보고서에서도 '적합한 장관 후보' 1위였다. 내가 운영한 인사추천팀도 반기문을 추천했다. 당선자는 최종적으로 윤영관을 외교통상부 장관으로, 반기문을 신설된 외교보좌관으로 내정했다. 반기문 외교보좌관에 대해 내가 찬성한 것은 그가 다소 보수적이기는 하지만 외교 관료의 신뢰가 높았다. 외교에 변화를 꾀하는 노무현 대통령에게 보수적 견해를 전달해 노 대통령이 적절한 균형을 취하도록 도울 수 있었기 때문이다.

내가 당시 그를 만났을 때 그는 말 그대로 반듯했다. 외교보좌관으로 임명된 얼마 후 혹시 그가 장관이 못 돼 서운한가 싶어 "외교보좌관 일이 어떠냐"고 물은 적이 있다. 그는 즉시 "만족스럽게 일하고 있다"고 답변했다. 그 후 반 보좌관은 외교통상부 장관을 거쳐 유엔사무총장으로 진출해 국위를 빛내고 있다.

대통령 당선자는 초대 내각에서 선거에 공이 있다는 이유로, 또는 혈연이나 지연을 이유로 추천된 인사들을 극도로 꺼렸다. 반면에 어떤 인물이라도 추천되면 그 일에 적합한지 신중하게 살폈다. 당선자는 인사에 있어 '적재적소'를 찾아 나섰고, 그것의 다른 표현을 "나는 빚이 없다"로 표현했다. 당선자는 중앙인사위원회를 찾아 인사자료의 관리를 강조했다. 후대 정권이 잘 이용할 수 있도록 나라의 인재를 객관적으로 수록한 데이터베이스 구축을 희망했다.

나는 당선자 비서실장으로, 인사특보로 일하며 당선자의 그 같은 진심을 이해했다. 나도 그렇게 해야 한다고 생각했다. 이 시절 나는 많은 사람들로부터 자천타천 인사 추천을 받았다. 인수위 국민참여센터를 통해 인사추천이 들어온 건수는 무려 5,415건에 달했다. 중복된 것을 제외해도 1,870건에 달했다. 이 모든 추천은 인수위의 해당 인사추천위원회로 넘겨져 여러 차례 심사를 거쳐 인사 참고자료 형태로 대통령 당선자에게 보고됐다.

나는 청와대 인사와 관련, 당선자가 상의해온 수석인사를 제외하고 비서진 인사에는 거의 관여하지 않았다. 다만 부적합한 인물이 들어가진 않았는지 정무적으로만 살폈다.

내 비서 출신 4명이 청와대로 들어가 일했다. 의전의 오상호, 정무의 김영배, 정책의 김성환, 총무의 김경수 등이다. 그들은 내 비서 출신이지만 청와대에 들어가기 전 이미 당이나 선대본, 인수위에서 능력을 인정받았다. 내가 영향력을 행사해 청와대에 들어간 사람은 단 한 명도 없다고 분명히 말할 수 있다. 그들 4명은 청와대에서도 업무로 높게 평가받아 마지막까지 그 분야 비서관으로 임기를 마쳤다. 지금도 지방자치단체에서 그리고 봉하마을에서 열심히 일하고 있다.

대통령은 새로운 민주주의의 시대에 맞는 새로운 지도자상 구현을 위해 언제든지 해당 비서진과 논의하고 토론할 수 있는 체제를 원했다. 청와대 건물 안의 공간 재배치를 통해 '일하는 대통령 집무실'을 구상했는데, 이는 잘 진행되지 못했다. 청와대 설계도를 어렵사리 구해 궁리했지만 설계를 바꿔 공간을 재배치하기가 어렵다는 건축기술상 지적 또는 보안상 지적을 극복하지 못했다.

청와대 직제 개편은 부분적으로 이루어졌다. 비서실장이 맡았던 기능을 분리했다. 비서실장은 정무만 맡고, 정책실을 신설해 정책실장이 정책을 맡도록 했다.

인사 추천과 검증을 이원화했다. 인사보좌관을 신설해 인사 추천을 전담케 하고 민정수석은 검증을 맡았다. 그 외 국방보좌관과 외교보좌관을 신설해 국방과 외교 업무에 대해 상시적으로 대통령을 보좌하게 했다. 국민참여수석실을 신설해 국민참여를 적극 권장하고 이를 국정에 반영하려는 의지를 밝혔다.

끝으로 노무현 대통령은 정치개혁, 특히 헌법 개정에 대해 깊이 생각했다. 선거제도 개선을 통한 지역주의 극복이라든가, 임기말 레임

덕에 빠지게 돼 있는 현 대통령 제도의 문제라든가, 여당과 야당이 죽기 살기로 싸울 수밖에 없는 현행 정치제도를 개선하고자 했다.

그러나 12대 국정과제 중 하나였던 '참여와 통합의 정치개혁 TF'는 공개보고서도 내놓지 못하고 사라졌다. 그만큼 어려운 일이었다. 달리 표현하면 그만큼 정치개혁에 대한 노무현 대통령의 꿈과 구상은 야무졌다.

한편 안희정과 이광재는 서로 다른 수준에서 별도로 대통령을 보좌하고, 초기 내각과 청와대 비서진을 구성하는 데 나름의 헌신을 했다.

비서실장을 물러나며

역사적인 제 16대 대통령 취임식을 국회에서 맞았다. 나는 공식적으로 일을 마치고 내 정치영역으로 돌아왔다. 대통령 당선자 비서실장을 물러나는 심정을 홈페이지에 다음과 같이 올렸다.

비서실장을 물러나며

지난 해 10월부터 12월 19일까지의 3개월 … 그리고 감격적인 승리 후 약 한 달을 지낸 1월 25일, 저는 노무현 대통령 당선자 비서실장을 사퇴하고, 문희상 대통령비서실장 내정자가 당선자 비서실장을 겸하도록 요청했습니다. 대통령 비서실장 내정자가 당선자 비서실장을 겸하는 것이 효율적이라고 판단했기 때문입니다.

돌이켜 보면 지난 4개월 동안 저는 제 인생의 무엇과도 바꿀 수 없는 소중한 경험을 했습니다. 특히 작년 11월 정몽준 후보와 후보단일화 협상에서 노무현 후보 측의 협상단장을 맡은 이래 투표 전인 12월 19일까지의 날들은 '천당에서 지옥으로'라는 말이 어울릴 만큼 격정의 나날들이었습니다.

하루하루를 책 한 권 분량 적을 수 있을 만큼 많고 많은 사연을 가슴에 담아

됐습니다. 여론조사 후 수많은 기자들 앞에서 단일후보를 발표하던 11월 24일 밤 12시는 피를 말리는 시간이었던 것으로 기억합니다. 기자회견 후 저와 민창기 정몽준 후보 협상단장이 손을 잡고 퇴장하려 할 때 어느 기자의 날카로운 질문이 등 뒤에서 들려왔습니다.

"민창기 단장님, 단일후보로 노무현 후보가 결정됐다는 것은 민창기 단장님 생각입니까? 정몽준 후보 생각입니까?"

이어 긴장된 표정으로 그를 주시하는 가운데 민창기 단장의 우렁찬 목소리가 모든 사람의 귀에 들렸던 기억이 새롭습니다.

"그것은 3김에게나 물어보시오."

이 같은 명답을 듣기란 그리 쉽지 않을 것입니다.

선거운동 마감 1시간을 앞둔 12월 18일 밤 11시쯤 정몽준 대표와의 공조가 무너지고 … 그리고 그날 밤을 새우고 그 다음날 저는 노무현 후보와 함께 노 후보의 선영을 다녀왔습니다. 그때 저는 많은 이야기를 나누었습니다. 그때 나눈 이야기는 이 세상의 어느 누구와 나눈 이야기보다도 진솔하고 진실했습니다.

선거운동기간 내내 자동차 속에서, 기차 안에서, 비행기 안에서, 유세장 안에서, 그리고 허름한 밥집에서 함께 나눈 이야기는 천일야화처럼 또는 대나무의 매듭처럼 끊어지고 이어지고 계속됐습니다.

그 이야기는 이제 정치개혁의 밑거름이 될 것입니다.

노무현 대통령 당선자와 나눈 이야기를 실천하기 위해 이제 아쉽지만 각자의 영역으로 헤어져야 합니다.

저와 마찬가지로 전국의 수많은 지지자들도 그 뜨겁고 뜨거운 가슴을 안고 각자의 영역에 새로운 희망을 만들기 위해 이제 일상으로 돌아가야 합니다. 어떤 사람은 무척 아쉬워합니다. 어떤 사람은 눈시울을 적시기도 합니다. 그러나 그것이야말로 노무현을 진심으로 지지하는 참모습입니다.

쉼 없이 달리던 기차가 탁 트인 광활한 광야 앞에서 갑자기 멈춰선 듯한 공허감, 그러나 새로 개척할 드넓은 땅에 대한 기대감, 이 두 가지 감정을 안고 전 지금 잠시 휴식을 취하려고 합니다. 그동안 아버지를 만나지 못한

두 아들과 각기 다른, 그러나 진솔한 대화가 절박하게 필요하다는 사실을 새삼 깨닫습니다. 그런 다음 그런 일상을 토대로 다시 들판에 나가 일을 하려 합니다.

대통령 취임 얼마 후 나는 청와대에서 인수위 관련업무와 보고할 필요가 있는 회계를 노무현 대통령에게 마지막으로 보고했다. 그 자리에서 노무현 대통령은 정치자금에 대해 여러 각도로 언급했다.

노 대통령은 "이번 대선도 구태로 치러졌지만 우리는 정치자금을 투명하게 하려고 모든 노력을 다했다. 우리에게 정치자금이 들어올 리 없었지만 들어온 정치자금을 모두 회계처리했으므로 최소한 음성적 정치자금은 없거나 불가피한 최소치일 것"이라고 말했다.

그리고 당시 한나라당의 대선자금 공개 요구에 대해서도 언급했다. 노 대통령은 "우리보다 10배는 더 썼을 한나라당이 대선자금 공개하라고 요구하는데, 부끄러워해야 할 정당이 오히려 큰소리친다"고 했다. "정말 공개되면 곤란한 건 한나라당 아니냐"며, "그래 공개하자. 우리가 공개 못할 이유가 없다"고 말하기도 했다. 한나라당의 정치공세에 대응할 필요가 없다는 내 주장에 대해 노 대통령은 다음과 같이 말한 것으로 기억한다.

"우리 정치는 이제 새롭게 가야 합니다. 지역을 벗어나 전국 정치로 가고, 돈 정치 구태도 끝내야 합니다. 이번 대통령 선거도 솔직히 말하면 구태정치로 치러졌습니다. 구태의 룰, 구태의 돈 그런 것으로 치러졌습니다. 민주당 대통령 후보 선출과정부터 과거의 룰로 치르다 보니 불가피했습니다. 그것을 거부했으면 나는 후보가 못 됐겠지요. 그러나 지난 대통령 선거가 구태로 이뤄진 마지막 선거여야 합니다. 새로운 규칙을 만들고, 그래서 다음 선거는 정말 맑고 투명하게 새로운 정치환경에서 치러져야 합니다. 필요하다면 나를 밟고라도 구태를 청산해야 합니다."

노 대통령의 정치 개혁의지가 얼마나 강한지를 적나라하게 보여주는 이 말은 매우 함축적이다. 노 대통령은 자신을 희생해서라도 또는 우리를 희생해서라도 구태정치를 청산하겠다는 강한 욕구를 갖고 있었고 그렇게 실천하려 노력했다. 그로부터 얼마 후 노 대통령은 "민주당 대선자금은 한나라당의 10분의 1도 안 된다"는 발언을 하며 논란에 휩싸였다.

신 의원, 내가 빚졌습니다

나는 그 후 노무현 대통령 정부에서 직책을 갖지 않았다. 주된 이유는 내 성격에 기인한다. 나는 한 번도 대통령에게 정부의 어떤 직책을 맡고 싶다는 말을 한 적이 없다. 오히려 대통령은 두 번쯤 나에게 중요한 직책을 맡아달라는 의사를 간접적으로 전달했다. 나는 내가 지난 대선 때 정치자금 문제로 고생을 한 것에 대한 안타까움의 표시라고 생각했다. 그 마음을 알지만 오히려 그렇기 때문에 그 제안을 받아들일 수 없었다. 지금 생각하면 다른 생각이 들기도 한다. 아무튼 그렇게 해서 노 대통령 집권 5년을 권력과 조금 떨어져 지냈다. 물론 간간이 대통령을 만나, 당면 정세에 대해 의견을 나누기도 했다.

내가 여기서 노 대통령의 5년 임기 중 국정에 관해 언급하는 것은 적절치 않다고 생각한다. 다만 대통령을 몇 차례 만나 나눈 이야기를 정리하는 것으로 대통령에 대한 내 기억을 남기도록 한다.

10·4선언을 조금 앞둔 2007년 8월, 나는 청와대 집무실로 대통령을 찾아갔다. 남북정상회담 준비에 도움이 될까 해서 찾아간 것인데 예상대로 대통령은 정상회담 준비에 여념이 없었다. 나는 대통령이 북

을 방문할 때, 베를린 장벽을 헐듯 남북이 합의해 일정한 길이의 휴전선의 철조망을 상징적으로 철거하는 행사를 가지면 좋겠다는 내용 등을 담은 건의서를 전했다. 이 문서에서 나는 서울과 평양에 즉시 협의가 가능한 대표부 설치 등의 제안을 담았다.

또 우리나라가 낳은 세계적 작곡가 윤이상 선생이 생전에 소망했던 대로 남북 공동주최 '휴전선 평화 음악 연주회'를 휴전선에서 열면 세계 냉전의 상징이었던 휴전선이 생명과 평화의 상징으로 세계인의 가슴에 남을 수 있을 것이라 말하기도 했다.

노무현 대통령은 내 말을 경청하면서도 긴 시간 동안 서해안 자유무역지대 설치 구상을 지도를 펴 보이며 설명했다. 대통령은 열정적이었으며 정상회담에 대해 낙관하고 있었다.

나는 임기 초반에 정상회담의 기회가 있었는데 조금 늦어졌다고 말했다. 노 대통령은 대답을 하지 않았다.

그러면서 5년의 세월은 빨리도 흘러갔다. 노 대통령이 임기를 마치기 얼마 전 나는 대통령 관저에서 대통령과 저녁식사를 했다.

대통령은 여러 가지 함축적인 의미로 나에게 계속해서 "빚을 졌다"고 했다. 나는 "대통령은 제게 빚을 지지 않았다"고 말해야 했다. 대통령은 내가 대선자금 문제로 재판을 받고 있을 때 자신이 법원에 전화하지 못했다고 말하며 미안해했다. 대통령은 나를 위로하려 한 말이었지만 나는 점점 불편한 심정이 됐다.

그래서 나는 "그것은 잘한 일이며 그렇게 한 최초의 대통령이 될 것이고 오히려 역사에 남을 일"이라고 말하며 오히려 대통령을 위로해야 했다. 너무나 솔직하고 꾸밈이 없으며 자신의 작은 허물도 용서하지 못하는 대통령의 성격을 잘 알았지만 그날 대통령의 말은 내 마음을 정말 아프게 했다.

저녁을 먹으며 대통령과 나는 소주를 한 병 마셨다. 대통령은 끊었다던 담배도 몇 대 피웠다. 나는 대통령에게 정부와 당, 그리고 여론에 대해 많은 이야기를 하고 또 들었는데 잘 기억이 나지 않는다.

그러나 "대통령의 업적은 지금이 아니라 역사가 시시비비를 가려 평가할 것"이라며, "지금 여론에 연연해하지 말고 나중을 위해서라도 참여정부가 구체적으로 한 일을 분야별로 잘 정리해 둘 필요가 있다"고 말한 기억은 있다.

저녁 늦은 시각 관저 앞까지 슬리퍼를 신고 나와 나를 배웅하던 대통령은 내가 차를 타고서야 조금은 흔들리는 몸짓으로 관저 안쪽으로 천천히 들어갔다. 나는 차 안에서 그렇게 어둠속으로 사라지는 대통령의 뒷모습을 자동차 안에서 바라보았다.

나는 노무현 대통령과 참 편하게 대화했으며, 조금의 부담도 없는 관계로 남았다고 생각한다. 노무현 후보는 후보 시절 그 복잡한 내부 사정 속에서도 비서실장인 나와 상의하고 점검했지만 사적으로나 공적으로나 조금의 부담도 주지 않았다. 물론 나도 후보에게 부담되는 일이나 언급은 하지 않았다.

단 한 번 내가 노 후보에게 "후보단일화를 해야 한다"고 말했을 때가 가장 긴 시간 말을 하지 않았던 침묵의 기간이었다. 대통령은 약 1주일간 그 문제에 대해 말이 없었다. 그러나 그것도 기분 나쁜 침묵이 아니고 사색하고 숙고하며 결단을 준비하는 경쾌한 침묵이었다. 그 후 대통령으로 청와대로 들어가고부터는 나는 더욱더 내 이해나 이익 또는 정치적 편익의 입장에서 대통령에게 사적, 공적으로 말하거나 요구한 적이 없다.

그러므로 나는 늘 편안하게 대통령을 만났으며, 대통령도 나에게 늘 편하게 말했다. 대통령은 말을 길게 하기도 했다. 그러다가 내가 조금

지루한 표정을 지으면 금방 "내가 뭘 잘못했나요" 하고 천진스럽게 말했고, 내가 별 뜻 없이 팔목시계를 쳐다보면 진지한 얼굴로 "아 시간이 다 됐나요" 하고 말해 나를 놀라게 하거나 민망스럽게 했다. 대통령은 늘 나에게 편안한 존재였고 나도 대통령을 편안하게 대했다.

그러나 그날 관저에서 만난 대통령은 처음이자 마지막으로 나를 힘들게 했다. 대통령이 반복해서 "내가 빚졌습니다" 하고 말할 때, 빚지고는 못 사는 대통령인 줄 내가 잘 알고 있었기 때문에 나는 너무 힘들었다.

많은 사람들이 노무현 대통령 시절 왜 장관 한 번 못했느냐고 말하기도 한다. 내게 화살이 맞춰져 있다기보다는 대체로 노 대통령에 대한 서운함을 갖고 있는 사람들이 그런 말을 가끔 한다.

집권 초기 나는 별로 입각하고 싶지 않았다. 집권 초기에는 대통령에게 관심이 집중되고 여론의 지지도도 높아 많은 사람들이 입각하려 하기 때문에, 나는 그 대열에 함께 서는 것이 그리 좋아 보이지 않았다. 만약 꼭 필요한 일이 있어 내가 요청했으면, 확실히는 모르겠지만 별 어려움 없이 그렇게 할 수 있으리라 생각했다.

초반 이후에는 나에 대한 재판이 시작돼 이 문제를 확실히 정리하기 전에는 어느 직책도 맡지 않겠다고 공언했다. 다른 정치인들은 기소되거나 곤란한 일이 생기면 오히려 무죄를 주장하는 수단으로 중요 직책을 맡아 항변하곤 한다. 나는 내 결백을 진심으로 확신했지만 법은 법대로 그 절차를 순수하게 존중해야 한다고 믿었다. 그렇기 때문에 당과 정부 당사자들에게 부담이 되는 그런 직책을 스스로 맡지 않는 것이 좋겠다고 확고히 생각했다. 당이 권유하는 국회 상임위원장도 나는 분명히 사양했다.

그리고 집권 후반 대통령은 무언가 직책을 주려고 노력했다. 나는 그게 오히려 부담이 되었다. 이른바 보은인사라는 말을 나는 죽기보다 듣기 싫었다.

그러나 단 한 번 내가 노무현 대통령 후반기에 내 열망과 민족적 당면과제 해결을 위해 통일부 장관을 하고 싶었던 적은 있다. 그 뜻을 간접적으로 대통령에게 전달했을 땐 아마도 시기가 조금 늦었다. 이재정 선배를 통일부 장관으로 내정한 뒤였던 것 같다. 그 사실을 안 나는 즉시 의사를 철회했다.

대신 노 대통령은 내게 비서실장을 맡길까 생각하기도 하고, 아니면 다른 직책을 고려하고 내게 의사를 전달하기도 했지만, 그것은 당시 내가 맡을 직책이 아니었기 때문에 받아들일 수 없었다. 예를 들어 민주평화통일자문회의 상임부의장을 제안했을 땐 조금 당황스러웠다. 그야말로 보은인사가 되지 않을까 해서 "뜻은 받아들이지만 직책은 맡을 수 없다"고 말한 적이 있다.

그러므로 대통령은 내게 정말 빚이 없다. 대통령은 최선을 다했으며 나는 그것을 운명으로 받아들인다.

서거 이후

노무현 전 대통령 서거 후 나는 종종 봉하마을에 간다. 행사로 함께 가는 일은 거의 없고 몇몇 지인과 함께 진심으로 추모하기 위해 간다. 마치 1980년 이후 망월동 묘소에 자주 가듯 그렇게 간다. 걸어서도 가보고 차를 타고도 간다. 대통령의 길도 걸어보았다. 가끔은 여사님도 뵙고, 여사님이 권하는 봉하막걸리도 먹어봤다.

또 노무현 전 대통령을 진심으로 존경하는 김경수 비서관을 보는 것만으로도 즐거워 가끔 김 비서관을 보러도 간다. 누군들 자신을 내세우고 싶지 않았으랴. 그러나 김 비서관은 그런 모습을 보인 적이 한 번도 없다. 특히 노 전 대통령이 곤경에 처해 대부분이 대통령 곁을 떠나 조금씩 멀리 가기 시작했을 때도 그는 변함없이 자리를 지켰다. 그리고 지금도 그는 그곳을 지키고 있다.

나는 그가 지난 보궐선거에서 김해 국회의원이 돼 노무현 전 대통령의 곁을 더 튼튼히 지켜주길 마음으로 빌었다. 그러나 그렇게 되지 않았다. 출마관련 논쟁이 행여 노 전 대통령에게 누가 될까 싶어 그는 모처럼 먹은 마음을 바꾸었을 것이다.

나는 정치적 타산으로 봉하를 가본 적은 없다. 사진에 나오려고 가본 적은 더구나 없다. 공식행사 때는 오히려 번잡하고 부담스럽기만 하다. 마음에도 없이 앉아 있는 사람들을 보기도 역겹고 다른 생각하는 사람들을 보기도 싫다. 그것은 생전 노 대통령으로부터 배운 것이기도 하다. 다시 함께 일할 기회가 있으리라 생각했지만 당선자 비서실장 이후 같이 일해보지 못하고 흘러간 세월, 그리고 너무 아쉬운 서거 때문에 나는 아직도 너무 힘들다.

나는 노무현 대통령의 측근이 아니다. 가신도 아니다. 다만 그와 함께 일한 사람이다. 그리고 그의 솔직함과 담백함, 용맹스러움에 매료돼 변함없이 좋아하는 한 사람의 팬일 뿐이다.

그러므로 나는 이른바 친노파의 모임에 나가지 않는다. 그들은 그들 나름의 이유로 모임을 갖고 해야 할 일을 할 것이다. 특히 그중에서도 봉하의 노무현재단은 노 대통령이 서민의 품에서 계속 살아 숨 쉬도록 보람 있는 일을 개발해나가고 있다고 생각한다. 그러나 나는 그 재단에도 한 달에 2만 원을 내는 보통회원일 뿐이다.

또 다른 모임도 있다. 특히 현실정치에 참여한 그룹이다. 이들 모임도 모이는 이유가 분명히 있을 것이다. 나름대로 미래 정치를 염두에 두고 미래의 살아있는 정치세력으로 나아가려는 노력을 부단히 할 것으로 생각한다. 다만 내가 염려하는 것은 그들이 노 대통령의 참된 지도자상이나 참된 정책을 계승하려 하기보다 현실권력을 추구하는 데

집착하지나 않을까 하는 점이다. 그래서 자신들의 정치적 이해관계에 따라 노 대통령의 참 모습을 왜곡시키지 않을까 하는 점이다. 이미 김해선거 등에서 그런 현상이 나타났다고 생각한다.

나는 깨어있는 국민 모두가 진정한 친노파라고 생각한다. 노 대통령은 생전에, 특히 위기 때마다 국민만 바라보고 국민과 함께하려고 했기 때문이다.

2011년 5월 22일 노무현 대통령 서거 2주년을 맞아 나는 '걸어서 평화만들기' 회원 약 100여 명과 함께 새로 생긴 진영역에서 약 4㎞ 정도를 걸어 봉하마을에 들어가 노 대통령 묘소에 참배했다. 나와 회원들은 묘소 앞에 서서 "백두산에 오를 때까지 걸을 것이며 그게 바로 노 대통령의 뜻"이라고 말했다.

나는 노 대통령이 이루려 했던 긍정적 가치를 하나하나 실현해 나갈 것이다. 특히 남북관계에서 단순히 이명박 정부의 철학 부재를 탓하는 것을 넘어 민주당을 포함한 민주세력이 남북관계 발전을 위한 새로운 지평을 여는 일에 힘을 쏟을 것이다.

제
4
부

평화,
그 새로운 시작

1 내사랑 성북

내가 뼈를 묻을 성북

인천을 떠나 성북구 장위동 233-44번지 삼일하이츠빌라로 이사온 날이 1992년 2월 17일이니까 내가 성북구에 온 지 20년째에 접어들었다. 강산이 두 번 변하고도 남을 세월이다. 내 인생에서 가장 오랫동안 머문 곳이니 성북을 내 고향이라 해도 과언이 아니다. 전남 함평군 학교면 아버지의 고향에서 태어나 초등학교 교사이던 아버지를 따라 함평군 월야면에서 12년을 살았고, 광주로 전학 가 초등학교 2년과 중·고등학교 6년 등 총 8년을 광주에서 보냈다.

그러므로 함평군 월야는 내 유년시절의 추억이 있고, 전남 광주는 내 소년시절의 꿈이 무르익은 곳이며, 7년여의 서울 생활은 내 청년시절의 격정이 머물던 곳이고, 6년간의 인천시절은 절망과 좌절 속에서 새로운 사회를 꿈꾸던 시기로 볼 수 있다.

그러니 20년째 살고 있는 성북은 내가 가장 오래 살았고 뿌리를 내린 곳이다. 두 아들을 이곳에서 길렀다. 두 아들이 자신의 고향으로 살아가는, 그래서 내가 뼈를 묻을 고향이다.

누가 나에게 가장 후회 없이 살아온 시기가 언제인가 묻는다면 나는 언제나 고등학교와 군대시절을 꼽는다. 다시 살아도 똑같이 살 것이다. 정말 열정적으로, 그리고 후회 없이 살았다. 그러나 더 긴 세월을 두고 말한다면, 나는 성북구민들의 큰 사랑을 받아온 20여 년의 세월을 내 인생에서 가장 축복받은 시기라고 단언할 수 있다.

지난 2008년 총선은 가장 가슴 아프지만 가장 격정 넘치는 선거로 기억한다. 다섯 번째 치른 총선이었지만 그때처럼 마음 울리는 일이 많았던 선거는 없었다. 힘든 선거였기에 오히려 기억에 강하게 남아있다. 지지자들의 결속이 강철 같았던, 그래서 낙선하고도 너무 감사한 마음을 가졌던, 그런 선거였다. 당을 떠나 홀로 선 나에게 주신 30%의 한결같은 마음을 영원히 잊지 못할 것이다.

나는 출마지역에 내려와서 오로지 당선되기 위해 지역에 모든 것을 바칠 것처럼 말하다가 낙선하면 소식도 없이 사라지는, 또는 당선돼도 필요에 따라 아무런 설명도 없이 지역구를 옮기는 사람들을 많이 보아왔다. 나는 그런 유의 사람들이 우리 정치에 대한 불신을 키워나가고 유권자들에게 허무감을 안겨준다고 생각한다. 누구든 일단 정치적으로 어떤 지역을 택했다면 끝까지 그 지역에 대해 정치적 책임을 지고 가야 한다. 끝까지 그 지역에서 민주주의를 만들어가야 한다.

그래서 나는 내가 좋아하는 정치인들에게 "다소 우직하게 보일지라도 쉽게 지역구를 옮기지 말고 한 곳을 지키며, 그곳에서 민주적 리더십을 발휘해 주민의 지지를 얻어가는 것이 가장 바람직한 정치인의 자세"라고 말하곤 한다.

지금껏 그랬듯 앞으로 어떠한 일이 있어도 내가 한 번 선택한 지역인 성북을 떠나지 않을 것이다. 단지 내가 성북(을) 구라는 지역구를 떠날 때는 더 큰 정치를 위해 새로운 도전 앞에 서거나 아니면 정치에서 은

퇴하는 때일 것이다. 그러나 그때도 나는 자랑스러운 성북구민으로 끝까지 성북구에 남겠다.

내 발이 안 닿은 곳을 찾아

매일 아침 6시만 되면 집을 나선다. 요즘처럼 여름날에는 이 시간이 대낮같이 밝지만, 한겨울 동지에 가까울 때는 아직 캄캄한 어둠이 깔린 시간이다. 2008년 총선 실패 후 더욱 규칙적이 된 아침운동은 이제 내 생명을 유지시켜 주고 알찬 하루를 보내게 하는 원동력이자 활력소다. 하루를 여는 싱그러운 아침, 그 아침의 발걸음으로도 그동안 성북에 내 발길이 한 번이라도 닿지 않은 곳은 아마 없을 것이다.

나는 지금 종암동(구 종암 2동) SK아파트에 살고 있다. 지난 1999년 1월 난생 처음으로 서울에서 집을 사서 이사한 이래 13년째 줄곧 살고 있는 아파트로, 내 유일한 부동산 목록이다. 내가 당시 이 집을 살 수 있었던 것은 IMF 금융위기가 닥쳐 부동산 가격이 많이 하락한 덕이다. 국회의원 4년 임기를 지내고도 3년이나 더 지난 뒤 난생 처음 갖게 된 집이라 그런지 열심히 닦고 만져보고 하던 기억이 새롭다.

종암 1동과 2동이 합해져 종암동으로 통합됐지만 모임에 나가 보면 아직도 서로 낯설어 한다. 사람의 정서는 두부 자르듯 쉽게 되지 않는다는 것을 새삼 느낀다. 행정이 사람을 따라가야지, 사람을 인위적으로 정렬하는 방향으로 가서는 안 된다는 생각을 자주 한다.

종암동 골목길을 걸으면서 생각해본다. 종암동 사람들과 내가 지난 20년간 나눈 이야기를 바구니에 담는다면 아마 몇 바구니쯤 될 것이고, 진한 사람 냄새가 배어 있을 것이라고.

어느 것 하나 쉽게 잊을 수 있는 것은 아니지만 그중 다음의 몇 가지 기억은 지금도 새롭다.

나는 1999년 KBS 〈체험 삶의 현장〉에 출연하면서 꼭 성북구를 배경으로 하고 싶었다. 마침 공사가 한창이던 성북구 종암동 사대부고 길 아래 지하철 6호선 건설현장을 택했다. 내 나이 44세 때로, 서울시 정무부시장이던 나는 작업복과 안전모를 갖추고, 종암동 땅밑 지하철 6호선(고대~월곡) 구간을 하루 동안 일하며 현장을 체험했다. 그곳을 지날 때마다, 또 6호선을 타고 월곡역에 이를 때마다 늘 생각난다.

철근을 어깨에 메고 약 5m 높이의 작업대에 올려주는 일을 했는데 나중에는 허리를 잘 펴지 못할 정도로 열심히 일해 담당 PD가 안쓰러워했던 기억이 새롭다. 얼마 전 만난 그 PD는 정치인 중 〈체험 삶의 현장〉에 출연해 가장 열심히 일하던 사람으로 나와 이인제 의원을 꼽는다고 말하기도 했다.

또 나는 사대부고 이전 문제 때문에 고생을 많이 했다. 서울대는 사대부고 이전을 서울대 장기 발전계획 안에 넣고 이를 실현하기 위해 노력을 많이 했다. 나는 2004년 총선 이후 서울대 측으로부터 여러 차례 이전계획을 들었지만 한 번도 동의하지 않았다. 가뜩이나 열악한 성북지역의 교육환경을 개선하기 위해서는 사대부고 이상의 고등학교를 유치하기 전에는 이전이 불가능하다는 입장을 분명히 밝혔다. 내가 국회에 있는 한 사대부고 이전은 불가능하게 돼 있었다.

그러던 어느 날 나는 국회에 제출된 정부의 예산안을 보고 깜짝 놀랐다. 나도 모르게(내 상임위는 교육위원회가 아니었으므로 모를 수도 있었지만) 사대부고 이전 용역비가 2억 원인가 포함돼 있었다. 즉시 교육부에 알아보니 같은 당 소속 관악구 모 의원이 정부예산 편성시 살짝 끼워 넣은 것으로 밝혀졌다. 즉시 대응했다. 당시 예산결산위원회의

계수조정소위에 있던 김영춘 의원에게 이 예산을 책임지고 빼라고 부탁했다. 용역비가 일단 얼마라도 들어가면 그 사업은 대부분 진행된다는 사실을 서울시 정무부시장 시절부터 알고 있었다. 2억 원의 용역비가 20억 원의 설계비로, 그리고 200억 원의 공사로 가는 것이다.

김영춘 의원은 이 예산을 뺐다. 당시 정세균 대표에게도 그 사정을 이야기했다. 정 대표는 "서울사대부고 이전도 타당성이 없는 것은 아니지만, 신계륜 의원의 주장이 더 타당하므로 삭감해 달라고 말했다"고 답했다. 그 후로 서울사대부고 이전 이야기는 힘을 잃고 추진되지 못했다. 당시 사대부고 이전 주장을 펴는 이유 중의 하나는 '성북같이 가난한 지역에 사대부고가 있기에 학교가 어려워진다'는 것이었다. 그 사실만으로도 나는 매우 기분이 상했다.

오늘날 종암로는 몇 번의 확장공사를 거쳐 넓어졌다. 종암로 확장공사 때 예산관계 등 숨은 이야기가 많다. 도로확장 공사는 이뤄져 인도까지 정비되고 있는데 도로 한가운데 전봇대를 옮기지 못해 볼썽사나운 광경이 벌어졌다. 전봇대 이전비용을 둘러싸고 한전 측과 이견이 벌어졌다. 도로는 확대됐지만 전봇대는 길 가운데 우뚝 서 있는 희귀한 일이 생긴 것이다. 결국 일은 해결됐지만 종암로를 걸을 때마다 그 장면이 생각나 쓴웃음을 짓곤 한다.

그때부터 서울 거리의 아름다움을 결정적으로 방해하는 전봇대와 전선을 정리해 강남처럼 지하화하는 것이 필요하다고 여겼다. 내가 보기에 현재 도시미관을 결정적으로 해치고 있는 것은 전봇대와 전선, 특히 하늘만 쳐다보면 어김없이 눈에 들어오는 수십 개씩 얽히고설킨 전선뭉치다.

종암동 일대의 원거리 통학문제를 해결하기 위해 지난 2000년 9월 예산 약 54억 원을 투입해 일신초등학교를 개교했다. 그 후 월곡동 일대에서 일신초등학교로 등하교하는 학생들이 이상한 형태의 학교 옆 사거리 때문에 여러 개의 건널목을 건너야 하는 불편이 있었다. 그 사거리에 긴 육교를 세워 불편을 해소해주기도 했다. 일신초등학교 앞에 세워진 길고도 기괴한 육교는 학생들뿐 아니라 인근 주민에게도 편리함을 제공하는 보기 드믄 육교로 꼽힌다.

기록에 보면 종암동에는 우리나라 최초의 아파트로 간주되는 종암아파트가 1968년에 건설됐다. 종암아파트는 5층 높이의 3개동 152가구의 규모였다. 독일회사가 설계를 맡고 중앙산업이 시공을 맡았다. 완공 이후 보건사회부가 마련한 부흥주택관리 요령에 따라 주택영단(대한주택공사 전신)이 인수해 일반에 불하하고 관리했다. 시공 당시 이승만 대통령이 참석했다. 특히 당시에는 생소하기 짝이 없는 '아파트먼트 하우스'라는 용어를 도입했고, 이것이 지금의 '아파트'라는 용어의 효시가 됐다고 한다. 종암아파트가 철거된 후 1996년에 지금의 선경아파트(구 종암1동)가 들어섰다.

돈암1동은 지금 면모를 일신해 대부분 아파트가 들어섰고 일반주택은 얼마 남지 않았다. 과거 돈암동은 월곡동과 마찬가지로 어려운 사람들이 모여 살았고 지금의 현대아파트 근처 저지대는 출퇴근 시간이 되면 사람들로 붐비던 곳이었다. 그러나 지금은 옛 모습을 찾아보기 힘들다. 돈암동 삼성아파트는 초기 공사 당시 높은 옹벽을 쌓아 민원이 발생했다. 내가 보기에도 위험하지 않을까 걱정했지만 시공사 측은 모든 기술력을 동원해 완벽하게 공사하겠다고 다짐했다. 이후 큰 문제없이 완공됐다. 그러나 지금도 높은 옹벽 밑을 걸어가다 보면 나도 몰래 고개를 들어 옹벽 위를 근심스럽게 쳐다보는 자신을 발견하고 혼자 웃어본다.

돈암동 동부아파트를 지을 때는 개운초등학교 위치 때문에 여러 가지 검토를 했던 기억이 새롭다. 개운초등학교 출입구 등을 고려해 조금씩 설계를 변경하고 작은 도로의 위치를 재점검했다. 개운초등학교는 구 서라벌 고등학교 자리에 예산 100억 원 정도를 들여 2003년 11월 개교했다. 인근 아파트 주민들에게 교육환경 개선의 도움을 주었다.

종암동과 돈암동에 접해있는 개운산은 인근 주민들의 좋은 휴식처다. 개운산에서 크고 작은 행사도 많이 열려 구민들의 사랑을 받고 있다. 나는 1주일에 한 번 정도 아침에 종암동 고려아파트 뒷길을 통해 개운산에 오른다. 그곳에 산개한 크고 작은 배드민턴장을 돌며 배드민턴을 즐긴다. 정상 근처 헬스장에는 늘 모이는 회원들이 계란과 커피를 나눠 먹는다. 선거 때 그곳에 가면 일부 회원들이 내 이름을 연호해 기분이 좋았는데 나중에 보니 누가 와도 똑같이 연호해준다고 해 조금은 실망하기도 했지만 언제 봐도 정겨운 사람들이다.

월곡 1, 2동으로 나뉜 월곡동은 역사가 깊은 곳이다. 이곳을 지날 때마다 나는 항상 시골 고향에 온 듯한 느낌을 가질 때가 많았다. 지금은 두산아파트, 삼성아파트, 대우아파트 등이 줄줄이 들어섰지만, 그 이전에는 월곡 3, 4동으로 불리며 작은 집들이 월곡산을 따라 달동네를 형성했다. 위쪽으로 올라갈수록 무허가 건물이 많아 서울의 도시 빈민의 전형을 보여줬었다. 그곳이 고통스러운 개발과정을 거치며 오늘의 아파트단지로 바뀌었지만 많은 사람들의 희생과 눈물이 있었음을 나는 잘 안다.

서울시 부시장 시절 월곡 3, 4동을 합해 개발하면 수익성이 좋겠다는 의견을 제시하고 몇 차례 모임을 주선했지만 의견이 달랐다. 결국 월곡 4동이 두산아파트를 먼저 추진했다. 그리고 뒤이어 월곡 3동이 두 개로 나뉘어 개발이 추진됐다. 이곳을 지날 때마다 그 무수한 논쟁과 그 속에서 살아가던 수많은 사람들의 얼굴이 떠오른다.

월곡동에는 유명한 밤나무골 시장이 있다. 월곡 1동 저지대 주택가와 월곡산 아파트단지 사이에 있는 이 시장을 나는 너무 좋아한다. 월곡산이 재개발되기 이전 이 일대의 가장 큰 시장이었다. 서민들의 애환이 담겨있던 삶의 터전이고 여론의 형성지였다. 특히 선거 때 여기서 생긴 여론은 월곡동 일대에 큰 영향을 주곤 했다.

나는 이 시장에 들어서며 몇 번인가 속으로 눈물을 흘린 적이 있다. 대부분의 시장상인들은 내가 시장에 들어서면 나와 악수하기 위해 벌써 멀리서부터 준비를 한다. 어떤 분은 생선냄새를 없애기 위해 손을 닦고 또 어떤 분은 장갑을 벗고, 겨울철에는 손을 엉덩이 밑에 깔고 앉아 단지 나와 따뜻한 손으로 악수하기 위해 손을 데우기도 한다.

이곳은 살아 숨 쉬는 서민들의 안방이다. 이곳엔 내가 슬픈 일이 생기면 자기 일처럼 울어줄 수 있는, 내가 기쁜 일이 생기면 자기 일처럼 웃어줄 수 있는 정다움과 따뜻함이 있다. 지금은 여느 재래시장과 마찬가지로 어려워지고, 더구나 월곡산에 아파트단지가 들어서며 더욱 힘들어졌지만, 우리 아주머니들은 꿋꿋이 이곳을 지키며 살아간다. 밤나무골 시장의 전설을 지키며 말이다.

그림을 잘 그리는 재능이 있다면, 나는 반드시 '밤나무골 시장 사람들'이라는 제목의 그림을 그려 내 사무실에 걸어놓았을 것이다. 서울시 부시장 시절 20억 원 정도의 시비를 성북구에 내려 보내 밤나무골 시장 아래 주택가의 소방도로를 개설하도록 했을 때도, 이곳이 제발 옛 모습을 간직하며 발전했으면 하는 바람이 있었다.

월곡 2동은 과거 상월곡동과 월곡 2동이 합해져 생긴 동인데, 이곳에는 동아아파트가 월곡산 아래 자락과 맞대며 우뚝 솟아있다. 이 아파트도 공사를 시작했을 때, 옹벽을 둘러싼 논란이 많았다. 나는 시공사 측과 여러 차례 협의해 옹벽 대신 지금의 돌담과 꽃, 나무들로 바꾸어 놓았다. 지금은 그런 사실을 기억하는 사람들이 많지 않지만 그 길을 지날 때마다 그때 생각에 기분이 좋다.

월곡산은 월곡동과 장위동을 나눈다. 개운산과 마찬가지로 월곡산은 월곡동과 장위동 일대 사람들에게 산소 같은 존재다. 나는 거의 매일 아침 월곡산으로 출근한다. 월곡산 입구 성북체육관에서 배드민턴을 치거나, 인근의 테니스장을 들르거나, 팔각정에 올라 운동하는 사람들과 담소하거나, 팔각정에서 차 파는(파는지 그냥 나눠주는지 알 수 없지만) 아주머니와 팔각정 참새 이야기를 하면서 하루를 시작한다. 겨울이면 이 아주머니가 주는 모이로 참새들이 살아간다.

나의 이런 하루 시작은 2008년 총선에서 낙선하면서부터 더 규칙적이 됐다. 더 없이 즐겁고 하루 중 가장 행복한 시간이다.

월곡산 정상인 팔각정에는 작은 배수지가 있다. 그 위에는 아침마다 족구를 즐기는 팀이 있다. 2003년 지금의 인조잔디구장 자리에 대규모 배수지가 건설되기 전에는 성북구의 물은 팔각정의 작은 배수지에서 공급되고 있었다. 그러니 상수도의 압력이 낮아 수돗물이 잘 나오지 않고 불편함이 많았다.

나는 서울시 부시장 시절 여러 차례 팔당 상수원을 현장방문하면서 막 건설된 강북취수장(팔당댐에서 밑으로 3～4㎞ 내려온 곳에 위치) 수질이 아주 좋다는 사실을 알게 됐다. 팔당댐에서 조금씩 방류된 물이 3～4㎞의 모래와 자갈을 지나는 동안 자연 정화돼 걸러지기 때문이었다. 나는 즉시 월곡배수지를 짓는 사업에 박차를 가하도록 했고, 월곡배수지와 강북취수장을 빠르게 연결하도록 재촉했다.

예산은 500억 원 정도가 들어간 대공사였지만 차질 없이 추진됐고 2003년 완공됐다. 그 결과 성북구는 새로 건설된 월곡배수지에서 강북취수장의 맑은 물을 힘차게 공급받는 시대를 맞았다. 나는 월곡산을 오르기 위해 인조잔디구장 입구를 지날 때면 마지막 연결공사를 하기 위해 2m 정도의 큰 관을 두 개(하나는 들어가는 관, 다른 하나는 나가는 관) 묻으려 그 좁은 언덕길 입구(초림빌라와 그린빌라 사이)에서 고심하던 기술자를 생각한다. 그때 나는 그 기술자에게 내가 "올라가는 길이 좁으니 하나의 관은 위로 가고 다른 하나의 관은 밑으로 가서 포개면 안 될까요?" 했었다. 실제 그렇게 했는지는 알 수 없다.

배수지가 완공되자 그 위 공간을 어떻게 활용할 것인지를 놓고 논란이 많았다. 나는 당사자들을 불러놓고 "이 공간 아래엔 우리가 먹을 물을 각 가정에 공급하는 물탱크가 있기 때문에 무거운 시설을 설치할 수는 없다"고 동의를 구한 뒤, "규격이 다소 작지만 특별한 무게를 주지 않는 축구장으로 쓰는 것이 제일 낫겠다"고 설득해 성사시켰다.

장위동은 동방고개를 거쳐 월곡동과 연결된다. 장위동은 월곡산과 인접한 곳에서부터 아래 평지로 이어지며 주택들이 들어선 곳으로 서울의 대표적인 중산층 거주지였다. 지금은 뉴타운 개발을 둘러싸고 심각한 이견이 표출돼 안타까움을 더하고 있지만 지금도 서울에서 거의 유일하게 남은 전형적 대규모 집단주택지다.

과거 동방고개는 동방생명이 땅을 구입해 주택으로 개발했다고 해서 붙여진 이름이다. 이 고개를 따라 월곡동에서 장위동쪽으로 오다 보면 장위 1동, 장위 2동, 장위 3동이 차례로 나온다.

특히 장위 1동 월곡산 쪽 주택들을 지나노라면 과거 공사비 과다(주택지가 대부분 바위)를 이유로 도시가스 공사를 피해가려는 도시가스 회사 측과 도시가스를 들여달라는 주민들의 요구가 충돌해 이를 중재하던 기억이 새롭다. 나는 그때 도시가스회사들을 사무실로 불러 "그동안 입지 좋은 곳을 중심으로 돈을 벌었으니, 사회에 환원한다는 마음으로 이곳의 공사를 맡아줬으면 좋겠다"고 말했다. 그들은 그렇게 했다.

내 큰아들 경수는 장위초등학교와 장위중학교를 나왔다. 장위초등학교는 장위동의 중앙인 장위 2동에 위치한다. 나는 장위초등학교 교육문화회관을 지을 때 예산 확보를 위해 당시 교육감을 찾아가 부탁했던 적이 있다. 대형주차장을 운동장 지하에 만들어 주민에게 개방하려 했지만 예산부족으로 그렇게 하지 못한 것이 아쉽다.

장위 3동에서는 SH공사가 농지를 택지로 바꿔 공영개발방식으로 아파트를 지어 주민에게 공급했다. 참누리아파트와 SH아파트다. 주민의 숙원이던 이 사업을 위해 고건 시장과 논의하던 기억이 새롭다. 장위 3동 참누리아파트 지역을 민간기업에게 매각해 민간아파트를 짓게 하자는 일부의 주장에 대해, 고 시장은 "그런 특혜를 민간에게 주기보다 서울시가 매입해 공영개발방식으로 하는 것이 현재 살고 있는 주민에게 더 도움이 된다"고 말했던 것으로 기억한다.

석관동과 장위 3동 일대는 저지대다. 과거 매년 비만 오면 침수돼 큰 피해를 반복적으로 입었다. 특히 1998년 집중호우로 이 지역 일대가 물에 잠겨 많은 주민들이 인근 학교에 마련된 임시숙소에서 새우잠을 자고 적십자와 새마을단체 회원들의 봉사활동으로 급식을 해결하는 등 대재난을 겪었다.

나는 그때 상습 침수지역인 장위 3동, 석관동 지역의 침수원인을 정확히 분석하고 이번 기회에 근본대책을 수립하려 모질게 결심했다. 주민 6,000여 명의 서명을 받는 등 장위 석관 지역 주민들의 의지와 결심을 모았다. 당시 고건 시장과 긴밀히 협의, 그해에만 30억 원 정도의 예산(그 후 5년간 계속적 투자)을 편성해 완전한 용량의 펌프장을 신설하기로 했다. 나와 고 시장은 장위동 석관동 일대의 노후 하수관 교체와 더불어 가정 적절한 곳에 충분한 용량의 펌프장을 신설하고 기존 펌프장을 증설하는 일이 이 지역 수해를 근본적으로 막을 대책이라고 결론 내렸다. 우선 장위동 석관동 일대에서 가장 저지대가 어디인지 조사했다. 그리고 중랑천으로 들어오는 정릉천 물이 어디에서, 무엇 때문에 방해받는지도 조사했다. 그 결과 장위동 석관동 일대에서 가장 빗물이 급하게 고이는 저지대 2곳(장위 3동과 석관동 각각 1곳)을 선정해 배수펌프장을 신설하고 기존의 배수펌프장 1곳을 증설하기로 결정했다. 비가 많이 와 빗물이 미처 중랑천으로 빠져나가지 못하고 가장 저지대인 이곳에 빗물이 고일 경우 바로 펌프를 가동해 중랑천으로 퍼내도록 설계했다. 이 계획은 차질 없이 진행돼 2003년 완공됐다. 그 후 아무리 비가 와도 장위3동과 석관동 지역이 물에 잠기지 않게 됐다. '상습 침수지역'이라는 오명을 완전히 벗은 것이다.

배수펌프장은 지금 생각해도 잘한 일 같다. 그때 정릉천 상태를 조사하기 위해 악취를 무릅쓰고 기술부시장과 지하 정릉천으로 들어가 문제점을 살폈던 기억과 적십자의 대형 취사차를 석관동에 가져와 새마을부녀회와 적십자봉사단과 함께 수재민을 도왔던 기억이 새롭다.

석관동 주민들은 과거 연탄공장에서 나오는 검은 먼지의 피해를 입고 살아왔다. 또한 옛 안기부 건물 때문에 건축상 여러 가지 피해를 입어왔다. 지금은 그런 제한이 많이 없어졌지만, 의릉 근처 주민들은 의릉이라는 문화재 때문에 고도제한 등 피해를 아직도 받고 있다.

석관동에 두산아파트가 들어오면서 석계초등학교를 짓기 시작했는데, 막상 학교부지를 파다보니 과거 연탄공장 시절 버려진 것으로 추정되는 검은 연탄부스러기층이 발견됐다. 처리비용을 둘러싸고 교육청과 철도청이 갈등하는 바람에 공사가 난관에 봉착했다. 나는 당시 당사자들을 내 사무실로 불러 의견을 들은 뒤 철도청을 잘 설득해 공사를 예정대로 진행할 수 있었다. 나는 석계초등학교 개교 때 그런 공으로 감사장을 받았다. 지금은 그 바로 옆의 재활용쓰레기 처리장 이전 문제가 현안이다.

동대문 쪽에서 중랑천변을 따라 성북구로 들어오면 왼쪽에 석계초등학교가 보이고 그 다음에 성북레포츠센터 건물이 보인다. 하루 수천 명이 오가는 이 건물에 나는 운동을 하러 자주 아침에 나간다. 동대문 쪽에서 이 건물을 지나 두산아파트 옆 중랑천변을 따라 한참 걷다보면 그때까지 잘 이어지던 천변길이 갑자기 끊긴다. 정릉천과 중랑천이 만나는 지점이라 길을 연결하기가 어렵기 때문이다. 이 지점을 연결하는 것은 긴요하다. 동대문구와 성북구 사람들이 중랑천변을 따라 의정부까지 걸어갈 수 있어야 한다고 생각한다.

두산아파트 중랑천변 도로 양쪽에는 내가 서울시장에게 부탁해 심어 놓은 벚꽃나무가 잘 자라고 있다. 다만 당시 업자가 꽃이 활짝 피지 않는 벚꽃나무 종자를 심은 바람에 벚꽃이 한창인 시기에도 중랑천 벚꽃은 화사하기보다는 수수하다고 해야 할 것 같다.

나는 작은 골목이라도 일부러 들어가 보고 그 형상을 머릿속에 담아 둔다. 긴 세월 나와 마주한 성북구의 큰길, 작은길, 집, 빌딩, 나무, 하천, 작은 산, 각종 조형물들, 운동기구들, 상점들, 음식점들, 가내공장들이 내 머릿속에 잘 정돈돼 있다. 그리고 한 해 두 해 세월이 흐를 때마다 정돈된 형상 위에 새로운 색깔을 입혀 거기서 사는 사람들의 얼굴을 새겨 놓는다.

우리 동네 성북을 걸으며 내 머릿속에 끊임없이 떠오르는 단상 몇 가지를 적어둔다.

돈암동, 종암동, 월곡동, 길음동 일대에 아파트가 많이 들어섰다. 개발 당시에는 아픔도 있었지만 불가피한 측면도 있었다. 그에 따라 사람들의 풍속도도 많이 달라졌고 주거 환경도 크게 개선됐다.

성북구에 아파트와 주택이 균형 있게 자리 잡아 서로 어울렸으면 싶다. 개발을 한다 해도 인간 생태계의 자연스런 흐름과 형성을 역류하거나 파괴하지 않는 방향으로 진행되기를 진심으로 바란다. 여유 있는 사람들도, 여유가 부족한 사람들도 모두 다 성북구민으로서 공존해야 한다. 잠자고 생활하는 공간도 필요하고, 일하며 생산하는 공간도 필요하며, 소비하고 휴식하며 문화를 즐길 수 있는 공간도 필요하다. 서로 다른 성격의 공간들이 개발로 인해 균형을 잃지 않는 것이 무엇보다 중요하다. 특히 대규모 아파트단지의 경우 이 같은 고려는 필수적이다. 충분한 고려 없이 대규모 아파트 단지만 계속 짓는다면 수많은 작은 공장과 자영업자는 어쩔 수 없이 생업을 포기하거나 성북구를 떠나야 할 것이다.

사람들의 편리를 위해 시장을 만들고 백화점을 짓고 도로를 만들지만, 어떤 경우 들어온 편의시설이 다수의 생존을 위협하고 생활을 교란하며 환경적 부작용과 문화적 이질감을 남기기도 한다. 대규모 유통시설이 들어와 기존 유통질서를 무너뜨리며 판매를 독점하는 경우 재래상인과 다수의 상인들은 큰 타격을 받는다. 유통구조 현대화는 필요하다. 그러나 현대화를 도모하면서도 공생해야 한다.

내가 지적하는 것은 정부 등 공적 영역에 있는 사람들이 단순히 힘으로(또는 시장의 힘만으로) 다수를 밀어내는 상황을, 경쟁이라는 이름으로 방치할 때 생기는 정의의 문제다. 공적 영역에 있는 사람들의 노력과 지혜로 시장의 역기능을 예방하고 방지해 시장의 순기능을 살려야 한다.

서울은 행정적으로 성북구, 강북구, 도봉구 등 구로 나뉘어져 있지만, 생활의 흐름에 따라 구역을 나눈 것만은 아니다. 행정의 편의나 선거 등의 요인을 고려해 나눈 곳이 더 많다. 그러므로 인위적인 구별 구분만으로는 생존이나 생활상의 경향, 흐름을 파악할 수 없다.

오히려 강남과 강북의 구별, 동대문시장 등 상권에 따른 구별, 권역별 구별, 또는 아파트지역과 주택지역의 구별 같은 것이 의미 있다고 볼 수 있다. 구청별 구정은 그런 의미에서 한계를 갖고 있다. 그러므로 좀더 중요한 생존상·생활상 요구나 생산·소비의 문제, 사회·문화적 지위 향상과 같은 문제는 서울시가 책임져야 한다.

서울시가 그와 같은 광대한 문제를 모두 설계할 수 있는지 이론도 있고 서울시를 몇 개의 권역으로 나눠 시장을 두자는 주장도 있다. 하지만 지금 형편으로는 서울시가 전체 시민의 중대한 문제를 책임지게 돼 있기에 서울시 시정은 매우 중요하다.

균형발전 또는 특색 있는 발전 등의 용어적 의미를 떠나 나는 서울시 행정의 핵심은 무엇보다 정의의 문제라고 본다. 한 가지만 지적하자면 서울시민이 자신의 능력에 따라 빈부의 차이가 생기고 그에 따라 사적 영역에서 차이가 생기는 것은 어쩔 수 없다. 정부가 이에 대해 소득정책을 통해 또는 복지정책을 통해 그런 차이를 완화시키려 노력할 수 있지만 자본주의 사회에서 사적 영역의 차이는 불가피하다.

그러나 서울시가 펼치는 정책은 정의롭고 평등한 것이어야 한다. 서울시민이 사는 곳이라면 강남구든 성북구든, 부자 동네든 가난한 동네든 공공 인프라나 서비스 영역에서 차별이 있어서는 안 된다. 만약 각 구별 재정상 이유로 차별이 생긴다면 그것을 시정하기 위해 서울시는 최대한 노력해야 한다. 차별이 생길 우려만 있어도 이를 예방하기 위해 노력해야 한다. 서울시나 기초단체가 수행하는 공공업무에 관해 차이가 나는지 묻는다면, 누구나 "차이가 난다"고 답할 것이다.

예를 들어 강남구 대부분은 전봇대가 사라지고 서울시내 최대의 흉물인 전선이 지하에 묻혔다. 이는 공공영역이다. 서울시가 시 전체의 정책으로 결정했어야 할 문제다. 모두 시행하거나 단계적으로 시행하거나, 또는 서울시 전체를 시행할 만큼 재정이 확보될 때까지 기다리거나 하는 문제다. 전봇대의 예를 들었지만, 더 절실한 불평등의 사례는 수없이 많다. 시정을 책임진 사람들이 이를 어쩔 수 없는 것으로 치부하면 할 수 있는 건 아무것도 없다.

대한민국 수도 서울에는 1천만이 넘는 인구가 살고 있다. 영욕을 겪으며 지켜온 서울시민의 도시 서울은 급격히 변하고 있다. 지금 서울은 중요한 전환기에 처해 있다. 새로운 지도력 발휘와 모색을 요구하고 있다. 농촌지역과 달리 서울은 아파도 아픈 시늉을 못 낸다. 특히 전쟁같이 살벌한 경쟁에 뒤진 서울의 빈민이나 서민은 중병을 앓아도 하소연할 곳이 없다. 그들이 끝 모르게 추락하고 그 숫자가 늘어나도 그저 더 잘사는 서울시민들의 이야기에 묻혀버린다. 정치적 고려대상도 아니다.

무너진 낡은 서울은 우선 산업적으로 다시 서야 한다. 그리고 그 다시 선 산업 위에 자유와 더불어 평등의 가치를 분명히 구현하고 그것을 뒷받침할 복지의 가치에 대해 새로 배워야 한다.

새로운 산업은 겉치장에 불과한 '디자인 서울' 같은 치장산업이 아니다. 금융산업이든 아니든 개인의 창의와 자유가 마음껏 존중되는 균형과 조화의 산업을 말한다. 대기업과 중소기업 간, 제조업과 비제조업 간, 첨단산업과 재래산업 간, 대형유통업체와 재래상인들 간, 거대자

본과 영세상공인들 간에 지금까지와는 다른 새로운 균형과 조화를 이뤄야 한다. 시대는 변했고 서울시민의 욕구도 변했다. 그리고 그 중심에는 이제 균형과 조화가 있다. 특히 공적 영역의 업무는 더욱 그렇다.

아파트의 미래는 어떠한가. 계속되는 건립은 아파트의 미래를 밝게 하는 것인가. 현재의 아파트가 수명을 다하면 그 자리는 어떻게 재개발할 것인가. 더 높은 아파트를 지을 수 없어 수익을 낼 수 없고, 그래서 아파트를 다시 재개발하기 어렵다면 어떻게 될 것인가 등에 대해 나는 고민하게 된다. 땅이 좁으니까 아파트를 많이 지을 수밖에 없다고 생각하기도 한다. 그러나 대답이 되는 것은 아니다.

도대체 우리 사회는 이처럼 중대한 문제에 대해 깊게 고민하지 않는다. "미래는 그때 가서 보자"고 말할 뿐 대안은커녕 분석도 하지 않는다. 그런 점에서 보면 서울시의 주택정책은 없다고 할 수 있다. 가다가 문제가 생기면 주춤하다 또 가다를 반복하고 있는 것이다.

이와 관련해 발레리 줄레조[1]의 《아파트 공화국》의 마지막 부분을 인용해 본다.

> "대단지 아파트는 도처에서 대규모 도시문제뿐만 아니라 정치적 초점들을 결집시키며 여러 형태의 감시체제를 발전시키고 있다. 대단지의 형태는 그 자체로 사회공간적 차별을 낳지는 않지만, 적어도 이러한 차별화를 고착화시키는 효과를 갖는다. 또한 대단지 아파트는 장기적으로 관리와 유지 문제를 더 복잡하게 만들고 필연적으로 그 비용을 증대시키는 결과를 낳는다. 이는 도시형태의 견고함을 취약하게 만들어 프랑스에서처럼 쇠락의 길로 접어들거나, 한국에서처럼 일상화된 재개발의 결과를 낳는다. 주택이 유행상

---

1 프랑스 고등사범학교에서 지리학을 전공하고 현재 마른 라 발레대학교 지리학과 교수로 재직하고 있다. 그녀는 특히 서울의 아파트단지에 대한 연구로 파리 소르본 대학에서 박사학위를 받았다.

품처럼 취급되는 것은 놀라운 일이다. 대부분의 사람들이 별로 깊이 생각하지 않는 문제이지만, 결론적으로 말해 대단지 아파트는, 서울을 오래 지속될 수 없는 하루살이의 도시로 만들고 있는 것이다."

거리에서 노상정담(路上政談)

2011년 겨울이 지나자 나는 아침운동과는 별도로 성북구를 걸어서 돌아보는 나름대로의 민생순례를 해보기로 결심했다. 2011년은 마침 선거가 없는 해이기 때문에 지역구를 차분하게 돌아보며 사람들의 이야기를 듣기에 적합한 해였다.

비가 오거나 중앙당 중요 일정이 있거나 일신상 중대한 일이 있는 경우가 아니면 하루도 빠지지 않고 거리에 나서려 노력했다. 전국 국토대행진인 '걸어서 평화 만들기'를 통해 벌거벗은 거리에 익숙해지고 튼튼한 다리를 갖게 된 나는 이번에는 멀리 가기보다 가까운 성북구의 거리에서 사람들을 만나기 시작했다. 내가 건강한 정치를 할 수 있을 것인지 사람들 속에서 알아보는 실험이자, 성북구 주민들과 새로운 소통을 시도해보려는 나름대로의 노상정담이었다.

물론 사람들을 일정장소에 모이게 해 의견을 듣고 의논하며 때때로 식사도 하며 대화를 할 수 있지만 내 경험상 그 한계는 분명했다. 그런 방식은 우리 주변의 사람 또는 민주당이나 민주당적인 사람들만 모이게 된다는 한계를 극복하기 어려웠다.

그래서 누구를 불러 모으는 방식이 아니라 내가 거리에, 마을공원에, 복지시설에, 상점에, 공장에, 노인정에, 식당에, 부동산에, 시장에, 대형매장에 찾아가 이야기를 듣는 방식을 택했다.

나는 종이와 볼펜을 들고 거리에 나섰다. 그러다 나중에는 너무 초

라해 보이고 불쌍해 보인다는 당원의 성화에 못 이겨 수행비서 강설원과 함께 나섰다. 그것도 사람들이 안 보이는 곳에서 기록하고 메모하도록 하며 3, 4, 5월 세 달 가까이 민생현장인 거리에 섰다.

나에 대한 반응 중 제일 먼저 변한 것은 내 인상이 변했다는 것이다. 전에는 얼굴이 두툼하고 권위가 있어 보이며 아주 크다는 인상을 풍겼는데, 지금은 작고 너무 말랐으며 주름도 늘어 보인다는 것이다. 실제 거리에서 만난 많은 사람들이 이구동성으로 하는 말이 "아니, 신 의원님, 어디 아프세요?" 하는 것이다. 자주 보던 핵심당원들은 몰랐던 이 반응, 거리를 돌아다니지 않았으면 몰랐을 이 반응은 나를 당황케 했다. 어떤 주민은 실제 상기된 얼굴로 "한 번 떨어졌다고 젊은 사람이 그러면 쓰나"라고 위로하는 경우도 있었다. 내가 지난 선거에 실패해 마음이 상한 것으로 예단할 때 실로 난감했다.

사실 나는 2009년 '걸어서 평화 만들기'를 시작한 이래 3년간 약 7kg 정도 체중이 감소했다. 몸의 크기도 전체적으로 조금씩 줄어들어 과거 105사이즈가 100사이즈로 바뀌었다. 사람들이 "내 인상이 바뀌었다"고 말하는 것도 무리는 아니다. 그런 지적은 비교적 연세 높으신 어른들 사이에서 나왔다. 반대로 젊은 층에서는 오히려 "더 젊어 보인다"는 평가도 만만치 않아 그나마 위안이 됐다.

최근 '걸어서 평화 만들기' 북한산 등정을 마치고 모처럼 탄 시내버스에서 옆좌석에 앉은 젊은 여성이 자꾸 내 얼굴을 쳐다봤다. 내 몸에서 진한 땀 냄새 때문인 줄 알고 몸을 창 쪽으로 붙이그 창문을 열었다. 그래도 자꾸 쳐다보는 듯해 얼굴을 돌려보니 그 여성이 내게 물었다.

"제가 아는 신계륜 씨 본인인가요, 아니면 신계륜 씨 동생인가요?"

나는 당황해하면서 "본인입니다"라고 말했다.

그리고 어색함을 벗어보려 "그런데 어디 사시나요?" 하고 묻자, 그 여성은 밝은 얼굴로 "석관동입니다"라고 답변했다.

성북구 민생탐방 중 거리에서 만난 사람들 대부분은 — 미성년자와 20대 초반 청년들을 제외하고 — 내 얼굴이나 이름을 알고 있었다. 대부분 내가 먼저 "신계륜입니다"라고 인사하면 반갑게 악수를 건넸다. 때로는 인근 가게나 선술집에 들어가 몇 시간이고 이야기하는 경우도 있다. 횟수로만 보면 거리나 가게에서 이야기하는 경우는 하루에 20회 정도이고, 선술집에서 소주나 막걸리를 함께하는 경우는 하루에 2~3회 정도 된다. 하루 평균 22~23회 정도 노상정담을 나누는 셈이다.

이야기의 주제는 주로 민주당에 대한 주문, 개인민원 제출, 지역민원 제출, 억울한 일 하소연, 정부비판, 재개발에 대한 찬성과 비판, 나에 대한 조언 등으로 다양하며 일률적이지 않다. 그러나 가장 광범한 호소는 역시 "먹고 살기 힘들어졌다"는 것이다.

정부는 전체적으로 경제지표가 좋다고 하며 경제가 정상적으로 운용되고 있는 것으로 말한다. 그러나 지역경제를 눈여겨 본 사람들은 그런 정부 발표가 지역경제와 무관하다는 사실을 잘 알고 있다. 지속적인 지역경제 침체가 중산층의 하향 추락을 촉진하고 있다.

현재 중산층은 내일의 전망 없이 반복적으로 가게 문을 열고 닫으며 살아간다. 체념이 극대화된 일종의 '마비' 상태를 겪고 있는 것 같다. 이 같이 영세, 중소상공인 등 자영업자의 대거 몰락은 비정규직의 대거 증가와 맞물려 있다. 내가 걸어가 본 옛 상월곡동, 월곡동 지역 주택가, 장위동과 석관동의 여러 주택가 골목에는 월세도 못내는 많은 자영업자가 대안 없이 지내고 있었다. 1년 만에 가게주인 또는 공장주인이 바뀐 곳도 셀 수 없이 많았다.

상월곡동에서 작은 공장을 운영하는 당원을 만났다. 그는 인건비 부담이 커서 가족들만으로 공장을 운영하고 있었다. 내일을 장담할 수 없을 정도로 어렵다며 2층의 공장은 임대료를 못 낸 지 벌써 여러 달이라고 했다. 그런 공장이 이 근처에 부지기수였다. 또 다른 곳의 공장을 운영하는 주민은 외국인노동자를 몇 명 쓰고 있는데 불법체류자를 너무 심하게 단속하는 바람에 못해먹겠다고 말하기도 했다. 공장 안을 들여다보니 눈이 큰 파키스탄인이 작은 쇠 나사를 바구니에 담으며 나를 조심스럽게 쳐다보고 있었다.

나는 성북구청에 영세, 중소상공인 등 자영업자의 실태(외국인노동자 고용현황 포함)를 우선 파악하고 이를 토대로 우선 성북구라도 무언가 할 일을 찾아야 하는 것은 아닌가 요청하기도 했다.

현실적으로 지역의 경제활동 인구 대부분이 경제사정을 비관하고 있는데, 정부가 전국적인 경제상황을 낙관하고 있다고 되풀이한다면 얼마나 화나겠는가. 이는 나라의 경제란 무엇인가에 대한 정의를 잘못 내린 데서 오는, 경제철학의 부재에서 생기는 문제다.

석 달 동안 성북구 거리를 걸으며, 길거리에서 민담(民談)을 나누며 새삼 느낀 게 있다. 이곳에서만 다섯 번의 국회의원 출마를 비롯해 무수한 선거를 치르며 성북구 거리를 골목골목 다 안다고 자부했지만, 내가 아직 가보지 못한 골목이 무척 많고, 더구나 그곳에 사는 사람들이 많이 아파하고 힘들어도 내가 모르고 지나갔다는 사실이다. 현재의 동별 소식통이 마비되고 당의 조직은 경직되어, 내가 밑바닥 민심을 놓치고 있다는 놀라운 사실을 깨달은 것이다.

진실은 준비된 자리, 전문가들에 의해 발견되기도 한다. 그러나 더 많은 경우는 사소한 자리 민초들의 하소연에서 발견된다.

성북구 거리를 휘저은 수많은 노상정담이나 노상민담은 힘든 시기에 처한 나의 정치일정에 좋은 가르침이 됐다. 앞으로 내가 정치를 계속하는 한 이 길거리 정치는 전국을 걷는 '걸어서 평화 만들기'와 함께 계속될 것이다.

성북구에서 내가 제일 좋아하는 길

성북구에서 내가 제일 좋아하는 길은 경치가 좋은 곳도 아니고, 사람들이 많이 좋아하는 길도 아니다. 내가 가장 편하게 걸을 수 있는, 내 집에서 가까운 길이다. 그래야 매일 걸을 수 있고 매일의 변화를, 매달의 변화를, 매년의 변화를 구체적으로 느끼며 내가 그 속에서 부단히 적응해 갈 수 있기 때문이다. 그리고 가는 길 초입쯤에 연로하신 어머님을 볼 수 있는 길이기 때문이다.

새벽 5시 30분에 자명시계가 울리기 전 대개 잠에서 깬다. 가끔은 그렇지 않은 날도 있지만 대체로 시계가 울리기 전에 일어난다.

세수와 면도를 하고 하루 일정을 확인한 뒤 고향에서 캐온 쑥을 다려 진하지 않게 만든 쑥차로 빈 배를 채우고 가벼운 운동복 차림으로 집을 나선다. 나서면서 아파트의 주민들과 청소하는 경비아저씨와 가벼운 인사를 한다. 대부분 어둠속에서도 단번에 알아보고 반갑게 인사한다. 어쩌다 나이 어린 고등학생이 먼저 "신계륜 아저씨, 안녕하세요' 하고 먼저 인사해주면 기분이 좋다.

횡단보도로 가기 전 오른쪽으로 나이 많은 어른들이 가벼운 운동을 하는 공간이 있다. 가서 인사드리면 꼭 한 할머니가 똑같은 말을 한다.

"내가 집의 어머니를 아는디, 집에 찾아가고 싶어도 멀어서 못 가요. 어머니 만나면 내 안부 좀 전해주시오."

"네 할머니" 하고 돌아서면 내 뒤에서 다시 그 할머니의 카랑카랑한 목소리가 들린다.

"집의 어머니가 나를 잘 아요."

건널목을 건너기 전 뒤돌아보면 그 할머니는 나를 여전히 물끄러미 쳐다본다.

정릉천을 가로지르는 장월교를 건너며 나는 다리 아래를 유심히 살핀다. 정릉천 아래에 걷는 길이 만들어져 가끔은 그 길을 걷는 어머니를 볼 수 있기 때문이다. 오늘은 안 보인다.

다시 화랑로 길을 건너기 위해 신호대기 하는데 교통정리 봉사하던 종암 모범아저씨들이 손을 들어 인사한다. 두 명 또는 세 명이 이곳에서 교통정리를 돕고 있는데, 나를 자주 보니까 내가 오지 않는 날은 오히려 궁금하다고, 어디 아프지는 않느냐고 묻는다.

화랑로 건널목을 건너 생명의 전화 건물 옆 산꽃게 식당을 지나 동신아파트 옆길을 걸어 조금 지나면, 어머니가 사시는 창방아파트가 나오고, 그 앞에서 어머니를 부르면 어머니는 늘 “밥 먹고 가라” 하신다.

다시 되돌아와 걷거나 뛰게 되면 새벽에도 문을 여는 동영해장국집이나 산촌기사식당을 볼 수 있다. 역사가 오래된 자산약국 사거리에 이르면 벌써 새벽운동을 끝내고 내려오는 낯익은 얼굴들을 마주친다. 정다운 인사를 나누는데, 그중 제일은 “빨리 대통령 되세요” 하는 한 아주머니의 덕담이다. 그러면 나는 “네” 하고 웃으며 지나간다.

그 길을 따라 걷다가 나는 참 많은 사람들을 만나 이야기했다. 그중에는 은퇴한 한 선생님이 소설을 썼다며 연재할 수 있는 곳을 소개해주면 좋겠다는 요청을 받았지만 들어주지 못했다. 중학교 때 같이 자취하던 친구를 만나 반가워한 적도 있다.

월곡산 입구에는 초림빌라, 그린빌라가 마주하는 삼거리가 있고 여기를 지나면 조금 가파른 언덕길이 나온다. 기분 좋으면 이 길을 뛰어서 가고 그렇지 않으면 아주 천천히 간다. 여기서부터 월곡산이 시작된다. 오동 근린공원이라 부르기도 하는 월곡산 초입은 성북구민체육관의 행사가 있는 날이면 서로 주차하려고 아우성치는 사람들로 붐빈다. 나는 그 위 테니스장의 테니스 동호인들과 그 맞은편 성북구민체육관의 아침반 배드민턴 동호인들을 만난다.

성북구민체육관을 지난 1996년부터 다녔으니까 15년이나 되는 세월을 함께했다. 별의별 사연이 있었지만 나는 그런 일에 관여하지 않고 오로지 그냥 배드민턴만 친다. 내 생의 아마 상당한 시간을 이곳에서 배드민턴 동호인들과 지내며 살아왔다. 어떠한 경우에도 회원들에게 정치적 주장을 공식적으로 말한 적이 없다. 그냥 동호회 일원으로 지내왔고 앞으로도 그럴 예정이다.

월곡산의 정상 팔각정은 시간대별로 서로 다른 유형의 주민들이 오고간다. 팔각정에서는 성북구의 일대를 잘 관망할 수 있다. 애기능터[2] 라고도 불린다. 그만큼 전망 좋은 터라고 할 수 있다.

때로 팔각정은, 바로 아래 있는 오동헬스장과 더불어 정치토론장이 되기도 한다. 나는 이곳에서도 좀체 정치이야기는 하지 않는다. 그냥 그대로 올라오는 것이 좋고, 새벽의 맑은 기운을 정치이야기로 망치는 게 싫기 때문이다.

팔각정 정상 다른 쪽에는 오래된 배수지가 있고 그 위엔 족구를 즐기는 팀이 있다. 나는 그 팀을 좋아한다. 꾸밈없고 젊기 때문이다.

때때로 기분이 좋으면 장위동쪽으로 넘어가 유서 깊은 장월배드민턴클럽을 찾는다. 그렇지 않으면 월곡동 쪽으로 넘어와 장위중학교 뒤의 상우 배드민턴클럽에 들러 담소를 나눈다.

월곡동 쪽 월곡산 정상에서 운동 나온 사람들과 이야기를 나누다가 두산아파트 쪽 계단을 타고 인조잔디구장 정문으로 들어가면 운동장을 걷는 많은 사람들과 만날 수 있다. 그 밑이 월곡동 배수지이지만 그 위엔 인조잔디구장과 농구대, 배드민턴장 등이 설치돼 있다. 바람막이가 잘 된 베드민턴장에서 한 게임하고 인조잔디 위를 걸어 성북체육관 쪽으로 다시 오면 나의 아침 걷기가 끝난다.

---

2 기록에 보면 조선조 고종의 장자가 어려서 죽어 이곳에 묻혔다 한다.

이 길이 성북구에서 내가 제일 좋아하는 길이다.

내가 이 길을 걷다가 만나는 사람들 중에는 꼭 손을 맞잡고 천천히 걸어가는 연세 많은 부부가 있다. 손을 잡고 걷는 장면은 보기가 좋다. 미안해서 앞질러 나가기가 어렵다.

그러면서 생각해 본다. '내가 월곡산에서 무엇을 보는 것일까?' 정치는 아니다. 운동도 아니다. 여기서 걷는 사람들의 평화를 보는 것이다. 어떤 사람이든 언제나 그 아침의 월곡산과 함께 길을 걷는 사람들은 모두 평온하고 평화롭게 보였다. 매일 아침 여기를 걸으면서 나 역시 마음의 평화를 얻는다.

18세기 혁명의 프랑스 파리에는 부랑아인 소년과 참새들이 많았다고 한다. 21세기 서울 성북구 월곡산의 아침에는 노인과 참새가 많다. 그 노인들은 6·25 전쟁과 보릿고개, 그리고 산업화와 민주화의 폭풍의 세월을 강철같이 견뎌낸 어르신들이다.

1990년대 후반 어느 더운 여름날 나는 월곡산의 작은 나무들 아래 피서가지 못한 가난한 부부와 아이들이 옹기종기 모여 있는 모습을 본 적이 있다. 이곳저곳 수백의 가족들이 나무그늘마다 도여 앉아 그렇게 피서를 하고 있었다. 그들은 수박을 먹거나 더러는 소주에 취해 자거나, 더러는 아들의 등을 닦아주거나 했다. 그리 넓지 않은 월곡산의 나무 그늘 아래 그렇게 피서하고 있었다.

재개발 등 수많은 변화 속에서도 이곳이 아쉬워 떠나지 못한 사람들이 이제 노인이 되고, 때로는 월곡산의 이방인 까마귀, 산비둘기, 산까치에 쫓기면서도 팔각정에 둥지를 틀고 대를 이어 사는 참새가 됐을지도 모른다.

내가 월곡산을 내려와 근처 목욕탕에서 샤워를 하고 집에 돌아가면 아침 8시가 넘는다. 집에 들어오자마자 고향의 쑥물을 충분히 마시고 아침밥을 먹는다. 쑥물은 아침운동 내내 목마름을 참았던 만큼이나 맛있고 그야말로 살맛을 느끼게 한다.

쑥물의 사연은 아버지로부터 유래한다. 아버지는 술을 좋아하셨다. 술은 좋아하는 아버지는 가끔씩 배가 아팠다고 한다. 그때마다 아버지는 술을 당분간 끊으시며 들에 나가 손수 쑥을 캐와 생즙을 먹었다고 한다. 아버지는 나름의 건강비법 몇 가지를 글로 적어 내게 전수하려 했다. 그리고 아버지는 그동안 아프거나 앓았던 병력을 더듬어 내게 알려주었다. 병력을 잘 알고 있으면 예방할 수 있고, 그 아픔을 줄일 수 있다고 생각해 그렇게 했다.

건강하던 아버지가 80세에 불의의 교통사고로 돌아가신 후 나는 비로소 아버지의 비법을 실행에 옮겨 쑥물을 마시고 있다. 다만 생즙은 먹지 못하고 쑥을 옅게 다려 차게 해서 수시로 먹는다. '쑥물'로 화한 아버지의 자식사랑을 나는 매일 마시고 있는 것이다.

그리고 하루 일과를 시작한다. 나는 걸을 수 있는 힘과 건강이 남아 있는 한, 올바른 정치에 대한 희망이 꺾이지 않는 한 나의 제 2의 고향인 성북구의 거리 곳곳을 열심히, 또 즐겁게 걸을 것이다.

2 걸어서 평화 만들기

63일간의 대장정

2008년 11월 11일 나는 사단법인 신정치문화원[1] 창립식에서 남북관계가 악화되고 있는 현실을 개탄하고, 6 · 15 선언과 10 · 4 선언이 이명박 정부에서도 반드시 이행돼야 한다고 선언하며, 조만간 이를 촉구하는 국토대행진을 하겠다고 선언했다.

그 후 논의를 거쳐 국토대행진의 이름을 한라에서 백두까지 '걸어서 평화 만들기'로 정했다. 2009년 4월 9일 시작해 역사적인 6 · 15 선언의 날인 6월 15일 백두산에 올라 기념식을 하고 행사를 마무리하기로 결정했다.

4월 8일 오후 5시 한라산 관음사 주차장에서 약 200여 명이 모인 가

---

1 2008년 총선에서 민주당이 서울 선거역사상 최대의 패배를 당하자 내가 중심이 돼 창립한 사단법인. 신정치문화원은 그 산하에 신서울구상위원회, 지방자치발전위원회, 남북관계발전위원회 등 3개 위원회를 두고 있다. 그 외에 '걸어서 평화 만들기' 사무국, 평화학교 등을 두고 있으며 400여 회원들의 회비로 운영된다.

운데 전야제를 시작으로 2009년도 한라에서 백두까지 '걸어서 평화 만들기'의 긴 여정은 시작됐다. [2]

우리는 이 행사를 통해 우선 우리 자신이 한반도 평화와 공존의 필요성을 깊이 자각하기를 바랐다. 그리고 당시 교착상태에 빠져 날로 악화되고 있던 남북관계가 대립과 분쟁으로 나아가지 않도록 기원했다. 그리고 지나는 곳마다 사람들과 함께 한반도와 6 · 15 및 10 · 4 선언의 의미에 대해 토론하고 때때로 강의도 하고 방송에도 출연했다.

그러나 걷는 기간 내내 이명박 대통령이나 청와대는 6 · 15 선언이나 10 · 4 선언 이행에 대해 일언반구 말이 없었다. 더구나 어려움을 견디며 서울을 향해 가고 있는 도중 두 개의 큰 사건이 일어나 우리를 더욱 힘들게 했다. 하나는 북핵 실험이고, 다른 하나는 노무현 대통령 서거였다. 우리는 한반도의 평화와 6 · 15 선언 및 10 · 4 선언의 이행

---

2 2009년 한라에서 백두까지 '걸어서 평화 만들기'는 원래 휴전선을 넘어 백두산까지 걸어가려 했지만 정세악화로 남한 일정은 임진각에서 마무리하고 중국을 경유해 백두산에 올라 일정을 마쳤다. 제주도에서 임진각까지 60일 동안 걷고 중국 일정은 3일이 소요돼 약 63일 동안 700여㎞를 걸었다.

제주-완도-해남-강진-영암-신북-나주-송정-광주도청-망월동 국립묘지-월야-영광-성송-고창-흥덕-정읍-신태인-김제-이서면-삼례-익산-함열-강경-논산-유성-금남-연기-천안-성환-평택-송탄-오산-수원-의왕-과천-봉은사-강동구 암사동-성북-서대문-고양-파주-임진각에 이르는 약 650㎞의 남한 구간을 '참회와 반성의 대행진', '이해와 용서의 대행진', '국토사랑 대행진', '나라사랑 대행진'(후에 노무현 대통령 추모 대행진으로 명칭 변경), '6 · 15와 10 · 4 선언 이행 촉구 대행진'으로 나누어 의미를 부여했다.

63일 동안 처음부터 끝까지 참여한 회원은 신계륜, 조익래, 정창국, 조재희, 최종윤, 정중호, 심일선, 고운용, 서호영, 송준영 등이며, 전체적인 기획과 진행은 이미성이 맡았다.

을 촉구하며 고난의 행진을 하고 있는데, 정작 10·4 선언의 당사자 중 한 명인 노 대통령은 죽음을 택하고, 또 다른 한 명인 김정일 위원장은 핵폭탄을 선택한 것이다.

이 무렵 우리는 "걷는다고 평화가 오나요?"라는 질문을 가끔 받았다. 나는 그때마다 "나로서는 달리 방법이 없어 걷기라도 하는 겁니다" 하고 응수했다. 축 처진 어깨를 쫙 펴고 걸었다. 우리는 굴하지 않고 6·15와 10·4 선언 이행을 촉구하는 깃발을 배낭에 꼽고 꾸준히 걸었다. 남한에서의 마지막 지점인 임진강에서 마무리집회를 할 때까지 우리는 비록 힘들었지만 최선을 다해 걸었다.

당시로서는 도저히 북한을 경유해 백두산에 오를 수 없다는 판단이 서자 그 일은 다음으로 미루고 일단 중국을 통해 백두산에 올랐다. 한라산에서 떠온 백록담 물과 합수식을 하고 1차 행사를 마무리 지었다.[3]

대장정 기간 동안 제일 힘들었던 것은 제주를 출발해 서울로 올라오던 5월 23일 송탄에서 오산가는 길에 노무현 전 대통령의 서거를 접하고였다. 이때 우리는 걷기를 중단할지 고민했다. 함께 걷던 일부를 봉하마을로 보내고, 남은 우리는 어찌해야 할지 결정하지 못했다. 나는 그래도 깃발을 내릴 수는 없다고 생각했다. 그래서 전원이 봉하마을에 가 인사를 드린 다음 다시 검은 조기를 배낭에 꼽고 계속 걸었다.

그날 밤 이인영 전 의원이 숙소로 나를 찾아와 "노무현 대통령을 봉하가 아니라 국민의 품속에 묻어야 한다"며 봉하로 가서 내 할일을 해야 한다고 권했다. 나는 "노 대통령을 국민의 품속에 묻을 사람은 나

---

3 백두산 행사는 6월 13일부터 6월 15일까지 진행됐다. 특히 백두산 천지에서 한라산 백록담에서 떠온 물을 합수해 천지에서 발원한 송화강에 뿌렸다. 이 백두산 행사에는 63일을 함께 한 열 명의 대장정 상비군 이외에 박시열, 김재경 등이 함께했다.

말고도 많다"고 말하고 그냥 걷겠다고 했다.[4]

다른 한편 나는 국토대장정인 '걸어서 평화 만들기'를 기획할 때 한반도의 평화를 염려했고 또 실제 그것이 중요했다. 하지만 실제 걸으면서 나는, 이인영 전 의원이 '산티아고 가는 길'[5]의 경험을 통해 전야제에서 언급한 자기성찰 또는 참선의 의미를 점차 받아들이고 있었다. 사실 한반도 평화보다 꺼지지 않는 내 마음속 불을 끄는 것이 더 시급했는지도 모른다.

나는 당시 2008년 총선의 실패와 좌절에 대해 심각한 후유증을 앓고 있었다. 남에게 표현하지는 않았지만, 항상 용광로와 같은 폭발성을 가지고 내 안에서 분노가 활활 불타고 있었다. 나는 다스려야 했다. 걷다 보면, 특히 힘들게 걷다 보면 나도 모르게 꼬리를 물고 떠오르는 수많은 자문과 자답, 자신에 대한 자학, 그리고 이를 지우고 또 다시 반복하는 자신을 발견했다.

그때 생각한 것이 우선 내 마음의 평화였다. 나 자신도 용서하지 못하는 사람이 어떻게 남을 이해하고 용서하며 평화를 얻을 수 있겠는가 하는 생각에 이르자 그 의미는 더욱 부각됐다. 이 행사를 겪으며 나는 조금씩 불안한 자신을 극복할 수 있었다.

'한반도 평화'와 '내 마음의 평화'라는 의미가 부여된 2009년 '걸어서

---

4 당시 이인영 전 의원은 봉하에서 장례식이나 노제를 하자는 의견이 많아 그것을 걱정했다. 이 전 의원은 서울에서 장례식과 노제를 해야 한다는 의미 등을 포함해 국민의 품속에 노무현 대통령을 묻어야 한다고 말했다. 이 전 의원은 내가 봉하로 가 그렇게 노력해주기를 바랐다.

5 순례자의 길이라고 하며, 예수의 첫 번째 순교자 야곱의 무덤이 있다고 전해진다. 프랑스남부 국경도시 생 장 피에 드 포르에서 피레네 산맥을 넘어 스페인의 산티아고까지 800여 ㎞의 길을 말한다.

평화 만들기'는 비가 내리고 산사태가 났던 백두산 천지를 위험을 무릅쓰고 오르면서 대단원의 막을 내렸다. 그날 우리는 다음과 같은 결의를 밝혔다.

> 지난 4월 8일 한라산에서의 전야제를 시작으로 6월 6일 임진각까지의 남녘 땅 650㎞ 행진은 아름다운 금수강산과 더불어 사는 사람들 모두에게 통일된 느낌을 가져다줬습니다. 그것은 평화입니다.
>
> 우리가 본 금수강산은 아름답고 사람들은 순박하지만 최근 역사 속에서 우리 민족은 너무나 깊은 시련과 아픔을 겪었습니다. 다소 멀리는 동학농민전쟁에서부터 일본 제국주의의 침략 그리고 4·3, 6·25, 5·18 등의 전쟁과 학살의 기록이야말로 평화의 소중함을 절절히 일깨워주었습니다.
>
> 스스로를 참회하고 반성하는 행진으로부터 시작해 우리가 싸우고 증오했던 사람들에 대한 이해와 용서의 행진도 가졌습니다. 또한 눈부시게 아름다운 4, 5월의 강산과 그 속에서 뜨거운 가슴으로 살아온 사람들의 숨소리, 어떤 것에 대한 사랑의 마음을 느껴보려 했습니다. 우리가 새로 시작할 수 있을 것인지 살펴보려 했고, 또한 우리가 6·15 선언과 10·4 선언의 시대로 돌아갈 수 있을지 궁리하려 했습니다.
>
> 우리는 그간 두 가지 사건을 만나 힘들었습니다. 하나는 노무현 전 대통령의 서거이고, 다른 하나는 북의 핵실험입니다. 둘 다 일어나서는 안 될 일이었지만 아무런 예고도 없이 일어났고 우리에게 근본적인 의문을 제기했습니다. 민주주의와 평화의 문제입니다.
>
> 민주주의의 위기는 힘의 균형이 무너지면서 일당의 독주와 독선을 견제할 힘을 잃어버린 데서 오는 것입니다. 평화의 위기는 단순히 북이 원자폭탄을 실험해서 생긴 것이 아니라, 아무런 대안이나 준비 없이 남북화해협력정책을 이어받지 않은 데서 오는 위기입니다. 그리고 자주국가로서 남북문제를 주도하지 못하고 미국에 의존하며 기다리는 데서 오는 위기입니다.
>
> 그러면서 우리는 다시는 한반도 역사에서 어떤 형태로든 학살이나 전쟁이 일어나서는 안 되며 그렇게 되려면 누구보다도 우리 스스로가 우리의 문

제를 풀어가려는 자주적 자세를 가져야 한다는 사실을 다시 한 번 확인했습니다.

그리고 모든 것에 우선해서 6·15 선언과 10·4 선언은 옳은 것이며, 현재의 남북관계를 가장 정확하게 규정하는 올바른 선언이라는 것을 확신했습니다. 현재 악화되고 있는 남북관계를 올바로 풀어가려면 정부가 지금까지와는 달리 6·15 선언이나 10·4 선언을 이행하겠다는 의지의 표명이 반드시 선행돼야 한다는 사실을 여러 번 확인했습니다. 그러므로 정부는 한시의 지체도 없이 지금 당장 분명한 입장을 밝히거나 어떻게 하면 북핵을 중단시킬 수 있을 것인지 국민 앞에 분명하게 밝혀야 할 것입니다.

미국의 오바마 대통령이 당선되자 우리는 2005년 9·19 공동성명이 신속하게 이행되고 북핵문제를 신속히 해결할 것으로 기대했습니다. 이미 6자회담의 당사자들이 공동으로 작성한 성명이야말로 국제사회가 북핵문제를 대처하는 답안이 되기 때문입니다. 그러나 기대와는 달리 오바마 행정부는 그렇게 하지 않았고 북은 조급하게도 핵폭탄 실험으로 나갔습니다.

9·19 공동성명에서 제시된 북핵 포기, 미국과 일본의 북한 국교정상화, 한반도 평화체계 수립에 대한 6자의 협조, 북한지원 등의 프로그램은 당장 실행이 가능합니다. 이것이 지금껏 지연되고 있는 것은 미국 책임이 큽니다. 미국은 9·19 공동성명의 조속한 실천을 밝히고 북핵문제를 해결해야 할 것입니다.

정부와 한나라당은 남북문제가 초당적 대처와 노력으로도 쉽게 풀 수 없는 중대한 문제라는 것을 빨리 인식하고 지금까지 취해온 편협한 자세에서 벗어나 민주당과 경험 있는 대북전문가들을 전 정권에의 참여 여부와 상관없이 활용해야 합니다. 민주당도 여기에 적극 협조해야 합니다. 만약 정부와 한나라당에 '핵에는 핵'으로 대처해야 한다는 시도가 조금이라도 있다면, 이는 민족의 생존과 동북아의 평화로운 질서를 전쟁세력에게 맡기는 결과가 될 것이라는 점을 분명히 경고합니다.

민주당은 현 남북문제를 정부 여당이 풀어야 할 문제로 보기보다는 정부 여당이 올바른 대북정책을 수립하고 집행할 수 있도록 혼신의 힘을 다해 설득하고 노력해야 합니다. 국회의원들은 6·15 선언과 ´0·4 선언 관련 세부사항을 입법화하는 데 노력하고, 당은 민주당 소속 지방자치단체들과 함께 남북관계 개선을 위해 할 수 있는 일이 무엇인지 따져보고 실행해야 합니다.

통일부가 인도적 지원마저 중지시키고 있는 현실을 여론과 국민에게 쉼 없이 고발하고, 사회단체들과 함께 강력한 연대행동을 조직해야 합니다. 특히 최근 들어 시민사회단체에 대해 보복적 감사원 감사를 실시하고 그 활동을 위축시키며 조그만 시빗거리라도 잡으려고 하는 그릇된 정권의 자세에 대해 민주주의에 대한 근본적인 위협으로 간주해 강력하게 싸워야 할 것입니다.

북한은 즉시 핵 보유계획을 중단하고 9·19 공동선언 이행으로 돌아와야 합니다. 북한의 핵 보유는 자위를 위한 것도 평화를 위한 것도 아니며 오히려 한반도와 주변을 핵 개발 경쟁에 빠지게 해 민족생존 자체를 위험에 빠트리는 결과를 초래할 수 있다는 사실을 잘 알아야 합니다. 북한이 진정 자신의 자위를 염려하고 한반도 전체의 운명을 염려하는 것이라면 더 큰 전쟁세력과 몇 개의 핵무기로 맞설 것이 아니라 평화애호세력과 평화연대로 맞서야 할 것입니다.

6·15 선언은 대다수 국민들이 지지해 사실상 국민투표를 거친 것이나 다름없는 법적 효력을 지닌 선언이라고 생각합니다. 또 유엔총회에서도 이를 지지하는 선언을 채택해 국제법상 효력 있는 선언이라고 생각합니다. 이 같은 선언은 현 정부가 무시할 수는 없는 것이며 지켜야만 하는 것입니다. 다소라도 실천에 문제가 있는 사항은 서로 협의해 조정하면 될 것입니다.

즉시 현 정부는, 특히 이명박 대통령은 역사적인 6·15 선언과 10·4 선언을 이행하겠다는 분명한 의사표시를 하고 이에 따라야 할 것임을 다시 한 번 강조합니다.

우리 국민은 위대합니다. 세계에서 가장 빨리 산업화를 이룩하고 세계에서 가장 빨리 민주화를 이룩해가고 있으며 이제 과거 냉전대결의 결과로 생긴 민족 분단을 끝낼 준비를 하고 있습니다. 우리 국민은 미, 일, 중, 러 등

관련 국가들의 이해를 존중하면서도 남북의 지도자들이 남북문제에 대해 능동적으로 대처하는 모습을 보고 싶어합니다. 그리고 그 아픈 전쟁의 기억 때문에 평화에 대한 간절한 염원을 본능으로 가지고 있다고 생각합니다. 우리는 남한 전국을 60일간 걸으며 우리 국민의 간절한 염원을 거듭 확인했습니다.

우리는 이제 임진각에 이르러 지금의 정세로 인해 더 이상 북으로 나아가지 못하고 중국을 경유해 백두산 천지에서 이 행사를 마무리하려 합니다. 우리의 결의는 크고 단단하지만 평화와는 반대로 가는 이 상황에 대해 절망하며 대안 없이 흘러가는 것에 대해 더 절망하면서도, 그래도 희망의 끈을 놓지 않았습니다.

중국에서 본 백두산은 작아진 우리 가슴만큼이나 낯설지만 그래도 우리는 한반도의 남과 북을 다 바라봅니다. 남과 북에서 이성이 승리할 것입니다. 남과 북에서 평화가 승리할 것입니다.

그리고 하루 빨리 북으로 들어가 6·15 선언과 10·4 선언의 발전방향에 대해 이야기하며, 백두산에 올라 우리의 소박한 행사인 '걸어서 평화 만들기, 한라에서 백두까지'가 진정 아름답게 마무리되기를 기원합니다.

우리는 남북 간 가까운 길을 두고 안타깝게도 멀리 중국을 돌아 백두산에 올랐습니다. 백두산은 우리 민족의 답답한 사정을 아는지 역사적인 6월 15일 사나운 바람 속에 눈비를 뿌리고 있습니다. 민족의 영산 백두산을 기점으로 우뚝 선 한반도를 그리며 한라에서 떠온 백록담 물과 백두산 천지의 물을 합수하면서 우리는 앞으로 동서남북을 막론하고 민족의 이익 앞에는 크게 단결하는 화합의 조국 건설에 앞장서자고 마음 깊게 다짐했습니다.

(2009년 6월 15일 백두산 천지에서 발표한
한라에서 백두까지 '걸어서 평화 만들기' 결의문 중)

계속되는 '걸어서 평화 만들기'

우리는 63일간의 '걸어서 평화 만들기'가 끝난 후 모임을 가졌다. 애초 목표한 북한을 경유한 백두산 등정이 이뤄질 때까지 계속 걷기로 결정했다. 다만 63일의 장정(長征)처럼 두 달 이상을 연속으로 걸을 수는 없기에 1년 계획을 세워 미리 1박 2일 등으로 단기간 걷는 것으로 하되, 한 달에 두 번 정도 걷기로 했다. 그리고 '평화학교'[6]를 개설해 평화에 대한 개념을 정립하고 있다.

'걸어서 평화 만들기'는 아직 개념 정리가 완벽하게 되진 않았지만, 우선 나에게는 끊임없는 고행과 수련의 장이 되고, 우리 사회와 한반도의 평화를 위한 작은 실천의 장이 되고 있다.

나는 조만간 우리나라의 크고 작은 도시 전부를 내 발로 걸어보는 최초의 정치인이 되고 싶다. 언젠가는 내가 직접 걸어본 도시를 걷기 좋은 도시로 꾸미고 전국의 도시를 걷는 길로 연결해, 가끔씩 아들 딸들과 또는 친구들과 함께 걸어서 강화도를 가고 의정부를 가서 1박 2일이나 2박 3일 여행을 하고 싶다. 때때로 젊은이들에게 동서로 횡단하며 또는 남북으로 종단하는 전국 국토순례를 권유할 수도 있을 것이다.

그러면 우리 국민은 자주 걸어서 건강해지고, 동서로 걸어서 지역주의를 타파하고, 남북으로 걸어서 조국통일을 앞당기고, 전국을 걸어서 나라사랑의 마음을 키우며, 함께 걸어서 민족에 대한 사랑의 마음

6 사단법인 신정치문화원 산하에 개설된 학교(교장 조재희 박사). 평화의 여러 개념들을 정리하며 사회의 대립과 갈등을 파악하고 평화를 이루기 위한 방안들을 찾아가는 강의와 토론 중심의 학교로, 신정치문화원 강의실에서 격주 목요일 오후 6시 30분에 열린다.

이 깊어진다면 우리는 세계에서 신체적, 정신적으로 가장 건강한 국민으로 다시 태어나게 되지 않을까.

전국을 잇는 걷는 길의 완성, 그것이 내 희망이다. 그리고 걷기운동을 국민운동으로 전환해 나가는 것이 내 희망이다. 그러기 위해 우선 나는 걸을 수 있을 때까지 한반도 구석구석을 걸을 것이다. 그리고 2009년 '걸어서 평화 만들기' 미완의 코스, 북한을 경유해 백두산에 오르는 날이 빨리 오기를 나는 희망한다.

3 한반도 비핵화와 평화

북핵문제

우리가 2009년 4월 9일 제주도 한라산을 출발해 '걸어서 평화 만들기'를 시작한 지 45일째 되던 5월 23일 오전, 부슬비가 내리는 가운데 송탄에서 오산 가는 길에 갑작스레 노무현 전 대통령의 서거 소식을 듣게 됐다. 다음날인 24일 수원에 도착해 간단한 기자간담회를 열어 노 대통령 서거에 대한 입장을 표명한 후, 오후에 봉하마을로 일행 모두가 내려가 노 전 대통령의 빈소에 들러 조의를 표했다.

그리고 다시 수원으로 돌아와 '6·15 선언과 10·4 선언 이행'이라는 삼각 깃발 위에 검은 리본을 달고 서울로 향하던 중 이번에는 북한의 2차 핵실험 소식을 들었다.

일련의 과정은 참으로 비통한 것이었고 말 그대로 평화를 위해 걷고자 했던 우리 모두에 큰 상처와 좌절을 안겨주었다.

그로부터 지금까지 북핵문제는 우리 머릿속에 미완의 과제로 남아 6자회담의 가장 주된 의제가 됐다. 북핵문제는 엄밀히 말하면 북한의 1차 핵실험[1] 때부터라고 해야겠지만 더 멀리 근원을 돌이켜보면 그보다 훨씬 이전인 1991년으로 돌아가야 한다.

1980년대와 1990년대 초는 현대 역사상 매우 중요한 변화가 일어난 시기다. 세계를 양분하며 대립하고 때때로 전쟁의 위기까지 나아가던 소련과 동구 공산권이 붕괴하면서 세계적 범주에서 이른바 냉전의 질서가 무너진 것이다. 특히 1991년 냉전의 한 중심축을 형성하던 소련(소비에트사회주의연방공화국)의 붕괴는 북한에 큰 충격을 안겼다.

그때가 아주 중요한 시기였다. 아마 그때 우리 내부에 그런 상황을 제대로 이해하고 민족의 문제를 제대로 이끌 의지와 능력과 지혜를 갖춘 지도자가 있었다면 북핵문제가 오늘처럼 지난한 과제로 되지는 않았을 것이다.

상황을 간단히 정리해보면 그 이유를 더 잘 알 수 있다. 소련과 동구권의 몰락이 북한에게 어떤 의미였을까를 짐작하는 것은 그리 어렵지 않다. 북한으로서는 생존의 절대위기에 처한 것이다. 이런 상황을 맞은 북한은 두 개의 선택을 했다. 하나는 화해와 평화의 길이고, 그것이 여의치 않을 때는 최후의 보루로서 핵폭탄을 개발하기로 한 것이다. 어느 곳, 어느 시기, 어느 상황에서도 평화와 전쟁의 세력 간 대립, 병존, 교차 사용의 전술은 항상 존재했다. 북한으로서도 당연하게 위기에 처한 자신의 생존을 위해 모든 수단을 다 사용할 것이라는 점은 분명했다.

우선 북한이 이 엄중한 상황을 맞아 내린 조치는 우선은 화해와 평화의 메시지다. 북한은 1991년 9월 그동안 분단의 고착화라는 명분을 내세워 반대해온 남북동시 UN가입 반대방침을 바꿨다. 남과 북이 각기 다른 국명으로 UN에 동시 가입한 것이다. 이것은 중대한 변화였다. 이어 북한은 1992년 2월 '남북 기본합의서'[2]에 합의했다. 이어 북한은

---

1 2006년 10월 9일 북한이 함경북도 광산 인근에서 실시한 첫 지하 핵실험.

핵개발 의혹에 대해 그간의 입장을 바꾸어 신고한 시설에 대해 IAEA(국제원자력기구)[3]의 사찰을 받겠다는 의사를 표명했다.

이 3가지 조치는 매우 중대한 변화였다. 국제적으로 풀어야 할 과제에 대해, 남북관계에 대해 그리고 핵 의혹에 대해 중대한 변화를 보인 것이다. 그러나 변화의 시기는 늘 위험하기도 하다. 그 변화가 의미하는 것은 그간 남북관계의 기조가 바뀔 수 있는 절호의 기회이기도 했고 극히 위험한 순간이기도 했다.

이러한 상황에서 노태우 당시 대통령을 비롯한 우리 정부는 1992년 8월 전격적으로 중국과 국교를 수립했다. 91년 소련의 붕괴, 92년 한중수교는 새로운 국제적 상황에 대응하려는 북한에게 심각한 고립감을 심어주었다. 거기에다가 92년 10월 대규모의 한미 팀스피리트 훈련이 실시됐고, 급기야 93년 3월 8일에는 IAEA가 북한에 대한 특별사찰 결의문을 채택해 북한을 강하게 압박했다.

당시 노태우 대통령은 북한에게 불리하게 돌아가는 국제적 상황을 잘 이용해 북한을 더욱 고립시키면 북한이 붕괴되거나 아니면 최소한 더 유리한 환경에서 대화할 수 있을 것으로 기대했는지 모른다. 아마 미국 등 국제사회도 같은 생각을 하고 있었을 것이다.

그러나 이것은 오판이었고 북한은 그렇게 가지 않았다.

나는 이때 우리가 이 상황의 의미를 잘 파악하고 중국과 수교를 서두

2 정식 명칭은 '남북한 사이의 화해와 불가침 및 교류협력에 관한 합의서'. 남북은 1991년 12월 13일 서울에서 열린 남북고위급회담에서 서문, 제1장 남북화해, 제 2장 남북불가침, 제 3장 남북교류협력 등 3개 부문으로 구성된 기본합의서를 채택했다. 이 합의서는 1992년 2월 18일 평양에서 열린 남북고위급회담에서 두 총리의 서명을 거쳐 채택 발효됐다.

3 International Atomic Energy Agency. 원자력을 군사목적이 아닌 세계평화와 인류복지에 공헌하는 데 쓰도록 하기 위해 UN에서 설치한 독립기구.

를 것이 아니라, 고립된 북한을 국제사회의 일원으로 나오게 하며 애당초 구상했던 대로 교차승인[4]을 섬세하게 준비하고 이뤄냈다면 핵개발은 그때 막을 수 있지 않았을까.

그러나 세계적 범주의 냉전 붕괴와는 정반대로 한반도에서는 전쟁 일보 직전까지 가는 상황으로 악화됐다. 1차 북핵위기가 발생한 것이다. 1992년 3월 8일 북한에 대한 IAEA 특별사찰 결의문이 채택되자 북한은 바로 그해 3월 12일 NPT(핵확산금지조약)[5]탈퇴를 UN안보리에 통보했다. 이 위기는 북미접촉의 성과로 93년 12월 북한의 일반사찰 수용이라는 긍정적인 진전에도 불구하고 끝내 악화됐다. 1994년 5월 북한은 영변의 5MW 원자로의 가동을 중단하고 폐연로봉 재처리를 준비한다고 발표하면서 한반도는 전쟁 일보직전 상황에 내몰렸다.

미국은 한국과 협의 없이 전쟁계획을 세웠다. 당시 미 국방부의 한 시뮬레이션에 의하면 전쟁이 날 경우 한국 민간인 사망자 100만 명, 한국군 사망자 49만 명, 미군 5만 명의 희생자가 발생하고 전쟁에 따른 경제적 비용은 1조 달러 이상이 들 것으로 추산했다. 전쟁의 발발은 불가피한 것으로 보였다.

이 상황에서 나는 두 사람의 지도자를 보았다.

한 사람은 김대중 당시 아태평화재단 이사장이다. 김대중 이사장은 그 위험한 상황에 대해 여느 정치인처럼 가만있지 않고 긴급하게 미국을 방문해 미국의 여론 주도층을 대상으로 동분서주하며, 전쟁은 안되며 한반도 문제도 능히 대화로 풀 수 있다고 역설하는 등 눈부신 활

---

4 소련 중국이 남한을 승인하고, 미국 일본이 북한을 승인하는 것을 말한다.

5 Nuclear Non-Proliferation Treaty . 핵을 보유하지 않은 나라가 새로 핵무기를 갖는 것과 핵보유국이 미보유국에 핵무기를 제공하는 것을 금지하는 조약.

동을 펼쳤다. 김 이사장의 이런 활동은 확실히 미국의 여론을 전쟁에 반대하는 분위기로 이끄는 데 크게 기여했다.

다른 한 사람은 카터 전 미국 대통령으로 그해 6월 15일 평양을 방문해 당시 김일성 국가주석과 만나 회담을 가졌다. 이 만남은 전쟁의 국면에서 대화의 국면으로 극적인 전환을 이뤄내는 데 결정적인 역할을 했다.

나는 당시 한반도가 전쟁의 위기로 치달을 때, 가끔 나 자신에게 '그때 너는 무엇을 했느냐'고 자문할 때가 있다. 그러면서 나는 나라의 지도자란 바로 그런 위기에 올바로 대답하고 위기에서 벗어날 방법을 찾아내는 자질과 지혜와 용기를 갖추고 있어야 한다는 믿음을 갖게 됐다. 1991년에서 94년 당시 우리나라의 대통령은 노태우와 김영삼이었다. 그들은 또는 그들의 정부는 아무것도 하지 않았다. 국민이 전쟁의 위험 앞에 서있을 때도 상황조차 제대로 파악하지 못하고 그대로 방치했다.

김대중 당시 이사장과 카터 전 대통령의 노력 덕분에 전쟁 대신 북미간 고위급회담이 이뤄졌다. 그리고 1994년 10월 21일 북한과 미국은 제네바에서 북한의 핵 포기와 투명성 확보, 미국의 북한 경수로 건설 지원, 북미관계 정상화를 위한 일련의 조치 등의 내용을 담은 합의서에 도달했다. 이른바 제네바 합의서[6]는 이런 우여곡절의 과정을 거쳐

6 1994년 10월 21일 북한과 미국 사이에 채택된 합의서. 이 합의서에 의하면 북한 측은 흑연감속로 및 관련시설의 동결, 사용 후 핵연료 재처리시설 봉인 및 폐쇄, 50MW와 200MW 원자로 건설 중단, IAEA 일반사찰 유지, 폐연료봉의 안전보관과 해외반출 허용, IAEA안전조치 전면이행(미신고시설 사찰), 흑연감속로 시설의 완전 해체 등의 조치를 하도록 규정하고 있다. 또 미국 측은 경수로 건설 지원 및 경수로 완공 이전까지 매년 50만 톤의 중유 공급, 핵무기 불위협 및 불사용 보장, 3개월 내 무역 및 투자 제재 완화, 연락사무소 개설에서 점차 대사급 관계로 발전

작성됐다.

제네바 합의에 따라 한반도에는 다시 평화의 가능성이 열렸다.

1994년 제네바 합의 직후 미국 중간선거에서 공화당이 승리해 의회 주도권을 잡자 북한의 미사일 문제 또는 영변 이외에 핵시설 의혹 등이 다시 제기돼 제네바 합의의 실행이 난항을 겪기는 했다. 하지만 2000년 역사적인 6·15 남북정상회담이 이뤄져 한반도의 비핵화와 평화 가능성은 탄탄한 길이 열릴 것으로 기대됐다.

나는 1991년 소련 붕괴 후 남북 동시 유엔가입 등 전례 없는 새로운 조건이 만들어졌을 때 평화의 기회를 잡지 못한 지도자들을 탓했다. 그래서 2000년 남북정상회담은 나에게 아주 특별한 의미로 다가왔다. 그것은 새로운 희망이었다.

6·15 선언 이후 희망적인 상황은 이어져 2000년 10월 북한의 조명록 국방위원회 제 1부의장은 미국을 방문해 클린턴 대통령과 면담했다. 그리고 미국의 올브라이트 국무장관이 평양을 방문해 북미수교가 예상되기도 했다.

그러나 2000년 12월 미국 대선에서 공화당 부시 대통령이 당선되자 미국은 제네바회담 재검토에 들어갔다. 다시 북미관계가 악화됐다. 2001년 3월 7일 김대중 대통령과 부시의 회담에서 약간의 이견이 노출됐다. 2002년 2월 부시대통령은 연두 국정연설에서 북한, 이라크, 이란을 '악의 축'으로 규정하며 북미관계에 파란을 일으켰다. 이런 상황 속에 부시 대통령의 특사로 평양에 간 켈리 미 국무부 차관이 농축우라늄의 새로운 의혹을 제기하자 북한은 "농축우라늄은 물론이고 핵보다 더한 것도 가질 수 있다"며 핵개발 사실을 노골적으로 드러냈다.

2002년 12월 미국은 북한에 대한 중유 공급을 중단했고, 북한은

등의 조치를 하도록 규정하고 있다.

IAEA사찰단을 추방했다. 94년의 제네바 합의는 8년 만에 무효가 된 것이다. 많은 사람들의 평화를 위한 노력이 다시 원점으로 돌아가며 물거품이 됐다.

2003년 이라크와 전쟁을 선언한 미국은 다시 북한과 대화로 풀어가겠다고 밝혔다. 우여곡절 끝에 2003년 미국과 북한은 대화를 시작했다. 이제는 북미회담이 아니라 6자회담으로 그 형식을 바꾸었다. 그러나 여전히 핵심은 북한과 미국의 협상이었다.

6자회담은 2003년 8월부터 2004년 6월까지 세 차례 회담을 갖고 지루한 논의를 시작했다. 그리고 불완전하지만 2005년 9월 19일 4차 6자회담에서 극적으로 공동성명이 발표됐다. 한반도의 검증 가능한 비핵화를 평화적인 방법으로 달성하겠다고 선언한 9 · 19 공동성명[7]은 지루하고 긴 논의과정에서 최초의 결실을 맺은 것이다. 북미 간 제네바 합의 이후 북미를 포함한 남한, 중국, 러시아, 일본 등 6자가 함께 타결한 공동성명이라는 뜻에서 더욱 의미 있는 성명으로 평화를 향한 일

7 9월 19일 북경에서 타결된 6자 공동성명. 이 성명은 ①한반도의 검증 가능한 비핵화를 평화적인 방법으로 달성(북한의 모든 핵무기의 현존 핵계획 포기와 조속한 시일 내 NPT와 IAEA에 가입, 핵무기 또는 재래식무기에 의한 침공의사가 없음을 명시, 원자력의 평화적 이용에 관한 권리를 보장하고 적절한 시기에 경수로를 제공하는 문제 논의), ②국제연합 헌장을 준수(평화적으로 공존하며 북미관계 정상화 추진, 평양선언에 따른 북일관계 정상화 추진), ③에너지 교역 투자 분야에서 양자 및 다자협상 증진(5개국은 에너지 지원 약속, 한국의 중대 제안은 유효), ④동북아 평화체제 유지(직접 관련 당사국들은 별도 포럼에서 한반도 영구적 평화체제 협상, 6자틀은 안보협력 증진방안 논의), ⑤공약 대 공약, 행동 대 행동의 원칙하에 단계적으로 상호 조율된 조치를 취함 등을 담고 있다.

보 전진으로 평가됐다.

그러므로 지금이라도 9・19 공동성명의 합의로 돌아간다면 한반도의 비핵화와 평화를 향한 진전은 이뤄질 수 있지만 2008년 12월 8일 검증보고서에 대한 이견을 해소하지 못하고 헤어진 뒤 지금까지 6자회담이 열리지도 못하고 있다. 정부는 올해 6자회담 예산까지 삭감한 상황이다.

그리고 2009년 5월 25일 북한은 2차 핵실험을 감행했다. 1991년 소련 붕괴로부터 시작된 새로운 세계질서가 한반도에서는 오히려 대립과 전쟁 가능성으로 치닫는 과정을 보여주는 남북관계 또는 북미관계의 변화는 전쟁을 피하자는 의지와 전쟁도 불사하겠다는 의지가 항상 동전의 양면처럼 반복해서 나타난 과정이기도 했다.

나는 2008년 집권한 이명박 대통령이 남북관계에 관해서는 최소한 실용주의 노선을 걸을 것으로 생각했다. 남북관계를 정치적으로 접근하지 않고 경제적, 실리적으로 접근해 오히려 새로운 전기를 마련할 수 있지 않을까 기대하기도 했다. 그러나 이 대통령은 남북관계를 정치적으로는 물론 경제적으로, 실리적으로 풀기는커녕 단지 아무것도 하지 않았다.

2008년 12월 8일 6자회담이 결렬돼 그 후 열리지 못하고 2009년 5월 25일에는 북한의 핵실험이 강행됐는데도 이 대통령 정부는 아무것도 하지 않았다. 내가 보기에는 미국의 대북정책이 가다듬어질 때까지 그저 기다리고 있었다. 오바마 대통령도 당선 이후 한반도 문제를 조금 뒤로 보며 시간을 보냈다. 6자회담의 유일한 성과인 9・19 공동선언도 발전적으로 실천되지 못하고 그냥 지나갔다. 그러는 사이 북한은 핵실험을 강행했다.

나는 최근 남북관계를 되돌아 볼 때 이명박 대통령이야말로 지도자로서 역할을 전혀 하지 못하고 남북관계를 크게 악화시킨 장본인이라고 생각한다. 이 대통령은 6·15 선언과 10·4 선언의 이행을 사실상 거부했다. 그렇다고 양 선언에 대한 대안으로 무엇을 내놓은 것도 아니다. 더구나 현안인 북핵문제를 어떻게 다룰 것인지 이해할 만한 설명을 내놓은 적도 없다. 북한이 핵을 포기해야 한다고 하는데 어떻게 북이 핵을 포기하는 것인지, 그리고 어떻게 포기하게 할 것인지, 나는 이 대통령은 물론 이 정부로부터도 한 번도 이해할 만한 설명을 들은 적이 없다.

1994년 제네바 합의문이나 그 후 북핵문제를 다루기 위한 북미회담 또는 6자회담의 결과를 보면 해답은 나와 있다. 합의대로만 하면 된다. 결국 복잡한 말을 간단히 정리해보면, 북한은 핵을 포기해 한반도를 비핵화하며 그 대신 국제사회는 북한을 돕는다는 것이다. 그런데 이것이 자꾸 합의에 이르렀다가 다시 원점으로 돌아가기를 반복하는 것은 북한의 경우 핵을 먼저 포기하고 나면 그 다음에 아무것도 얻는 것이 없는 게 아닌가, 또는 군사적으로 공격당하지는 않을까 하는 의심하기 때문이고, 미국 등의 나라는 북한이 핵을 포기하지 않고 도움만 받으려는 것이 아닌가 의심하기 때문이다.

예를 들어 제네바 합의 4조 3항은 "경수로 사업의 상당부분이 완료될 때, 그러나 주요 핵심부품의 인도 이전에" 북한이 IAEA의 핵안전조치를 전면적으로 이행하도록 규정하고 있는데, 미국 내의 일부 사람들은 이 규정이 북한의 핵투명성을 보장하지 못한다고 지적하며 제네바 합의를 유지하지 말아야 한다고 주장했다. 그간의 사정을 보면 당연히 서로 의심할 만하다. 이것이 지금껏 반복되고 있는 것이다.

그러나 그런 의심의 진행결과 우리는 무엇을 얻었는가. 결국 북한의 2차례 핵실험만 얻었다.

지금부터라도 6자를 포함한 국제사회는 2005년 9·19 공동선언으로 돌아가 그것을 실천하는 것이 최선이다. 그리고 남과 북은 6자 합의

정신을 존중하면서도 그 틀 내에서 또는 전진적으로 그 틀을 뛰어 넘어서 남북관계를 발전시키려는 자주적 노력을 해야 한다.

여기에 현 시기 우리 지도자의 분명하고도 중요한 역할이 있다고 나는 생각한다.

북핵문제 등 정치적 문제를 떠나서 북한을 인도적으로 돕는 문제에 대해 생각해 본다. 인도적 지원은 인도적 지원일 뿐이다. 여기에다가 여러 가지 조건을 단다면 그것은 인도적인 것이 이미 아니고 정치적인 것이다. 참혹한 전쟁의 와중에 적십자는 전투능력을 상실한 부상병들에 대해 아군과 적군을 가리지 않고 돕는다. 아군과 적군을 가리면 이미 정치적인 것이 되며 적십자정신에도 맞지 않는다.

굶주리는 북한 동포를 돕기 위해 인도적으로 쌀 등을 지원하는 것을 가지고 시비를 거는 것은 옳지 않다. 굶주릴 때 외면하는 것은 오랫동안 상처를 주고 씻을 수 없는 역사적 오명이 되어 오래 남는다.

1847년 아일랜드가 주식인 감자의 흉년으로 대기근(大饑饉)이 들었을 때 아일랜드를 지배하던 영국은 이를 외면했을 뿐만 아니라 도움 요청을 거절하고 지주로서 밀 등의 생산물을 가혹하게 그대로 가져갔다. 그 결과 당시 아일랜드 800만 인구 중에서 200만 명은 아사하고 200만 명은 살 길을 찾아 낯선 외국으로 떠나야 했다. 외국으로 살 길을 찾아 나선 아일랜드인의 절반 이상이 배 안에서 역병으로 죽었다. 아일랜드 인구의 절반이 대기근 때문에, 또는 영국의 외면으로 죽거나 고국을 떠난 것이다. 그 일은 오늘날까지도 아일랜드인의 원한으로 남아 있다. 최근 들어 영국의 총리가 아일랜드 감자 기근 때의 일을 사과하는 모습을 화면을 통해 본 적이 있다.

언젠가 비디오를 통해 아일랜드 이민 출신 후손인 존. F. 케네디가 미국의 대통령이 돼 아일랜드를 방문했을 때 연도에 늘어서 환호하는 아일랜드인들의 표정과 눈빛을 보았다. 강열한 동포애가 가득한 아일랜드인의 표정에서 나는 1847년 대기근의 상처를 보았다. 반면 1982년 보비 샌즈 등 10명의 IRA전사들이 영국에 대항해 릴레이 옥중단식[8]을 펼치다 숨을 거둘 때도 영국 대처 수상은 이를 외면했다. 그때 나는 1847년 대기근의 건널 수 없는 강을 보았다. 다른 민족의 요청도 아니고 같은 민족의 기근에 대해 그 지원 요청을 외면해서 되겠는가.

북핵 등 정치적인 문제와는 별도로 북한에 대한 조건 없는 인도적 지원은 두말할 필요도 없이 실시돼야 한다.

핵과 평화

2005년에 내가 대표로 활동하는 국회 동북아연구회와 참여연대 군축평화센터, 평화네트워크, 환경운동연합 등 시민단체가 공동주최한 '한반도 비핵화와 일본 로카쇼무라의 위협'[9]이라는 국제 세미나에 참

---

8 Irish Republican Army(아일랜드 공화국군). 북 아일랜드의 독립과 아일랜드의 통일을 위해 영국과 싸우다 영국의 교도소에 복역 중이던 IRA의 전사 보비 샌즈 등 21명은 1981년 3월 1일 자신들을 전쟁포로로 정당하게 대우해줄 것을 요구하며 릴레이 단식에 들어갔다. 5월 5일 66일간의 단식으로 보비 샌즈가 사망하는 등 총 10명의 IRA 전사들이 차례로 사망, 아일랜드는 물론 전 세계의 양식 있는 사람들에게 큰 충격을 주었다.

9 로카쇼무라 핵연기지는 일본 동북부 아오모리현의 '로카쇼무라'라는 마을에 위치해 있다. 로카쇼무라 핵연기지는 250만 평 대지에 우라늄 농축시설, 저준위핵폐기물 영구처리장, 고준위핵폐기물 임시처리장 그리고 사용후 핵연료 재처리장 등이 들어서 있는 세계 최대의 핵복합시설단지다. 이 시설이 주목받는 이유는 방사능 오염 위험 등 환경적인 우려 때문만이 아니다. 세계 최대의 플루토늄 생산공장으로 평가받는 이곳의

석한 적이 있다. 나는 이 세미나에서 '일본은 세계 최대의 사용후 핵연료 재처리시설을 갖추고 사용후 핵연료를 처리할 뿐만 아니라 원자폭탄을 만들 수 있는 플루토늄을 대량으로 생산하고 있는데, 왜 제지받지 않는가' 하는 의문을 가졌다.

북한의 핵무기도 문제이지만 전 세계적인 핵무기가 오히려 문제다. 과거 박정희 대통령도 독자적으로 사정거리가 더 긴 미사일을 개발하고 핵무기를 개발하려 노력했다. 물론 미국 등의 간섭으로 중지되고 그 연구팀들이 해산됐지만, 어느 나라든 자신의 안보를 위해 핵무기를 개발하려 노력한다. 핵을 가진 나라와 못 가진 나라가 있다면, 그리고 못 가진 나라가 안보적으로 취약하다면 더욱더 기를 쓰고 핵무기를 가지려 할 것이다. 그렇게 해서 많은 나라들이 재처리시설이나 우라늄농축 시설을 공공연하게 또는 은밀하게 건설해 민생용이든 핵무기제조용이든 플루토늄을 생산한다.

이런 상황이 세계 안전에 큰 위협으로 등장하고 있다. 핵 확산의 아킬레스건이라고까지 이야기되는 이 우라늄 농축 및 재처리시설[10] 건

사용후 핵연료 재처리장에서 연간 8톤의 플루토늄을 생산할 수 있기 때문에 더 관심을 끌고 있다. 8kg으로 원자폭탄 1개를 만든다고 가정할 때, 연간 1,000개의 원자폭탄을 만들 수 있다는 계산이 가능해 군사적으로 큰 위험이 된다고 평가되고 있다.

10 원자로의 연로로 쓰이는 우라늄은 우라늄235와 우라늄238이 있다. 원자로 안에서 우라늄235는 핵분열로 에너지를 제공하고 우라늄238은 플루토늄으로 바뀐다. 한국 등의 원자로에는 우라늄235함유율이 3~5%이고 핵무기에는 90% 정도 농축우라늄이 사용된다고 한다. 재처리 공장은 원자로에서 다 쓴 핵연료를 잘라 녹여 강렬한 방사선을 가지는 핵분열 생성물에서 플루토늄과 타다 남은 우라늄을 분리한다. 이 플루토늄은 핵무기 재료로 쓰이기도 하고 우라늄과 혼합해 원자로 연로로 다시 쓰일 수 있다.

설은 — 핵무기를 가진 나라가 그 폐지에 대한 노력 없이 못 가진 나라에게만 핵을 만들지 말라는 불평등의 상황이 존재하는 한 — 진행될 수밖에 없다.

코피 아난 전 유엔사무총장도 2005년 "우라늄 농축과 재처리라는 연료 사이클에서 가장 기밀한 부분을 수십 개국이 개발해 단기간에 핵무기를 만드는 기술을 가지면 핵확산 방지체제는 유지할 수 없다. 한 나라가 그런 길로 나아가면 다른 나라도 그렇게 해야 한다고 생각한다. 그렇게 되면 온갖 리스크, 즉 핵의 위법 거래나 테러리스트 등에 의한 악용, 국가에 의한 사용 가능성이 높아진다"고 말해 현재 진행 중인 핵확산의 위험을 경고했다.

그러므로 핵무기를 더 이상 만들지 않는 것도 중요하지만 지금까지 만든 핵무기를 폐기하는 계획의 수립과 실천이 함께 진행돼야 한다. 더구나 냉전대립 시대 핵무기로 중무장했던 미국과 러시아가 핵무기 폐기를 위한 협정을 맺고 그 이행 계획을 세상에 내놓아야 한다. 그리고 도덕적, 정치적 힘을 토대로 더 이상 핵무기를 개발하지 못하도록 세계 평화를 강력히 선도해야 한다.

핵무기와 원자로는 이처럼 밀접한 관련이 있어 서로 떼어놓기 쉽지 않은 데다 원자로 자체도 평화적 이용이라는 긍정적인 면보다는 사고 등으로 인한 방사능오염 위험이 높기 때문에 그 사용에 대한 장기적인 재검토가 있어야 한다. 결국 핵무기뿐만 아니라 장기적으로는 핵발전소도 영구적으로 폐쇄하여야 한다.

그동안 크고 작은 핵발전소 사고가 자주 보고되고 있다. 미래의 더 큰 사고에 대한 준엄한 경고다. 아무리 견고한 콘크리트로 핵폐기물 임시 또는 영구보관시설을 만든다고 해도 오랜 세월이 지나 그 콘크리트에 금이 가서 방사능이 지하수를 오염시키지 않는다고 누가 보장할 수 있는가. 또 수명이 다 된 핵발전소는 10만 년 동안 관리해야 한다는 보고도 있는데 그 긴 세월 동안 누가 안전성을 누가 보증할 수 있는가.

그것은 재앙이 될 것이다.

지난 1986년 발생한 우크라이나 체르노빌 핵발전소 폭발사고[11]에서 잘 알려졌듯 핵발전소는 사고의 위험을 항상 안고 있다. 2011년 발생한 지진과 쓰나미로 일본 후쿠시마 핵발전소에 사고가 난 것도 천재지변으로 인한 핵발전소 파괴와 방사능 오염의 위험성을 충분히 보여줬다. 나는 후쿠시마 핵발전소의 사고를 듣고 세계 최대의 핵 복합시설이 들어있는 로카쇼무라에 그런 자연재해가 덮친다면 어떤 일이 생길까 생각했다.

그 외 핵 발전소의 크고 작은 사고는 많다. 이로 말미암은 각종 방사능 재해에 관한 보고도 많다. 핵발전소에서 생긴 사용후 핵연료를 어떻게 처리하고 있으며 그 비용은 얼마이며 과연 안전한가 하는 문제에 대해 궁금하다. 우리도 재처리공장을 가동하면 플루토늄을 분리해낼 수 있을 것이다. 이처럼 핵발전소는 그 자체로 너무 위험하다. 또 지금은 상대적으로 저비용일지 모르지만 미래의 관리비용까지 계산하면 결코 저비용이 아니다. 미래 후손의 안전한 생활을 염두에 둔다면 타산이 맞지 않다. 더구나 핵발전소는 북한에서 보듯 핵무기 개발과 밀접한 관련이 있다. 그러므로 인류가 이제 지혜를 모아 장기적으로 핵발전소를 없애자고 결정해야 한다.

핵무기를 가지고 평화를 논의하는 것은 어불성설이다. 나는 정의(正義)이기에 핵무기를 가져도 되고 너는 불의(不義)이기 때문에 핵

---

11 1986년 구소련의 우크라이나 지방 체르노빌에서 발생한 핵발전소 폭발사고. 이 폭발사고로 수많은 사상자가 발생했으며 갑상선암 환자 등 후유증이 계속 발생하고 있다. 이 사고 이후 일부 국가에서는 핵발전소의 영구 폐기를 계획하기도 했다.

무기를 가져서는 안 된다는 논리는 상식과 형평에 맞지 않는다. 빼앗을 수 없는 '평화적 핵 이용 권리'도 존재하지 않는다. 핵을 이용해 평화적으로 이용한다는 것이 사실상 군사적으로나 환경적으로나 불가능하기 때문이다.

이제 우리는 기존의 핵무기를 당장 없앨 준비를 시작하고 핵발전소도 대체 에너지 개발을 서두르면서 장기적으로 모두 폐쇄할 준비를 해야 한다. 물론 북핵도 여기에 포함된다.

평화란 인류 역사만큼이나 오랜 세월 준비됐다 부서지고 다시 준비되고 다시 깨져왔다. 그만큼 어렵지만 또 그만큼 소중하다. 무수한 도전 앞에서 평화를 실현하려 노력한 사람들의 희생과, 불가능을 넘어서려는 불굴의 의지와 노력이 있었기 때문에 지금의 인류가 유지되고 있는지도 모른다.

북핵문제도 남북관계도 어렵다. 어떻게 보면 평화적으로 해결하는 것이 불가능해보일 때도 있다. 그러나 불가능해 보이는 상황을 뚫고 이룩한 것이 지금까지의 평화이며 우리가 지금부터 해야 할 일이다.

4 민주주의와 나의 운명

우리 민주주의

내 민주주의는 교과서도 아니고 서적도 아니다. 경험 속에서 그 기초가 생겨 발전했다. 물론 민주주의 선진국들의 경험과 역사가 중요하고 또 참고할 만하지만 내 민주주의는 1980년 서울의 봄과 광주항쟁의 한복판에 자리 잡았다. 그런 극적인 경험을 통해 민주주의를 배웠다.

우리 세대는 대부분 그렇게 민주주의를 배웠다. 산업화의 열풍 속에서 정든 고향을 뒤로하고 서울에 올라와 가장 열악한 생활환경과 노동조건 속에서 생존하며 생활하며 자신과 동료의 권익에 대해 생각하며 조금씩 민주주의를 배웠다. 격동의 1970년대와 80년대를 두 눈으로 보며 또는 직접 체험하며 체득해온 것이 우리 세대 민주주의의 형성과정이다.

유럽에선 1917년에서 23년 사이에 그리고 1944년에서 49년 사이 파시즘과 싸우며 민주주의의 획기적 전기를 마련했듯, 우리도 독재정권과 긴 싸움 끝에 결국 민주주의의 전기를 마련했다.

그런 의미에서 우리 민주주의도 싸워서 얻어낸 것이다. 수많은 사람들의 희생을 딛고 이뤄진 것이 민주주의다. 마치 유럽에서 파시즘과 싸우기 위해 급진적 자유주의자, 기독교민주주의자, 사회주의자, 공산주의자 등이 연합해 싸우고 그것에 기초해 유럽 민주주의의 토대를 굳건히 했듯 우리도 군사독재에 반대하는 모든 세력이 연합해 지금의 민주주의 토대를 구축했다.

이것을 잊어서는 우리의 민주주의를 제대로 이해할 수 없다. 한 나라가 민주주의를 이뤄낸 역사는 그 나라 민주주의의 특성을 규정한다. 그것이 과거의 일로 그치는 것이 아니라 미래까지 규정하는 역사적 힘이나 전통으로 작용하기 때문이다. 혁명의 전통을 지닌 프랑스나 유럽이 안정적일 때는 조용하다가도 위기가 생기면 시민들이 직접 들고 일어나는 것도 그런 전통 덕분이다. 그리고 그런 집회나 전국적인 항의는 계급이나 계층 또는 직업을 떠나 범시민적 힘으로 나타나는 경우가 대부분이다. 미국이나 일본 등의 나라에서는 좀처럼 그런 역동적인 일이 없다. 미국이나 일본이 유럽보다 문제가 적은 나라이기 때문이 아니라 민주주의의 전통이 그렇기 때문이다.

우리나라도 유럽처럼 대의민주주의를 확립해 지향하면서도 시민이 직접 참여하는 직접민주주의에의 경향이 강한 나라다.

그리고 우리 민주주의가 마련된 것이 1980년대 후반이기 때문에 아직 그 토대가 튼튼하지 못하다. 대통령과 국회의원 그리고 지방자치단체장과 지방의원들을 선거로 뽑는다는 의미는 크지만 우리 사회를 지탱하는 기본 의사결정 단위에서 민주주의 훈련은 잘 안 돼 있다. 종종 돈으로 또는 이권으로 또는 힘으로 결정된다. 이는 천박한 자본주의의 무절제한 측면으로 볼 수 있다. 주민의 생활과 직접 연관이 있는 기본의 의사결정 단위에서 그런 모습을 방치한다면 우리 민주주의는 형식에만 그칠 수 있다.

예를 들어 지방의 상공인회가 그 지역의 상공인들의 진정한 애환을 대변하는 지도부를 선출하기보다는 돈 많고 힘 있는 여당 유력인사를 회장으로 추대하는 등의 전통을 깨지 않는 한 고통에 찬 자영업자들의 신음을 대변할 수 없다. 기초단위까지 민주주의를 확대해야 이것을 토대로 다시 정책정당의 기초를 만들 수 있다. 이렇게 돼야 우리 정치나 정당의 현대적 발전과 진화를 도모할 수 있다.

우리 민주주의는 오랫동안 분단과 이념대결의 전쟁과 냉전 속에서 사상의 자유로운 표현을 금지당하는 한계를 겪어왔다. 비록 지금은 조금씩 그 한계를 벗어나고는 있지만, 이른바 진보나 진보적 영역을 포괄하는 민주주의는 정지돼 있거나 더디게 발전하고 있다. 그래서 우리 민주주의에는 생각의 다양성이 부족하다.

남북분단의 상황을 고려하더라도, 국가보안법의 존재는 우리 민주주의의 부끄러운 자화상 중 하나다. 국제사회로부터 국가보안법의 찬양 · 고무 조항의 즉각 폐지 그리고 장기적으로 국가보안법의 전면 폐지를 여러 차례 권고받고 있는 것만으로도 우리 민주주의의 부족함을 알 수 있다. 국가보안법은 진보주의자들의 배타적 주장에 의해서가 아니라 보수 진보를 망라한 참된 민주주의자들의 공동의 주장에 의해 공세적으로 폐지돼야 하는 것이다.

사람은 못하게 하거나 금지하면 더 호기심이 들어 해보고 싶은 법이다. 무엇이든 그것이 강압이 아니고 자유로운 의사에 의한 것이라면 그리고 남에게 피해를 주지 않는 것이라면 그 주장과 표현을 보장해주는 것이 민주주의에서는 타당하다.

나는 민주주의를 위한 역사적 싸움의 한복판에서 내 인생의 가장 중요한 청년시기를 보냈다. 그렇기 때문에 민주주의에 대한 나의 믿음은 매우 크다. 그러나 진정한 민주주의자로 살아가기 위해 또 다른 노력이 필요하다는 사실도 잘 알고 있다.

어느 나라 어느 시기에나 기존의 가치와 그에 반하는 가치를 가지고 대립하는 세력이 있다. 이런 대립을 총이나 칼이 아닌 선거라는 제도로 정착시킨 것이 민주주의의 요체다. 나라 전체로 볼 때 진보나 보수보다 더 중요한 것이 민주주의다. 19세기 혁명의 시기 유럽 좌파는 구소련이나 동구와는 다른 길을 걸었다. 혁명보다는 의회를 통한 사회주의의 가치의 실현을 결과적으로 또는 의도적으로 추구했다. 이 노선은 구 소련과 동구권으로부터 수정주의로 비난받았다. 그러나 세월이 흘러 민주주의에 실패한 소련과 동구는 그 진보적인 가치의 구현이라는 구호에도 불구하고 구체제, 보수체제로 규정당하고 이 세상에서 퇴출됐다. 특히 스탈린 독재는 독재의 대명사가 됐다.

누구나 아는 이야기를 인용하는 이유는 우리 사회 내에서 어떤 주장이 자기 마음에 들지 않으면 친북이니 종미니 하고 규정하는 것을 종종 보기 때문이다. 민주주의에 대한 우리 사회의 인식이 한심스럽기 때문이다. 정치 사회적으로 세계적 범주에서 한 시대는 지나갔고 가치도 변했다. 모두가 변했는데 자기 혼자 변하지 않는다면 그는 변화에 둔감하거나 독재자의 기질을 갖고 있기 때문이다.

낡은 이념의 대결시대는 지나갔다. 그 시대가 지나갔다는 말은 그 시대의 개념조차 무용지물이 됐다는 것을 의미한다. 2010년대에 사는 우리 중 일부가 아직도 그 시대의 지나간 용어를 쓰며 우리 민주주의를 갉아 먹고 있다면 그것이 진보든 보수든 정말 한심스러운 일이다.

나는 우리 사회의 민주적 소양이 중요하다고 생각한다. 나는 나와 반대되는 가치관을 가지고 있는 사람들뿐만 아니라 우리 내부에도 민주적 소양이 부족한 사람들을 자주 만난다. 민주적 소양이 있는 사람이란 어떤 경우든 문제를 민주적으로 풀어가며 그 결과를 모두에게 유익한 방향으로 만들어나가는 사람을 의미한다. 그리고 여기서 말하는 문제의 범위는 내부문제뿐 아니라 외부와의 관계를 포함해 상대 당이

나 국가까지도 포함한다.

민주적 소양이 있는 진정한 민주주의자가 되기 위해 노력하는 것이 우리 민주주의의 품격을 높이는 것이다.

다른 면에서 우리 민주주의에 대해 생각해 본다.

자신을 스스로 완전한 민주주의자라고 말하면서도 어떤 수준에서는 이를 달리 해석하는 불완전 민주주의자를 많이 봤다. 특히 노동이나 노동자, 노동조합을 민주사회의 정당한 주체로 인식하지 못하고 이를 배척하려는 심리적 경향이 우리 주변에 상당히 많고 깊다. 잘 알려진 한 재야인사도 자신이 책임자로 있는 현장에서 결성된 노동조합의 활동을 이해하지 못하거나 그 주장의 정당성을 인정하지 않는 차별적 태도를 보이기도 했다.

건강한 노동은 우리 사회의 미래를 결정한다. 피고용자의 노동이라는 개념에서 일하는 사람들이라는 개념으로 확대해 보면 이 땅의 일하는 사람들이 이 나라의 미래를 결정한다는 말을 충분히 이해할 수 있다. 대기업과 중소기업 간, 중소상공인과 영세상공인 간, 대형유통업체와 재래상인들 간, 정규직 노동자와(또는 실질적인 사용자와) 비정규직 노동자 간, 내국인 노동자와 외국인 노동자 간의 진정한 민주주의 등 지금 우리 사회에서 민주주의가 절실히 필요한 곳은 수를 헤아릴 수 없다. 이것을 해결하는 또는 해결할 수 있는 의사소통의 관행이나 제도를 만들지 않고서는 우리나라 민주주의가 더 성숙할 수는 없다.

민주주의는 심오한 것이며 오랜 역사 속에서 자라온 것이다. 일시에 성숙되지 않는다. 우리 사회가 말 그대로 세계 역사상 가장 빠르게 산업화를 이루고 민주화를 달성했다고 했을 때 그 말은 사실이다. 하지만 그것은 산업화와 민주주의의 계속적인 전진이 있을 때에만 가능한 것이다. 산업화와 민주주의가 멈추어 서면, 이만하면 됐다고 발전하지 않으면, 그 순간부터 우리의 산업과 민주주의는 죽는다.

선거를 통한 정권교체의 전통만을 보고 이제 민주주의를 이뤄냈다고 생각하는 사람들은 대체로 그 이상의 권력과 이익의 분배에 반대하는 사람이다. 어떤 지점에서 민주주의가 멈춰 선다는 것은 끝없이 싹트고 분화하면서 자라야 할 수많은 인간다운 삶이나 가치의 실현이 중단된다는 것을 의미한다. 그리고 그런 분화와 진화는 권력을 가진 기득권이 친절하게 쥐어주는 것이 아니라 끝없이 새로운 삶과 가치를 추구하는 사람들이 조금씩 찾아오는 것이라 생각한다. 우리 민주주의는 사회의 모든 구성요소 속으로 점점 깊어져가야 한다.

개인의 자유, 권리, 인권, 사생활 보호 등 이른바 개인적 영역에서의 민주주의에 대해 생각해본다. 민주주의가 사회 기본단위에서의 민주주의로 심화되는 것과 함께 이를 구성하는 개인 영역에서 확장해나가는 것은 민주주의의 참뜻을 되새길 수 있게 해준다. 개인 영역에서 민주주의적 여러 권리의 확대, 그런 방향으로의 고무, 그런 경향으로의 촉진 같은 것이 우리 민주주의에서 매우 강조돼야 한다. 그러나 정작 우리 현실에서는 그 반대방향이나 경향이 자주 보인다.

요즘 우리 사회에서 어떤 부정적인 면을 일시에 강조하는 분위기가 되면(주로 언론이 그렇게 부추기지만) 개인의 자유나 권리를 더 제한하려고 노력한다. 또 기타의 방법으로 어렵게 얻어낸 개인 영역에서의 민주적 가치를 너무 쉽게 훼손시키는 것을 별 거리낌 없이 받아들이는 사람들을 종종 본다. 무슨 사고가 터지면 그렇게 된 사회경제적 근본 원인에 대한 성찰 없이 무엇을 위반한 개인에 대한 처벌 강화, 처벌 범위의 확대 등의 논의를 여야를 막론하고 너무나 쉽게 한다. 우리 사회의 민주주의 인식이 아직 옅음을 보여주는 것이다.

민주주의자라면 기본적으로 처벌은 후순위이며 예방이 선순위다.

처벌로 좋은 사회가 되지 않기 때문이다. 민주주의자는 무슨 일이 생기기 전에, 또는 생겼더라도 신중하게 그 근본원인을 찾아내서 원인 해소에 집중해야 한다. 그리고 처벌은 그 후 부차적인 문제다.

극단적으로 말해 원인을 잘 찾아 사회적 정치적 해결을 추구하지 않고 자꾸 무엇을 금지하는 법을 만들고, 그것을 위반한 개인을 처벌하다 보면 언젠가는 허락을 받지 않고는 아무것도 할 수 없는 사태가 올 수도 있다. 끔찍한 일이다. 모든 범죄는 개인적 요인보다 사회경제적 요인이 더 크다.

세대 문제는 현대에 이르러 우리 민주주의를 이루는 매우 중요한 구성요소가 됐다. 현대의 속도 빠른 산업 재구성과 정보화 시대의 도래는 편리함과 속도단축의 효과를 만들어주었지만 개인 영역에서의 민주적 가치의 후퇴를 일부 가져오기도 했고, 기성세대의 소외를 가져오기도 했다. 예를 들어 전자 문서의 발급과 이용이 광범하게 확대돼 일부 기관이나 단체에서 전자문서를 강제하면서 이를 배우지 못한 세대의 소외를 낳았다. 민주주의를 하겠다는 민주당도 젊은 정당, 전자정당을 강조하면서 선거 출마 후보자의 서류 작성과 제출을 전자문서로 강제했다. 이는 전자문서에 익숙하지 않은 세대에게 출마를 제한하는 것으로 비춰질 수 있고, 행정편의의 극치를 보여주는 것으로 이해될 수 있다. 다른 당이 다 그렇게 해도 민주당이 그러면 안 된다.

민주당이 정보화 사회의 젊은 정당이면서 연세 많은 세대를 배려하고 존중하는, 따뜻한 민주적 소양을 갖고 있는 정당이라면, 세대 간 균형이나 조화를 조금이라도 생각하는 정당이라면 온라인과 함께 오프라인 접수처를 하나쯤은 마련하거나 또는 하루쯤은 방문접수를 받아주는 자세를 갖고 있어야 한다.

내 어머니는 각종 공과금 고지서가 나오면 본인이 스스로 은행 등에 나가 고지서와 함께 직접 현금을 내는 것을 평생 해오셨다. 그런데 최근 은행에서 그 은행 명의의 통장개설이나 카드발급을 요구하며 현금수납을 안 받겠다고 하는 모양이다. 이것도 아들과 딸에 의지하지 않고 자신의 방식으로 직접 공과금을 내려는 어머니를 의기소침하게 하는 것이며, 자신의 권리와 의무를 자신에게 익숙한 방법으로 다하려는 노력을 받아주지 않는 것이다. 이는 사회의 정당한 구성원으로서 어머니를 점차 소외시키는 것이다.

다른 예를 들어 보자. 성북구에 대형 유통센터가 들어왔다. 젊은이들은 이를 선호하지만 어머니 세대는 이런 것이 낯설다. 어머니 세대가 이 같은 대형매장에 가면 우선 뭐가 뭔지 모르고 결국 같이 간 며느리의 지시대로 움직일 수밖에 없다. 어머니 세대는 재래시장이 훨씬 더 정답고 생리에 맞는다. 민주당이 대형매장과 재래상인들의 균형과 조화를 생각했을 때는 그런 세대적 균형과 배려를 미리 염두에 두어야 한다. 노인세대 배척 경향을 우리 사회의 소수자 문제로 확대해 보면 더 심각한 구조적 소외에 봉착하게 된다.

나는 이른바 386세대의 맏형이라고 불렸다. 지금은 당시 386세대가 40대가 되었으므로 486으로 불려야 마땅하지만, 그때나 지금이나 나는 386세대도 486세대도 아니다. 오히려 내 일생이 말해주듯 굳이 말한다면 모래시계 세대거나 6월항쟁 세대라는 말이 맞다.

내가 386세대의 맏형으로 불린 것은 내가 정치에 입문하기 이전 비교적 긴 기간을 재야 민주화 운동을 하며 지낼 때 주로 이인영, 임종석, 오영식 등 당시 전대협세대들과 같은 뜻을 가진 활동가로서 우정이나 경험을 나눈 탓으로 보인다.

그러나 나는 이들 후배 정치인들과는 다른 환경에서, 다른 경험 속에서 살아온 지금의 50대를 대변하고 싶은 정치인이다. 우리는 학생운동 경험에서부터 많이 다르다. 우리는 아주 혹독한 군사독재 초기 시대의 칼날을 정면으로 맞으며 살아왔기 때문에 희생이 컸으며 상처도 깊었다. 단기 정세에 대해 매우 비관적이었다. 그래서 대중적 고립 속에서 놀라운 용기를 내 지사형으로 거사하거나 아주 신중한 자세로 장기전적 자세로 살아왔다. 그러는 도중 일부 지사들은 너무 어려운 현실 속에서 스스로를 비관하며 자조 섞인 시니컬한 태도를 지니게 됐는지 모르겠다.

반면에 386후배들은 우리와는 달리 전문적 대중적 힘을 바탕으로 광범하게 연대하며 군사독재에 대중적 전선을 형성하고 싸웠기 때문에 외롭지 않게 민주화 운동에 뛰어들 수 있었다. 그로 인해 그들은 우리보다는 비교할 수 없이 낙관적이고 전투적이었다. 역사적으로 즐겨 불렀던 노래를 비교하더라도, 우리가 술집 어디에선가 다소 애조 섞인 〈타는 목마름으로〉 같은 노래를 구슬피 부르고 있었다면, 후배들은 그런 선배들을 나약한 지식인으로 비판하며 애상에서 벗어나 〈광주 출정가〉나 〈전대협 진군가〉 같은 전투적인 노래를 불렀을 것이다. 물론 그 사이 '광주항쟁'이라는 피맺힌 계기가 많이 작용한 탓도 있다.

학생운동의 환경 차이는 그 이후에도 그대로 나타났다. 정치참여에 대해 좀더 신중한 태도를 보이던 선배 세대에 비해 386세대는 특유의 낙천적 경향을 그대로 발휘하며 현실 정치에 더 많이 참여하고 과감히 진출했다.

물론 나는 1970년대뿐만 아니라 80년대 전체를 민주화운동 속에서 살아왔기 때문에 술좌석에서나 어디에서나 두 세대와 잘 어울렸다. 나는 〈타는 목마름으로〉 유의 애조 섞인 노래도 잘 불렀지만, 거리에서 또는 집회장에서는 1980, 90년대의 행진곡 풍의 노래도 많이 불렀다.

그러나 나는 지금도 70년대의 애조 섞인 노래가 더 마음 속에 남아 있는 돌이킬 수 없는 50대다.

2004년 총선 당선 직후 저자가 386의원들과 함께 5·18 광주민주화운동 묘역을 참배하러 가는 모습.

아마 이런 차이는 정치권에서뿐만 아니라 사회 전체에서 이들 세대 간 기질을 보여주는지는 잘 모르겠다. 그러나 너무 어려운 시대를 혼자의 결단을 중심으로 저항한 세대와 민주의 힘이 성장한 시대에 여럿이 함께 저항하며 살아온 세대는 여러 가지 면에서 분명 차이가 있다.

나는 '세대교체'라는 말을 싫어한다. 언론에서 자주 쓰며 일부 정치인들도 자주 쓰는 이 말이 주는 어감은 아버지 세대로부터 이어져 온 것을 부정한다는 의미가 함축된 것 같아 더욱 그렇게 느낀다. 가치를 포함해 모든 것은 혁명적으로 교체될 수 있지만, 인간으로서 세대는 계승되며 발전한다고 생각한다.

김대중 대통령 집권말기 일부 정치인들이 세대교체라는 말을 사용했을 때부터 나는 그런 용어에 동의하지 않았다. 지금도 그렇다.

나는 2002년 민주당 전당대회에서 당 지도부 선거에 출마했을 때, 나는 세대문제에 대해 노장청(老壯靑)의 조화와 협력을 들었다. 그리고 세대를 잇는 든든한 다리가 되겠다고 했다.

나는 어떤 모임에서도, 예를 들어 내가 좋아하는 배드민턴 클럽에서도 리더가 세대 간 차이를 균형 있게 잘 풀어가면 그 클럽이 융성하고, 그렇지 못한 경우에는 회원들 간 이합집산이 생겨서 해산되는 것을 여러 해 동안 여러 곳에서 지켜봤다. 당도 나라도 마찬가지라고 생각한다. 때때로 젊은 지도자가 나올 수도 있지만 그때라도 노장청의 조화를 잘 이끌 지도자여야 한다. 젊은 미국 대통령 오바마는 그런 세대적 균형을 누구보다 잘 이해한 리더로 평가된다.

더구나 노인세대가 증가하는 동시에 사회구성원으로서 노인세대가 정치적 소외를 겪는 지금, 노장청의 조화는 민주주의의 근본문제라고도 볼 수 있다.

민주당은 지난 지방선거에서 젊은 지도자군이 정치 전면에 많이 등장했다. 이것은 좋은 일이고 희망을 주는 일이다. 그중 안희정 충남도 지사와 송영길 인천시장의 당선, 다수의 젊은 기초단체장과 광역의원, 기초의원 당선은 민주당을 크게 고무했다. 비록 무소속이지만 김두관 경상남도 도지사의 당선도 앞으로의 통합과 연대의 좋은 선례를 남겼다고 본다. 이인영 최고위원의 당내 활동도 두드러진다.

이제 민주당의 미래희망인 이들이 노장청의 조화 속에 세대 간 균형과 조화를 이끌어나가는 데 좀더 노력하기를 희망한다.

우리 민주주의의 가장 큰 적은 지역주의다

나는 전남 함평에서 태어났다. 내가 고향 함평에서는 출마하지 않겠다고 했을 때, 나는 이미 지역주의의 폐해를 직접 느끼고 있었다. 내 정치는 그런 바람에 의지하지 않겠다는 의지를 피력한 것이다. 나는 지역벽이 가장 엷다고 할 수 있는 서울을 선택해 내 힘과 노력으로 당선되고 싶었다. 나름대로 지역주의와 싸워 이기고 싶었다. 이런 동기로 1992년부터 서울 성북(을)지역에서 출마해 오늘에 이르고 있는 까닭에 내 고향이 함평이라는 사실을 모르는 사람도 많다.

그러나 우리 정치의 현실은 어떠한가. 지역주의가 우리 민주주의의 가장 큰 적이 돼 버렸다. 민주주의는 누구든 공정하게 경쟁해 선거를 통해 정책이나 후보를 결정하는 것인데 지역주의 앞에서는 정책도 사람도 무용지물이 된다. 아무리 정책이 훌륭하고 사람이 똑똑해도 지역주의 앞에서는 모두 제물이 됐다. 이 사태를 해결하려는 시도는 있었다. 이른바 전국정당화라는 슬로건은 많았다. 내가 직접 관여한 신민당, 민주당, 새정치국민회의, 새천년민주당도 그랬고, 열린우리당도 중요한 기치가 전국정당화였다. 그러나 실질적인 전국정당화를 이루는 데는 모두 실패했다.

열린우리당 창당을 반대하면서도 막상 창당이 이뤄지자 그래도 "이 나라 정치를 개혁하려 한다면 시도는 해봐야지" 하고 생각하고 동의한 까닭이 창당의 주요목표인 '지역주의 극복을 통한 전국정당화'였다. 그러나 열린우리당의 용감한 시도도 지역적 고립이라는 현실에 직면했을 뿐이다. 그만큼 현실의 벽은 높고 단단했다.

그러나 지난 지방선거에서 상당한 변화가 일어난 것에 기대를 걸고 있다. 전통적 한나라당 우세지역인 경남, 충북, 충남, 강원 등에서 민주당이나 무소속이 당선된 것이다. 아직은 반한나라당 정서에 기인된 것으로 보여 정확한 민심은 알기 어렵지만, 분명 지역주의에 균열이 온 것은 사실이다. 여기에 더해 다음 총선에서 열세지역 민주당 인사에 대한 비례대표의 대거 배정, 기타 석패율 제도의 도입 등을 가미한다면 망국적 지역주의의 벽을 넘을 수도 있을 것이다.

고 노무현 전 대통령이 선도적으로 감행한 부산 출마 등이 뒤를 이어 나타나 신선한 바람이 계속 불어온다면 지역주의도 조만간 사라질 것이다. 그렇게 해서 지역주의에 의지하는 당선도 사라지고 공천도 새로운 기준으로 이뤄지는 전국정당을 소망한다.

열린우리당 후신 대통합민주신당이 위기에 처했을 때, 당 사무총장으로 들어가 구 민주당과 통합을 완료하고 지금의 민주당 초대 사무총장을 지낸 바 있다. 민주당에 대한 나의 관심과 애정은 크다. 내가 사무총장으로 있으면서 우여곡절도 있었지만 민주당에 대한 사랑은 변함이 없다.

지난 2008년 총선에서 민주당 선거사상 서울에서 최대의 패배를 당한 직후 나는 수도권의 젊은 위원장 20여 명과 함께 이 엄청난 패배에 대해 의견을 나눈 적이 있었다. 그때 우리는 "우리가 무엇을 한 것이냐"

며, 총선 전 "우리가 한 일이 초심을 잃었음을 반성하자"고 했다.

나는 당시 386정치인들이 당과 정부에서 중요한 일을 수행했기 때문에 이미 기성 정치인이 됐으며, 누구에게 책임을 돌릴 것도 없이 당에 대한 비판은 곧 우리 자신에 대한 비판이라고 반성했다.

한나라당과 달리 민주당은 권력이나 힘에 의지하지 않고 국민들의 자발적 참여와 지지로부터 자양분을 얻고 살아온 정당이다. 이 정당이 집권하자, 그것도 두 번이나 집권하자 그런 정신을 잊은 것이 지난 총선의 패배 원인이라고 우리는 생각했다.

나는 스스로 '더 낮은 곳으로'라는 자세를 잊지 않겠다고 다짐하면서 전국의 민주당 위원장들이 그런 마음을 갖고 지역에 깊게 뿌리를 내렸으면 하는 기대를 갖고 있다. 국회의원 선거나 기타 선거에서 주민의 사랑을 받고 당선되는 것은 정치인으로서 최고의 영광이다. 그러나 요즘 들어 어떻게 당선됐느냐가 더 중요하다는 생각을 많이 한다. 정성을 다하고 헌신하며, 지역에, 주민에 깊은 뿌리를 내리는 정치 그것이 더 필요하고 그래야 의미가 있을 것 같다.

'더 낮은 곳으로'의 자세로 내가 속한 지역사람들의 진짜 모습과 삶을, 생산과 소비를, 그리고 생활공동체로서 지역의 여러 요소들의 기능 등을 새롭게 살펴보고 그 속에서 작은 가능성이라도 발견해 주민들과 공유할 수 있다면 그것이 참된 정치라고 생각한다.

한 번 당선되는 것이 중요한 게 아니고 제대로 된 정치인으로 당선되는 것이 중요하다.

어느 도시를 걸으며 '걸어서 평화 만들기'라는 국토순례를 하고 있을 때 함께 걷고 있는 그 지역 위원장에게 지금 우리가 걷고 있는 길을 이전에 걸어본 적이 있는지 물었다. 그 원외위원장은 이 길은 차 타고는 가봤지만 걸어서 간 적은 없다고 대답했다. 분명히 그 위원장의 지역구이고 또 사람이 걸어다닐 수 있는 길인데 걸어간 적이 없다고 해 내가 말했다.

> "걸어봐야 길이 보입니다. 길이 보여야 다니지 않는 길도 보이고, 그 길을 걷는 사람도 보입니다. 앞으로 걸어보십시오."

민주당이 앞으로 다른 정당과 통합해 나아갈지 아니면 연대해서 나아갈지 알 수 없지만, 어떤 경우에도 그 중심에 서야 하고, 중심에 서려면 스스로 강해져야 하고, 그러려면 사람들이 가장 원하는 위치에 민주당이 스스로 서야 한다. 스스로 찾아 나서는 것 외에 방법은 없다. 진실로 길을 찾는 사람에게는 기어이 길이 보일 것이다.

식당의 경우 손님이 고개만 들어도, 손짓만 해도, 심지어는 눈빛만 보내도 달려오는 종업원이 한 명 있으면 그 식당은 잘 된다. 대개는 바쁜 척하고(실제로 바쁘기도 하다), 봐도 못 본 체하고, 들어도 못 들은 체한다. 민주당은 이제 국민이 눈빛만 보내도 달려가는 정당이 돼야 한다. 그러려면 민주당은 국민들의 눈빛이 언제나 닿을 수 있는 그런 곳에, 항상 가장 낮게 서 있어야 한다.

나의 운명

사람들은 운명이라는 말을 어떤 의미로 쓸까.

사전적 의미로는 '인간을 포함한 세상을 움직이는 초자연적인 힘'이라고 한다. 자신의 뜻과 의지와 상관없이 주어지는 어떤 길이 운명이라면, 내 운명은 1980년 5월 18일 단지 서울역 시위주동의 수배를 피해 학살과 항쟁의 도시 광주로 내려간 것이 아닐까 싶다. 이처럼 기막힌 운명이 있을까.

내가 그해 고대 총학생회장 선거에서 당선된 것은 운명이 아니다. 내가 알고 선택했으니까. 그리고 그해 서울역 시위로 수배된 것도 운명이 아니다. 내가 충분히 예상할 수 있었으니까. 내가 출소 후 그래도 내 이름을 알릴 수 있는 공개운동을 거부하고 1980년대 중후반을 이름도 없이 '저 낮은 곳을 향해' 나아갔던 것도 운명이 아니다. 어떠한 난관이라도 심지어 일생을 그렇게 살다 이름 없이 죽더라도 괜찮다는 각오가 있었으니까.

확실히 내 운명의 길은 80년 5월 18일 서울역에서 기차를 타고 항쟁의 도시 광주로 내려간 것에서 시작됐다. 아무것도 모르고 내려간 그곳에서 상상할 수도 없고, 감당할 수도 없는 엄청난 사태를 운명처럼 본 것이다. 마치 누군가에 이끌려온 것처럼 나는 그렇게 광주에 서 있었다. 나는 그때 갓 태어난 아이가 됐다. 지금까지 내가 보고 듣고 배운 것이 무너져버리고 그 자리에 텅 빈 백지 한 장이 들어선 것이다.

그로부터 나는 모든 것을 다시 시작해야 했다. 마치 텅 빈 백지에 하나하나 이름을 적어가듯 사람도 다시 만나고 새로운 연필과 책으로 다시 공부하며 살아왔다.

내가 1982년 의정부 교도소를 출소한 후 공개운동을 버리고 이름 없는 낮은 곳을 찾아 이름 없는 활동가로 살아가기 시작한 것은 항상 노동과 가까이해야 건강해진다는 생각 때문이다. 어떤 노동이든 일하는 것은 순결하고 유익하며 남을 돕고 사회를 건강하게 해준다. 자신이 일하지 않더라도 일하는 사람들과 가까이 하며 보고 듣고 느끼는 것도 건강한 삶과 사회에 대한 관점을 제공해주기 때문에 유익하다. 일하는 사람만이 자신을 개발하고 사회를 변화시키며 세상을 진화시킨다.

고용했거나 고용됐거나 건강하게 일하는 사람은 언제나 아름답다.

내 정치의 이면에는 노동의 사회, 노동의 국가, 노동의 세계라는 관점이 깔려있다. 건강한 노동의 관점에서 그 사회의 미래, 국가의 미래, 세계의 미래까지도 볼 수 있다는 의미에서 그렇다. 노동이라는 단어가 부담스러운 사람이 있다면 일하는 사람이라고 해도 괜찮다. 이것도 나를 저 낮은 곳을 향해 살도록 만든 운명적 가치관이다.

한반도에 사는 우리 민족은 같은 운명이라고 말할 수 있다. 우리 민족 어느 구성원도 우리 민족과 한반도의 운명으로부터 완전히 자유로울 수 없다. 그러므로 내 운명도 우리 민족과 한반도와 같이한다.

같은 운명을 지닌 민족과 한반도가 적대하며 갈라선 지 66년째다.

이제 우리 세대가 새로운 한반도의 시대를 열어야 한다. 그것은 남북관계를 평화적으로 발전시켜 우리 세대 안에 평화통일의 새 시대를 여는 것을 의미한다. 남북관계의 발전이 한시도 지체할 수 없는 것이며 우리 민족의 운명을 결정하는 것이므로, 모든 것을 걸고 모든 노력을 다해 하루 빨리 해결해야 할 민족 최대의 과제라는 사실을 잘 알고 있기 때문에 그렇게 말하는 것이다. 이 문제가 잘 해결되면 우리는 정치 경제 등 모든 면에서 한 단계 높은 발전을 이룩할 수 있다.

이것이 80년 나를 항쟁의 광주로 이끌었듯 이제 나를 새롭게 이끌 내 운명일 것이라고 생각한다.

지금 나는 정치적으로 매우 중요한 고비에 서 있다.

2008년 민주당 사무총장과 제 18대 총선 선거대책본부장을 끝으로 중앙정치 무대를 떠나 오로지 지역활동에만 전념하고 있다.

2008년 총선 실패는 참으로 힘들고 고통스러웠다. 총선이 끝난 지 한 달이 넘도록 계속 총선 꿈을 꾸었다. 어느 모임에 가야 한다며 이리 뛰고 저리 뛰며 허둥대다가 꿈에서 깨어나곤 했다. 그러나 나보다 더 힘들어했던 사람들은 나를 말 그대로 열렬히 지지했던 사람들이다. 그들은 내게 정치의 희망을 걸었던 사람들이다. 그들은 2008년 선거가 어느 때보다 중요하다고 여기고 지금까지 5번의 총선 중 가장 열심히 내 당선을 위해 밤과 낮을 가리지 않고 헌신했다. 하지만 선거에 실패하자 그들의 억장이 무너졌다. 내 아픔보다 억장이 무너진 그 지지자들 앞에 설 용기를 잃었다.

아무리 술을 먹어도 취하지 않았고 사람을 보아도 생각이 나지 않는, 그야말로 폐인의 지경에 다다르기도 했다. 아마 그때 내 평온한 미소 뒤에 숨어있던 그 격렬한 폭발은 참으로 치명적이고 은밀했다.

그리고 그걸 이겨내고 마음의 평정을 되찾은 것은 2009년 술과 담배를 끊고 '걸어서 평화 만들기'라는 국토대장정을 하고 나서였다. 나는 걸으면서 가슴에 난 불을 조금씩 진화했고 오늘에 이르렀다. 물론 걷는 기간에 노무현 대통령의 서거와 뒤이은 김대중 대통령의 서거로 아픔이 있었지만 그때의 걷기가 정신적으로 육체적으로 죽어가던 나를 살렸다.

이렇게 자신과의 싸움을 해나가는 동안 지지자들도 나와 함께하며 아픔을 나누었다. 때론 지쳐 내 곁을 떠나기도 했고 중앙당이나 중앙정치에 나서지 않자 실망하거나 지쳐 원망하기도 했다. 그러나 대부분은 여전히 나를 믿고 재기를 격려하고 있다.

이렇게 말하는 사람들도 있다.

> "김대중 대통령 때 권력을 향해 반대로 가지 말고 무엇을 요구하고 적극적으로 움직였어야지요, 또는 노무현 대통령 때 처음부터 요구하고 그랬어야죠, 다 그렇게 하잖아요."

그러나 그것은 내가 선택한 것이므로 내 운명이 아니다. 그렇다고 내가 다시 그때로 돌아간다 해도 그렇게 하지는 않을 것이다. 그때와 마찬가지로 똑같이 할 것이다. 나는 그런 나이지, 그렇지 않은 내가 아니기 때문이다.

이제 인생의 중대한 기로에서 나는 새롭게 출발하는 마음으로 나와 내 주변을 다시 보고 있다. 마치 1980년 어느 날 운명처럼 만난 광주항쟁 후 내가 모든 기존의 것을 버리고 백지에 새로 한 자 한 자 적어 나간 심정으로 살아갔듯 지난 총선 이후 죽다가 새로 태어난 나는 그렇게 새 출발하고 있다.

분명 나는 이미 그렇게 하기 시작했다.

이 엄혹한 시련의 시기에도 변함없이 내 곁에 남아있는 지지자들은 나에게 때 묻지 않은 순결한 영혼의 맑은 기운을 한없이 불어넣는 사람들이다. 나는 그들과 함께하면서 이제 힘을 얻는다. 때로는 그들이 자랑스러웠고 때로는 그들 앞에 서기가 너무 부끄러웠지만 그들도 이 모진 과정을 지나면서 불순물은 사라지고 순백색만 남았다. 그들의 격려로 나는 전국을 계속 걸으며 내 마음속에서 새로운 사람들의 새로운 스크럼을 보며, 도시들의 재배치를 보며, 사람과 자연의 냄새가 가득 풍기는 잡초가 난 흙길 위를 걷는 사람들의 행복한 미소를 상상한다.

전통과 역사가 살아 숨 쉬며 노동이 존중받으며 그 속에서 첨단기술이 인간의 생명과 존엄을 위해 존재하는 그런 사회가, 남북통일과 함께 찾아올 그 시간을 나는 계산하고 있다.

이제 우회할 길도 없고, 쉬었다 갈 집도 없고, 심지어 되돌아갈 길도 없는 나는 내 길에 굳건히 서서 최선에 최선의 노력을 다하며 운명처럼 다시 다가온 선택 앞에 겸손하게 순응하겠다.

나와 내가 사랑하는 모든 것을 위해!

신계륜은 누구인가

1954년 8월 13일 전라남도 함평군 월야면 월야리에서 아버지 신원식(1920년생), 어머니 장정림(1928년생) 사이에 장남으로 태어남
달밤이 너무 아름다워 '달이여!' 라는 의미의 월야(月也)에서 월야초등학교를 5학년까지 다니다 홀로 광주에 자취방을 얻어 광주 계림초등학교로 전학

1967년 광주 계림초등학교 졸업

1970년 광주북중(지금 북성중) 졸업

1970년 광주고등학교 입학

1972년 광주고등학교 학생회장(전교생 직접선거)

1973년 광주고등학교 졸업

1974년 고려대학교 법과대학 행정학과 입학

1980년 '서울의 봄' 당시 새로 부활된 고려대학교 총학생회 선거에서 총학생회장으로 당선(전교생 직접선거)

1980년 5월 국가내란 혐의로 전국 지명수배

1980년~1982년 봄까지 수감(서울구치소, 안양교도소, 의정부교도소)

1982년~1991년까지 10년간 청년, 노동, 인권운동 등 재야운동(전국노동운동단체협의회 상임집행위원, 전국민족민주운동연합 상임집행위원 등 역임)

1991년 3당 합당(민정, 민주, 공화 등의 3당 합당)에 대항해 범야권 통합(범민주세력의 총 단결)을 통한 민주정부 수립을 주장하고 실천하다 정계에 입문

1992년 민주당 성북(을) 지구당 위원장, 민주당 당무위원

1992년 제14대 국회의원 당선(당시 민주당 최연소의원, 37세)

1992년~1996년 민주개혁정치모임 의원
깨끗한 정치선언 모임 의원
국가경쟁력강화특별위원회 위원
국회 예산결산위원회 위원(2회)
국회 환경위원회 위원(상임위)

1992년 김대중 민주당 대통령 후보 노동담당 특보

1995년~1998년 새정치국민회의 청년위원장

1995년 중앙일보 선정 Best 20인 의원 선정

1995년 시사저널 선정 Best 11인 의원 선정

1996년 정치학 전공 소장학자 연구자 및 정치부기자 100명이 선정한 12인 개혁정치 뉴 리더 의원 및 24인 차세대 정치지도자 의원

1996년 정론지 선정 14대 국회를 빛낸 50인 의원
1996년 나라정책연구회 14대 국회 299명 중 종합평가 베스트 5 의원
1996년 2002년 월드컵 유치 국회의원 지원단 간사
1996년 제15대 국회의원 선거 낙선(새정치국민회의)
1997년 김대중 대통령 후보 선거기획단 기획위원
1998년 고건 서울시장 후보 비서실장
고건 서울시장 직무인수위원회 인수위원장
고건 서울시장 당시 서울시부시장
1999년 민주당 창당준비위원회 기획부단장
2000년 제16대 국회의원 당선(민주당)
국회 환경노동위원회 위원(간사)
국회 여성위원회 위원
국회 미래전략특별위원회 위원
국회 예산결산위원회 위원
민주당 조직위원장
민주당 서울특별시지부 수석부지부장
2002년 민주당 노무현 대통령 후보 비서실장
2003년 민주당 노무현 대통령 당선자 비서실장, 인사특보
2004년~2006년 제 17대 국회의원 당선(열린 우리당)
국회 통일외교통상위원회 위원(상임위)
한중외교협의회 부회장
한-스웨덴 의원 친선협회 회장
2008년 대통합민주신당 사무총장
대통합민주신당과 민주당 통합협상의 대통합민주신당측 협상단장
통합민주당 초대 사무총장
18대총선 총선기획단장, 선거대책본부장
2012년 제19대 국회의원 당선(4선)
현재 민주당 성북(을) 지역위원장
국회 환경노동위원장
사단법인 신정치문화원 이사장
대한배드민턴협회 회장
민주당 국회의원모임 민주동행 대표
국회 사회적경제연구포럼 회장

찾아보기

ㄴ·ㄷ

ㄹ·ㅁ

ㅈ

ㅊ · ㅋ · ㅎ